Die externe Risikoberichterstattung
der Unternehmen und Konzerne

Die externe Risikoberichterstattung der Unternehmen und Konzerne

Das führende Handbuch für die Praxis

DR. KLAUS MÖCKELMANN

© 2021 Dr. Klaus Möckelmann
Satz, Umschlaggestaltung, Herstellung und Verlag:
BoD – Books on Demand, Norderstedt

ISBN: 978-3-7504-4958-9

DER AUTOR

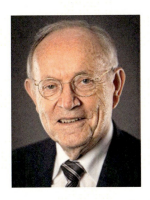

Dr. Klaus Möckelmann

Nach dem Vordiplom in Maschinenbau an der TH Karlsruhe und dem Hauptdiplom im Wirtschaftsingenieurwesen an der TU Berlin promovierte er dort in Wirtschaftswissenschaften.

Beruflich war er in leitenden Positionen der Konzerne MCA Records, Deutsche Unilever GmbH, Grand Metropolitan PLC, Seton Leather GmbH sowie in der Verlagsgruppe C.H. Beck OHG in München tätig. Dazu kamen Aufgaben in Aufsichtsräten, Beiräten und Branchenverbänden.

Als im Jahr 1998 das Gesetz zur Kontrolle und Transparenz im Unternehmensbereich (KonTraG) beschlossen wurde, beriet er den Leiter des Fachausschusses im Institut der Wirtschaftsprüfer bei der Gestaltung des IDW PS 340 zur Prüfung des Risikofrüherkennungssystems. Anschließend wurde er von der Wirtschaftsprüfungsgesellschaft PKF-Fasselt, Duisburg, zum Prüfungsleiter Risikomanagement bestellt. In Form einer begleitenden Prüfung war er maßgeblich an der Einführung des Risikomanagementsystems im METRO-Konzern beteiligt. Danach koordinierte er für den Konzernabschlussprüfer die Arbeit aller den METRO-Konzern prüfenden WP-Gesellschaften.

Derzeit arbeitet der Autor mit Veröffentlichungen, als Dozent und im Rahmen der RMA Risk Management & Rating Association e.V. an der Weiterentwicklung des Risikomanagementsystems.

EINFÜHRUNG

Das Buch über die externe Risikoberichterstattung soll den Verantwortlichen im Unternehmen als Anleitung für die Abfassung des Risikoberichts im Geschäftsbericht dienen.

Es beginnt mit der Empfehlung, die Anforderungen des Deutschen Rechnungslegungs Standards Nr. 20 (DRS 20) zum Lagebericht zu erfüllen. Damit ist die Basis für den Risikobericht gelegt. Anhand der „Self-Audit-Checklist" kann man dann feststellen, ob man alle gesetzlich vorgeschriebenen Angaben gemacht hat und evtl. noch weitere empfohlene Informationen gibt.

Zur Beurteilung, inwieweit man die Interessen der Adressaten und die eigenen Erfordernisse berücksichtigen soll, werden die Gesetze, Vorschriften und Standards zum Risikomanagement erläutert.

Als Vorbild wurden Unternehmen aus dem DAX und dem M-DAX gewählt, deren Risikoberichterstattung der Autor als gut beurteilt. Unternehmen, die zwar einen teilweise guten Geschäftsbericht abgeben, die Gesetze aber nicht einhalten, wurden nicht als Maßstab genommen. Erwähnt werden sie, wenn zu zeigen ist, welche der gesetzlichen Anforderungen sie nicht erfüllen, was am Risikomanagementsystem fehlt und welche Auswirkungen das hat.

 Anmerkung

Die im Deutschen Rechnungslegungs Standard Nr. 20 (DRS 20) enthaltenen Empfehlungen sind Grundlage für eine ordnungsmäßige Risikoberichterstattung. Da es sich nicht um Gesetze handelt, fallen diese unter das Urheberrecht. Das Deutsche Rechnungslegungs Standards Committee e.V. (DRSC) erstellt sie.

Bezugsquelle: *https://www.drsc.de/verlautbarungen/drs-20/*

INHALTSVERZEICHNIS

DER AUTOR 5

Einführung 7

1. FORMEN DER EXTERNEN RISIKOBERICHTERSTATTUNG 15
   1.1 Begriff der externen Risikoberichterstattung 15
   1.2 Arten der externen Risikoberichterstattung 16
       1.2.1 Freiwillige externe Risikoberichterstattung 16
           1.2.1.2 Externe Risikoberichterstattung zu
                   Kommunikationszwecken 17
       1.2.2 Obligatorische externe Risikoberichterstattung 18
           1.2.2.2 Berichterstattung nach der
                   Aktionärsrechterichtlinie ARUG II 18
           1.2.2.3 Indirekte externe Risikoberichterstattung 20
           1.2.2.4 Indirekte externe Risikoberichterstattung mit
                   Verschwiegenheitspflicht und Geheimhaltung 22
           1.2.2.5 Anforderungen der externen an die
                   interne Risikoberichterstattung 29

2. DIE RISIKOBERICHTERSTATTUNG
   IM LAGEBERICHT 33
   2.1 Verpflichtung zur externen
       Risikoberichterstattung 33
   2.2 Gesetzliche Grundlagen 39
       2.2.1 Gesetzliche Vorschriften zur Risikoberichterstattung 39
       2.2.2 Gesetzliche Anforderungen an die
             Risikoberichterstattung im Überblick 42
       2.2.3 Corporate Governance und Risikoberichterstattung 45

2.2.3.1 Aufgaben eines Kodex mit Grundsätzen zur Unternehmensführung und Berichterstattung (Corporate Governance Kodex) 46
2.2.3.2 Der Deutsche Corporate Governance Kodex 49
2.2.3.3 Mängel des Deutschen Corporate Governance Kodex. Auswirkungen und notwendige Maßnahmen 67
2.2.4 Der Public Corporate Governance Kodex des Bundes 75
2.2.5 Compliance 77
2.2.6 Europäische und deutsche Gesetze mit Bezug zum Risikomanagement 79
2.2.6.1 EU-Richtlinie über Einlagensicherungssysteme, 2014 . 79
2.2.6.2 Bilanzrechtsreformgesetz (BilReG), 2004 80
2.2.6.3 Transparenzrichtlinie-Umsetzungsgesetz (TUG), 2007 80
2.2.6.4 Gesetz zur Modernisierung des Bilanzrechts (BilMoG), 2009 81
2.2.6.5 Gesetz zur weiteren Umsetzung der Transparenzrichtlinie-Änderungsrichtlinie im Hinblick auf ein einheitliches elektronisches Format für Jahresfinanzberichte, 12. August 2020 83
2.2.6.6 Gesetz zur Reduzierung von Risiken und zur Stärkung der Proportionalität im Bankensektor (Risikoreduzierungsgesetz – RiG), 5. Nov. 2020 86
2.2.6.7 Gesetz über den Stabilisierungs- und Restrukturierungsrahmen für Unternehmen (Unternehmensstabilisierungs- und -restrukturierungsgesetz –StaRUG) vom 22. Dezember 2020 89
2.2.6.8 Gesetz zur Umsetzung der Richtlinie (EU) 2019/2034 – Richtlinie über die Beaufsichtigung von Wertpapierinstituten vom 12. Mai 2021 92
2.2.6.9 Gesetz zur Stärkung der Finanzmarktintegrität vom 20. Mai 2021 95

    2.2.7 Angaben zur voraussichtlichen Entwicklung der
          Gesellschaft bzw. des Konzerns 103
    2.2.8 Angaben zu Risiken aus der Verwendung
          von Finanzinstrumenten 106
2.3 Vorschriften zur Risikoberichterstattung
    an den Aufsichtsrat 108
    2.3.1 Informationen durch den Vorstand und
          die interne Risikoberichterstattung 108
    2.3.2 Informationen im Rahmen der
          externen Risikoberichterstattung 110
2.4 Vorschriften zur Risikoberichterstattung
    an die Hauptversammlung 113
2.5 Anforderungen des Deutschen Rechnungslegungs Standard
    DRS Nr. 20 an die externe Risikoberichterstattung 114
2.6 Anforderungen der Wirtschaftsprüfer an die externe
    Risikoberichterstattung 117
    2.6.1 Fachliche Hinweise des IDW zur Rechnungslegung
          und Prüfung in der Corona-Pandemie 118
    2.6.2 Prüfungsstandards zum Risikomanagement
          und zur Risikoberichterstattung 120

**3. ADRESSATEN UND INTERESSENTEN
DES RISIKOBERICHTS 123**
3.1 Gruppierung der Adressaten nach Interessen 123
3.2 Adressaten mit der Pflicht zur Prüfung
    des Risiko- und Chancenberichtes 125
    3.2.1 Der Aufsichtsrat 125
    3.2.2 Der Wirtschaftsprüfer 130
    3.2.3 Deutsche Prüfstelle für Rechnungslegung (DPR) 130
3.3 Adressaten mit einem bevorzugten Interesse
    am Risiko- und Chancenbericht 131
3.4 Adressaten mit einem speziellen Interesse
    am Risiko- und Chancenbericht 133

3.5 Adressaten mit einem allgemeinem Interesse
am Risiko- und Chancenbericht 135

4. **AUFBAU UND INHALT DES RISIKOBERICHTS** 137
   4.1 Grundsätzliche Anforderungen an die
Risikoberichterstattung 137
   4.2 Form der Risikoberichterstattung 141
   4.3 Angaben zum Risikomanagementsystem
und seinen Merkmalen 143
   4.4 Angaben zu den Risiken 158
       4.4.1 Form der Darstellung und Gruppierung der Einzelrisiken .. 158
       4.4.2 Informationen zu den einzelnen Risiken 159
       4.4.3 Risikobeurteilung, Risikobewertung und
Risikoquantifizierung 160
       4.4.4 Risikoaggregation 171
       4.4.5 Zusammenfassende Darstellung der Risikolage 172

5. **BESONDERE KOMPONENTEN
DES RISIKOBERICHTS** 175
   5.1 Internes Kontroll- und Risikomanagementsystem im
Hinblick auf den Rechnungslegungsprozess 175
       5.1.1 Grundlagen 175
       5.1.2 Allgemeine, sowohl für das interne Kontroll- als auch für
das Risikomanagementsystem geltende Vorschriften 176
       5.1.3 Spezielle Berichtsvorschriften zur Kontrolle
des Konzernrechnungslegungssystems
durch das interne Kontrollsystem 177
       5.1.4 Spezielle Berichtsvorschriften zur Kontrolle des
Konzernrechnungslegungssystems durch das
Risikomanagementsystem 179
   5.2 Risikoberichterstattung bezogen auf Finanzinstrumente 181
   5.3 Risikoberichterstattung im Rahmen der
nichtfinanziellen Konzernerklärung 192

     5.3.1 Gesellschaftliche Entwicklung und Gesetzgebung zur
           Corporate Social Responsibility (CSR) 192
     5.3.2 Die nichtfinanzielle Erklärung 197
5.4 Nachhaltigkeitsbericht 207
5.5 Nachtragsbericht 211
5.6 Entsprechenserklärung zum Deutschen Corporate
     Governance Kodex 213
5.7 Erklärung zur Unternehmensführung 219

6. RISIKOBERICHTERSTATTUNG IN ZWISCHENBERICHTEN UND AD-HOC-MITTEILUNGEN 223
6.1 Risikoberichterstattung in Zwischenberichten 223
6.2 Ad-hoc-Mitteilungen 224

7. PRÜFUNG DER RISIKOBERICHTERSTATTUNG 229
7.1 Prüfung des Lageberichts durch den Abschlussprüfer 229
     7.1.1 Die Pflichten der Wirtschaftsprüfer und die Qualität
           der Risikoberichterstattung deutscher Konzerne 229
     7.1.2 Gesetze und sonstige Vorgaben
           für die Prüfung der Wirtschaftsprüfer 248
7.2 Prüfung des Lageberichts durch den Aufsichtsrat 256
7.3 Prüfung durch die Deutsche Rechnungsprüfungsstelle
     (DPR) 259
7.4 Prüfung durch die Bundesanstalt für
     Finanzdienstleistungsaufsicht (BaFin) 268
7.5 Das System der deutschen Unternehmensaufsicht und
     seine Mängel 274

8. WEITERE GESETZLICHE AKTIVITÄTEN MIT AUSWIRKUNG AUF DIE RISIKOBERICHTERSTATTUNG 279
8.1 Gesetzentwurf für ein Verbandssanktionengesetz 279

13

8.2 Chancen und Risiken für die Risikoberichterstattung
    der Unternehmen und Konzerne 280

Anlagen 287

Literaturverzeichnis 336

Sachverzeichnis 347

1. FORMEN DER EXTERNEN RISIKOBERICHTERSTATTUNG

1.1 Begriff der externen Risikoberichterstattung

Wenn wir von Risikoberichterstattung sprechen, verwenden wir im Folgenden die umfassendere Definition des Deutschen Rechnungslegungs Standards Nr. 20 (DRS 20), wonach unter dem Begriff Risikoberichterstattung nicht nur die Berichterstattung über Risiken, sondern auch die über Chancen subsummiert ist.

- Risiko umfasst sowohl die negativen als auch die positiven Abweichungen vom Erwartungswert.
- Risikomanagementsystem ist die *"Gesamtheit aller Regelungen, die einen strukturierten Umgang mit Chancen und Risiken im Unternehmen bzw. Konzern sicherstellen"* (DRS 20, S. 17).
- Risikoberichterstattung ist die Information über Chancen und Risiken.

Bei der externen Risikoberichterstattung handelt es sich im Unterschied zur internen Risikoberichterstattung um Informationen über die Risiken eines Wirtschaftsunternehmens, einer staatlichen Institution oder einer anderen Organisation an solche Berichtsempfänger, die nicht Mitglieder dieser Organisation sind. Es sind externe Interessenten.

Die externe Risikoberichterstattung gewinnt eine immer größere Bedeutung. Es gibt nahezu keine Institution und größere Organisation, die sich nicht mit diesem Thema zu befassen hätte. Das ist nicht verwunderlich, da sich weltweit die Erkenntnis durchgesetzt hat, dass das Risikomanagement eines der wichtigsten Steuerungsinstrumente zum Erreichen von Erfolg ist.

Den größten Raum nimmt die Risikoberichterstattung der Wirtschaftsunternehmen im Lagebericht des jährlichen Geschäftsberichts ein. Der gesetzlich vorgeschriebene Chancen- und Risikobericht von Aktiengesellschaften und anderen großen Gesellschaften ist die wichtigste Informationsquelle für alle, die sich für das Unternehmen interessieren. Das sind die Aktionäre, die Geschäftspartner und die Öffentlichkeit ganz allgemein.

1.2 Arten der externen Risikoberichterstattung

Von den verschiedenen Arten der externen Risikoberichterstattung kommt in der Praxis der Risikoberichterstattung im Lagebericht die größte Bedeutung zu. Wir werden uns daher in erster Linie mit ihr befassen. Man sollte aber auch wissen, welche andere Formen der externen Risikoberichterstattung es gibt, seien es obligatorische Berichte oder solche auf freiwilliger Basis.

1.2.1 Freiwillige externe Risikoberichterstattung

1.2.1.1 Externe Risikoberichterstattung als Geschäftszweck

Es gibt Institutionen oder Firmen, die sich darauf spezialisiert haben, in ihren Analysen bestimmte Geschäftsfelder im Hinblick auf die künftige Entwicklung und die Risiken hin zu beurteilen. Solche Informationen sind wichtig, denn die Unternehmen benötigen aktuelle Informationen über mögliche Risiken, die sich auf das Umfeld ihrer Geschäftstätigkeit beziehen. Dabei handelt es sich um Risikokategorien, zu deren Beurteilung das vorhandene Wissen der eigenen Mitarbeiter nicht ausreicht. So ist man bei besonderen Risikokategorien auf die Beurteilung externer Experten angewiesen.

Dabei handelt es sich um Institutionen, die sich zum Beispiel um Länderrisiken oder Risiken bestimmter Branchen befassen. Zu nennen sind:

- FERI Deutschland. *https://www.feri.de/investment-research*

und die Ratingagenturen
- Standard & Poor's.
  https://www.standardandpoors.com/en_US/web/guest/home
- Moody's. *https://www.moodysanalytics.com/regions/europe/germany*
- Fitch Ratings. *htttps://www.fitchratings.com/region/germany*

1.2.1.2 Externe Risikoberichterstattung zu Kommunikationszwecken

Zur externen Berichterstattung über Chancen und Risiken gehören auch die Vorträge oder Präsentationen der Vorstände von Aktiengesellschaften, speziell im Zusammenhang mit der Veröffentlichung des Jahres- oder Quartalsergebnisses für die Presse.

Bei Aktiengesellschaften spielt der Kapitalmarkt mit seiner Öffentlichkeitswirkung eine wichtige Rolle. Gelegentlich hat man den Eindruck, dass die Vorstände mit bestimmten Informationen, u. a. denen der externen Berichterstattung, Werbung für das Unternehmen betreiben und sie zur Beeinflussung von Aktionärsgruppen sowie anderen Kapitalgebern nutzen. Es gibt auch immer wieder Fälle, in denen Vorstände auf diese Weise rechtswidrig den Börsenkurs zu beeinflussen suchen. Das geschieht gern im Rahmen von Akquisitionen oder Firmenumwandlungen. Die Berichterstattung von Anlageberatern, Börsenanalysten usw. über ein börsennotiertes Unternehmen hat mit der Beurteilung von dessen Risikosituation in der globalisierten Wirtschaft mit weltweiter Investitionstätigkeit ebenfalls eine große Bedeutung.

Hierfür gibt es den Begriff der Roadshow. Dort werden Präsentationen im Vorfeld von Emissionen veranstaltet.

Eine besondere Roadshow, jedoch mit anderen Zielen, ist z. B. die österreichische „Börsianer Roadshow", die seit 2010 die führende Plattform zur Meinungsbildung auf dem österreichischen Kapitalmarkt darstellt.

Renommierte Finanzhäuser präsentieren dort den Top-Entscheidern der Finanz-Community ihre Investmentchancen für das nächste Quartal.

https://boersianer-investors.com

1.2.2 Obligatorische externe Risikoberichterstattung

1.2.2.1 Externe Risikoberichterstattung im Rahmen des Geschäftsberichts

Die Risikoberichterstattung im Rahmen des Lageberichts der Geschäftsberichterstattung stellt den Schwerpunkt der externen Risikoberichterstattung dar (siehe Kapitel 2).

1.2.2.2 Berichterstattung nach der Aktionärsrechterichtlinie ARUG II

Am 19.12.2019 wurde das Gesetz zur Umsetzung der zweiten Aktionärsrechterichtlinie im Bundesgesetzblatt, BGBl I 2019, S. 2637, veröffentlicht.

Es wurden durch die Richtlinie 15 Gesetze geändert, wobei die substantiellen Änderungen vor allem im **Aktiengesetz** vorgenommen wurden.

Im **Handelsgesetzbuch** wurden die Paragrafen § 285, § 286, § 289a, § 289f, § 291, § 292, § 314, § 315a, § 324, § 325, § 325a, § 329, § 340i, § 341j, § 341s geändert.

Die wesentlichen Vorschriften finden sich in 12 neuen oder ergänzten Paragrafen des Aktiengesetzes.

	Neuregelungen im Aktiengesetz durch ARUG II
§ 67a AktG	Übermittlung von Informationen über Unternehmensereignisse; Begriffsbestimmungen
§ 67b AktG	Übermittlung von Informationen durch Intermediäre an die Aktionäre
§ 67c AktG	Übermittlung von Informationen durch Intermediäre an die Gesellschaft; Nachweis des Anteilsbesitzes
§ 67d AktG	Informationsanspruch der Gesellschaft gegenüber Intermediären
§ 67e AktG	Verarbeitung und Berichtigung personenbezogener Daten der Aktionäre
§ 87 Abs. 4 AktG	Herabsetzung der Maximalvergütung durch die Hauptversammlung
§ 87a AktG	Vergütungssystem börsennotierter Gesellschaften
§ 113 Abs. 3 AktG	Beschluss über die Vergütung der Aufsichtsratsmitglieder
§ 120a AktG	Votum zum Vergütungssystem und zum Vergütungsbericht § 134a AktG: Begriffsbestimmungen; Anwendungsbereich
§ 134b AktG	Mitwirkungspolitik, Mitwirkungsbericht, Abstimmungsverhalten
§ 134c AktG	Offenlegungspflichten von institutionellen Anlegern und Vermögensverwaltern
§ 134d AktG	Offenlegungspflichten der Stimmrechtsberater
§ 162 AktG	Vergütungsbericht

Abbildung 1: Neuregelungen im Aktiengesetz durch ARUG II

Das ab dem Geschäftsjahr 2021 geltende ARUG II sieht eine Stärkung der Mitwirkungsrechte der Aktionäre von Publikumsgesellschaften vor. Dazu zählen Regelungen zur Verbesserung der Information an solche Aktionäre, die ihre Anteile nicht direkt persönlich halten, sondern über einen Intermediär.

„Intermediär ist eine Person, die Dienstleistungen der Verwahrung oder der Verwaltung von Wertpapieren oder der Führung von Depotkonten für Aktionäre oder andere Personen erbringt, wenn die Dienstleistungen im Zusammenhang mit Aktien von Gesellschaften stehen, die ihren Sitz in einem

Mitgliedstaat der Europäischen Union oder in einem anderen Vertragsstaat des Abkommens über den Europäischen Wirtschaftsraum haben."

https://www.gesetze-im-internet.de/aktg/__67a.html
https://www.gesetze-im-internet.de/aktg/__67a.html

Die neu eingeführten Bestimmungen zur Identifizierung von Aktionären und zur Informationsübermittlung zwischen Intermediären und der Publikumsgesellschaft sollen gewährleisten, dass die Aktionäre stets über Unternehmensereignisse gemäß Art. 1 Nummer 3 der Durchführungsverordnung (EU) 2018/1212 informiert werden und dadurch ihre Mitwirkungsrechte besser ausüben können.

Dort heißt es, dass ein „Unternehmensereignis" eine vom Emittenten oder einem Dritten initiierte Maßnahme ist, die die Ausübung der mit den Aktien verbundenen Rechte beinhaltet und die zugrunde liegende Aktie beeinflussen kann, zum Beispiel die Gewinnausschüttung oder eine Hauptversammlung.

https://eur-lex.europa.eu/legal-content/DE/TXT/PDF/?uri=-CELEX:32018R1212

1.2.2.3 Indirekte externe Risikoberichterstattung

Mit indirekter oder sekundärer externer Berichterstattung kann man die Berichterstattung externer Dritter über das Unternehmen bezeichnen. Sieht man sich in der Gesetzgebung nach Vorschriften für diese Art der externen Risikoberichterstattung um, findet man zum Beispiel Vorschriften für die Wirtschaftsprüfer, die bestimmen, was und in welcher Form an wen über das geprüfte Unternehmen zu berichten ist.

Beispiel 1

Die Verordnung über die Berichterstattung von Versicherungsunternehmen gegenüber der Bundesanstalt für Finanzdienstleistungsaufsicht (BaFin) (Versicherungsberichterstattungsverordnung – BerVersV).

Dem Abschlussprüfer, der nach KWG, § 29 den Zwischenabschluss und den Jahresabschluss prüft, sind durch die Verordnung zusätzliche Prüfungsaufgaben vorgeschrieben, die auch das Risikomanagement des Unternehmens betreffen. Hierüber hat er einen Prüfungsbericht anzufertigen und an die BaFin sowie an die Bundesbank zu übermitteln.

Eine andere Form der indirekten Berichterstattung findet man im Zusammenhang mit dem Risikomanagement in einem Gesetz, das im Januar 2021 in Kraft getreten ist.

 Beispiel 2

Gesetz über den Stabilisierungs- und Restrukturierungsrahmen für Unternehmen (Unternehmensstabilisierungs- und -restrukturierungsgesetz – StaRUG)

a) **§ 1 Krisenfrüherkennung und Krisenmanagement bei haftungsbeschränkten Unternehmensträgern**
   (1) Die Mitglieder des zur Geschäftsführung berufenen Organs einer juristischen Person (Geschäftsleiter) wachen fortlaufend über Entwicklungen, welche den Fortbestand der juristischen Person gefährden können. Erkennen sie solche Entwicklungen, ergreifen sie geeignete Gegenmaßnahmen und erstatten den zur Überwachung der Geschäftsleitung berufenen Organen (Überwachungsorganen) unverzüglich Bericht. Berühren die zu ergreifenden Maßnahmen die Zuständigkeiten anderer Organe, wirken die Geschäftsleiter unverzüglich auf deren Befassung hin.
   (2) Bei Gesellschaften ohne Rechtspersönlichkeit im Sinne von § 15a

Absatz 1 Satz 3 und Absatz 2 der Insolvenzordnung gilt Absatz 1 entsprechend für die Geschäftsleiter der zur Geschäftsführung berufenen Gesellschafter.

b) § 96 Sanierungsmoderation
(1) Der Sanierungsmoderator vermittelt zwischen dem Schuldner und seinen Gläubigern bei der Herbeiführung einer Lösung zur Überwindung der wirtschaftlichen oder finanziellen Schwierigkeiten.
(2) Der Schuldner gewährt dem Moderator Einblick in seine Bücher und Geschäftsunterlagen und erteilt ihm die angeforderten zweckmäßigen Auskünfte.
(3) Der Sanierungsmoderator erstattet dem Gericht über den Fortgang der Sanierungsmoderation monatlich schriftlich Bericht.

http://www.gesetze-im-internet.de/starug/
http://www.gesetze-im-internet.de/starug/StaRUG.pdf

1.2.2.4 Indirekte externe Risikoberichterstattung mit Verschwiegenheitspflicht und Geheimhaltung

Die börsennotierten Unternehmen unterliegen einer Unternehmenskontrolle durch die **Deutsche Prüfstelle für Rechnungslegung DPR e. V. (DPR)**. Näheres dazu wird in Kapitel 7.3, Prüfung durch die Deutsche Prüfstelle für das Rechnungswesen, ausgeführt.

 Anmerkung

Infolge des Gesetzes zur Finanzmarktintegrität (Finanzmarktintegritätsstärkungsgesetz-FISG) vom 20. Mai 2021 endet am 1. Januar 2022 die Tätigkeit der Deutschen Rechnungsprüfungsstelle (DPR). Der private Verein wird aufgelöst. Ihre Aufgaben und Angestellten werden von der Bundesanstalt für Finanzdienstleistungsaufsicht (BaFin) übernommen.
https://www.frep.info/

Für die bei der Prüfstelle Beschäftigten gilt nach § 342 c HGB die Verschwiegenheitspflicht. Diese bezieht sich auf die Verpflichtung der DPR-Mitarbeiter zur vertraulichen Handhabung der gewonnenen Informationen über die geprüften Unternehmen.

Dazu kommt noch die Geheimhaltungspflicht für die einzelnen Aktionen der DPR.

- Die DPR gibt nicht bekannt, welche Unternehmen sie prüft.
- Die Ergebnisse der Prüfungen werden nicht veröffentlicht.

Solche Regelungen haben zwei wesentliche Nachteile:

1. Die Geheimhaltung des Namens der börsennotierten Unternehmen, die die rechtlichen Vorschriften nicht einhalten, vor der Öffentlichkeit ist einer der Gründe, warum die geprüften Unternehmen die Mängel ihrer Berichterstattung nicht immer beseitigen.
2. Das Fehlen von Sanktionen im Bilanzkontrollgesetz zum Erzwingen (Enforcement) einer gesetzeskonformen Rechnungslegung hat zusammen mit bestimmten Sonderregelungen im Deutschen Corporate Governance Kodex dazu geführt, dass u. a. die Lageberichterstattung einiger namhafter börsennotierter Konzerne, die für Unternehmensskandale bekannt sind, weiterhin in rechtswidriger Form erfolgt.

Wenn ein Börsenkonzern von der DPR erfolglos zur Korrektur seiner Rechnungslegung aufgefordert wurde, greift nach dem Bilanzkontrollgesetz als zweite Stufe des Unternehmensaufsichtsprozesses die BaFin ein (siehe Kapitel 7.4.). Auch hier erfolgt eine indirekte externe Berichterstattung mit Verschwiegenheitspflicht.

„Die BaFin beaufsichtigt und kontrolliert als Finanzmarktaufsichtsbehörde im Rahmen der Finanzdienstleistungsaufsicht alle Bereiche des Finanzwesens in Deutschland."

https://de.wikipedia.org/wiki/Bundesanstalt_f%C3%BCr_Finanzdienstleistungsaufsicht#cite_note-2)

Die BaFin ist ausgestattet mit hoheitlichen Befugnissen und kann das ordnungsmäßige Handeln der Unternehmensführung erzwingen. Da auch bei der BaFin die geprüften Unternehmen und der Grund der Prüfung der Geheimhaltung unterliegen, ist sie ebenso wie die DPR der Kontrolle des Parlaments und der Öffentlichkeit entzogen. Dazu kommt, dass die BaFin lediglich über die ca. 430 Unternehmen, die an der Frankfurter Börse besonders notiert sind, sowie über die Unternehmen der Finanz- und Versicherungsbranche Aufsicht führt.

Für die überwiegende Mehrheit der deutschen Unternehmen gibt es neben den Wirtschaftsprüfern keine staatliche Unternehmensaufsicht.

Die Verschwiegenheitspflicht bei der DPR laut § 342 c des Handelsgesetzbuches bezieht sich auf die Verpflichtung der DPR-Mitarbeiter zur vertraulichen Handhabung der gewonnenen Informationen über die Unternehmen.

Die Tatsache, dass die DPR nicht bekanntgibt, welche Unternehmen sie prüft, und keine Ergebnisse von Einzelprüfungen veröffentlicht, bezeichnet man als Geheimhaltungspflicht. Aus den Jahresberichten der DPR kann man entnehmen, welche Gebiete der Rechnungslegung geprüft worden sind und wo besondere Schwächen festgestellt wurden. Als Schwachpunkt in der Berichterstattung der Unternehmen wird seit Jahren die Lageberichterstattung angeführt.

Die Geheimhaltung des Namens von börsennotierten Unternehmen vor der Öffentlichkeit, die rechtliche Vorschriften nicht einhalten, und das Fehlen von Sanktionen zum Erzwingen (Enforcement) einer regelkonformen Lageberichterstattung sind ein Mangel der staatlichen Unternehmensprüfung.

Der von der DPR international verwendete Name **„Financial Reporting**

Enforcement Panel (FREP)" und die Bezeichnung „Bilanzpolizei" trifft auf diese „oberste" Prüfungsinstitution Deutschlands nicht zu.

Sowohl die Mitgliederstruktur als auch die Finanzierung der DPR zeigen, dass es sich um einen von den zu prüfenden Unternehmen **abhängigen Verein** handelt. Die **Finanzierung** erfolgt auf Grundlage einer Umlage, die **nur von den zu prüfenden Mitgliedern zu zahlen** ist. Sie bemisst sich an den Börsenumsätzen des jeweiligen Umlagepflichtigen im Verhältnis zu allen Umlagepflichtigen. Umlagepflichtig sind die Unternehmen, die in Deutschland börsennotiert sind und deren Wertpapiere am deutschen Markt gehandelt werden.

Die DPR ist aufgrund ihrer Struktur und was die Durchsetzungsfähigkeit betrifft, nicht vergleichbar mit ihrer englischen Schwesterorganisation oder gar der Börsenaufsicht in den USA, der SEC. So kann es sein, dass auch nach Prüfung eines Unternehmens –wenn dessen Unternehmensführung nicht will - sich nichts bessert. Die Risikoberichterstattung entsprich dann weiterhin nicht den gesetzlichen Vorschriften und den Grundsätzen ordnungsmäßiger Berichterstattung.

Dieser Mangel hat beim weltweiten größten Betrugs- und Umweltskandal eines deutschen Unternehmens, dem „Diesel-Skandal" des Volkswagen-Konzerns, dazu geführt, dass das US-Justizministerium es für notwendig erachtete, für drei Jahre einen Kontrolleur, genannt Monitor, nach Deutschland in die Hauptverwaltung des VW-Konzerns nach Wolfsburg zu entsenden. Dieser hatte die Aufgabe, darauf zu achten, dass der Konzern keine weiteren Gesetzesverstöße vornimmt.

Auch wenn die DPR dort geprüft haben sollte –was nicht bekannt ist –fehlt noch vieles, was eine ordnungsmäßige Risikoberichterstattung ausmacht.

Betrachtet man die Struktur der staatlichen Unternehmenskontrolle in Deutschland, hat die Bundesregierung über mehrere Legislaturperioden nichts dafür getan, dass die deutschen und europäischen gesetzlichen

Vorschriften von allen Unternehmen eingehalten werden. Im Jahr 2001 begab man sich in die Hände einer Wirtschafts-Lobby, bestehend aus dem Privatunternehmen Deutsche Börse AG in Frankfurt und der bei ihr notierten Index-Konzerne. Einer sogenannten „Regierungskommission" gestattete man –ohne dass man sich ein Mitsprache- oder Einwilligungsrecht vorbehielt –sich eigene Regeln zu schaffen, den sogenannten „Deutschen Corporate Governance Kodex". Dieser entfernte sich von Jahr zu Jahr weiter vom geltenden Recht. Das durfte dem Parlament und der Öffentlichkeit nicht bekannt werden und wurde geheim gehalten.

Ein Verdacht kam erst auf, als der Bundesfinanzminister zur Begründung, warum er bestimmte Fragen nicht beantworten wolle, vor dem Wirecard Untersuchungsausschuss des Bundestages genauso wie zuvor vor dem Finanzausschuss des Bundestages etwas von „Staatsgeheimnis" erwähnte.

Entsprechend dem Laisséz Faire mit dem Kodex und ohne erkennbare Strategie ist auch die Struktur der Unternehmenskontrollinstitutionen der Bundesrepublik organisiert. Im Rahmen der betriebswirtschaftlich und sozial fortschreitenden Entwicklung in den großen Unternehmen fand auch eine ständige Anpassung der Gesetze in der Europäischen Union durch zeitgemäße Vorschriften statt. Lediglich die Bundesregierung war im Bereich der börsennotierten Konzerne an der Umsetzung gehindert. Es entstand in den Jahren 2005 bis 2015 ein Sammelsurium von nicht funktionierenden oder von den zu prüfenden Unternehmen abhängigen Institutionen, die auf drei verschiedene Bundesministerien verteilt sind.

- ▶ **Die Abschlussprüferaufsichtsstelle, APAS**, eine Institution, die seit 2015 die Arbeit der Wirtschaftsprüfer kontrollieren soll. Sie untersteht dem Bundesamt für Wirtschaft und Ausfuhrkontrolle und damit dem Bundeswirtschaftsminister.
- ▶ **Die Deutsche Prüfstelle für Rechnungslegung, DPR.** Sie ist ein privater Verein der börsennotierten Aktiengesellschaften. Sie war im Jahr 2005 auf Veranlassung der Bundesregierung gegründet worden, weil die Rechnungslegung einiger Konzerne zu wünschen übrig ließ und dies von

einigen großen Wirtschaftsprüfungsgesellschaften, die gut honorierte Aufträge für ihre Unternehmensberatungsgesellschaften nicht verlieren wollten, in zunehmendem Maße nicht beanstandet wurde.
- ▶ Sie hatte ihre Aufgabe vom Bundesminister für Justiz im Jahr 2005 aufgrund eines Anerkennungsvertrages erhalten. Im Zuge der Überprüfung der Institutionen, beschleunigt durch den Wirecard-Skandal, wurde der zu Endes des Jahres 2021 gekündigt.
- ▶ Die BaFin ist dem Bundesfinanzminister unterstellt.

Im Rahmen der am 20.Mai 2021 verabschiedeten Reformgesetze zur Finanzmarktintegritätsstärkung (FISG) wird die staatliche Unternehmenskontrolle ab dem 1. Januar 2022 in einem einstufigen Verfahren stattfinden und bei der BaFin konzentriert (siehe Kapitel 7.4).

Ein weitere Ursache für die mangelhafte Risikoberichterstattung der Börsenkonzerne ist im Bundesverkehrsministerium zu suchen. Der Bundesverkehrsminister ist der mächtigste Lobbyist der Automobilindustrie. Er und seine Vorgänger sind mitverantwortlich für den im Jahr 2015 in den USA aufgedeckten größten weltweiten Umwelt- und Betrugsskandal durch die Automobilhersteller, der im Jahr 2007 bei der Audi AG des Volkswagen-Konzerns seinen Ausgang genommen hatte.

- ▶ Zum einen hat das dem Verkehrsminister unterstehende Bundesamt für Kraftfahrzeugwesen gesetzwidrige Motoren nicht verboten.
- ▶ Zum anderen hat der Verkehrsminister persönlich verhindert, dass die Bundesregierung die EU-V. 715-2007 zur Bestrafung von Automobilunternehmen, die Motoren mit manipulierter Motorensteuerung herstellen, in deutsches Recht umgesetzt hat. An sich sind EU-Verordnungen sofort in Deutschland geltendes Recht. Maßnahmen zur Umsetzung in nationales Recht mussten hier trotzdem erfolgen, weil die EU-Verordnung eine Bestrafung von Unternehmen fordert.

Das rein personenbezogene deutsche Strafrecht kennt keine Möglichkeit, **Unternehmen** wegen Täuschung oder Betrugs zu verurteilen. Deshalb war die

BRD verpflichtet, hierfür ein Gesetz zu schaffen, um die Automobilunternehmen, die Millionen von Motoren zur Umgehung der Umweltgesetze manipulierten, mit den von der EU vorgesehenen Zahlungen von hohen Milliardenbeträgen bestrafen zu können. Das war durch die Gerichte in den USA nach amerikanischem Recht für die dortigen Rechtsverstöße von VW geschehen.

https://eur-lex.europa.eu/legal-content/DE/TXT/PDF/?uri= CELEX:32007R0715

Der Deutsche Bundestag beschloss wegen des Verhaltens der Regierung damals, ein Rechtsgutachten in Auftrag zu geben. Das Ergebnis war, dass der Tatbestand des Rechtsbruches durch den Bundesverkehrsminister und der Bundesregierung festgestellt wurde:

„*Nicht umgesetzt ist hingegen die Verpflichtung der Bundesrepublik Deutschland zur Normierung von wirksamen, verhältnismäßigen und abschreckenden Sanktionen bei Verstößen gegen die Richtlinie 2007/46/EG bzw. der Verordnung (EG) Nr. 715/2007.*"

„*Neben der insoweit defizitären gesetzlichen Umsetzung von Sanktionsnormen im deutschen Recht ist auch die bisher praktizierte Umsetzung der zu untersuchenden Vorschriften in die Verwaltungspraxis rechtswidrig. Dies betrifft insbesondere die durch das Bundesministerium für Verkehr und digitale Infrastruktur im Untersuchungsbericht Volkswagen gewertete Zulässigkeit der Verwendung von Abschalteinrichtungen durch sogenannte Thermofenster. Die dazu im Untersuchungsbericht Volkswagen zur Rechtfertigung dieser Praxis durch das Bundesministerium herangezogenen rechtlichen Argumente sind in gleich mehrfacher Hinsicht unzutreffend. In Anbetracht der Vielzahl der dem Untersuchungsbericht unterlaufenden Rechtsanwendungsfehler drängt sich der Verdacht auf, dass der Ergebniswunsch des Bundesministeriums einer objektiven Befassung im Weg stand.*"

Siehe VERORDNUNG (EG) Nr. 715/2007 DES EUROPÄISCHEN PARLAMENTS UND DES RATES vom 20. Juni 2007 *https://eur-lex.europa.eu/legal-content/DE/TXT/PDF/?uri= CELEX:32007R0715*

Siehe Beschlussempfehlung und Bericht des 5. Untersuchungsausschusses 2.6.2017.
http://dip21.bundestag.de/dip21/btd/18/129/1812900.pdf

1.2.2.5 Anforderungen der externen an die interne Risikoberichterstattung

Um die gesetzlichen Anforderungen an die externe Risikoberichterstattung erfüllen zu können, werden umfangreiche Informationen aus der internen Risikoberichterstattung benötigt. Das setzt das Vorhandensein eines vollständigen Risikomanagementsystems und das Funktionieren der internen Risikoberichterstattung konzernweit über alle Hierarchieebenen voraus. Dafür ist es notwendig, dass jeder Mitarbeiter des Unternehmens als Risikoverantwortlicher in das Risikomanagementsystem einbezogen ist. Um sicher zu sein, dass alle Hierarchieebenen sich nach den zentralen Vorschriften, die im Konzern-Risikomanagementhandbuch enthalten sind, richten, empfiehlt sich das folgendes Verfahren.

 Praxisbeispiel –Empfehlung 1 für den Vorstand

Schriftliche Erklärung des Risikoverantwortlichen

Um sicher zu sein, dass alle Risikoverantwortlichen im Unternehmen ihren Pflichten im Rahmen des Risikomanagements nachkommen, hat sich die Methode mit einer schriftlichen Bestätigung bewährt.

Zur Vorbereitung der Prüfung des Risikomanagementsystems lässt sich der Abschlussprüfer von der Geschäftsführung eines jeden Konzernunternehmens bei der Abgabe des Risiko-Inventars und der Self-Audit-Checklist zusätzlich eine Erklärung unterschreiben. In dieser wird versichert, dass alle

Vorschriften zum Risikomanagement eingehalten wurden und man sich von jedem direkt unterstellten Mitarbeiter auch eine derartige Bestätigung hat geben lassen.

Mit diesem Verfahren stellt der Abschlussprüfer sicher, dass von allen Mitarbeitern eine schriftliche Bestätigung vorliegt, dass sie ihrer persönlichen Verpflichtung als Risikoverantwortliche ihres Arbeitsbereichs nachgekommen sind.

Für den Fall, dass ein Risiko eintritt, stellt man fest, in welchen Verantwortungsbereich es fällt und kann dort Näheres dazu herausfinden,

- ob das Risiko erkannt war,
- wie es bewertet wurde,
- welche Maßnahmen zur Vermeidung getroffen wurden,
- was getan worden war, um es in Grenzen zu halten.

Im Falle, dass man das Risiko erkannt hatte, war es seinen üblichen Weg über die jährliche Risikoinventur über mehrere Stufen ins Konzern-Risikoinventar eingegangen.

Im Falle einer „ ad-hoc-Meldung" war es direkt an die dafür vorgegebene zentrale Stelle (z. B. Leiter der Konzernrevision) gemeldet und von dort ins Risikoinventar gelangt.

Mit diesem Verfahren ist sichergestellt, dass sämtliche von den Risikoverantwortlichen erfassten Risiken – z. B. auch interne Projektrisiken oder Kommunikationsrisiken – beim zentralen Risikomanagement und dem Vorstand vorliegen und dort der vollständige Überblick über Chancen und Risiken des Unternehmens vorhanden ist.

Praxisbeispiel Volkswagen-Konzern –keine ordnungsmäßige Risikoberichterstattung

Beim Volkswagen-Konzern gab es auch im Geschäftsbericht des Jahres 2019 keine ordnungsmäßige Risikoberichterstattung. Das Konzernrisikomanagementsystem ist offensichtlich immer noch nicht voll funktionsfähig. Trotzdem erteilte die seit Jahrzehnten ununterbrochen prüfende Wirtschaftsprüfungsgesellschaft PWC ein uneingeschränktes Testat. Man fragt sich, warum.

- Weil die Wirtschaftsprüfer dies auf Empfehlung des Deutschen Corporate Governance Kodex getan haben?
- Weil die Deutsche Prüfungsstelle für Rechnungslegung e.V. (DPR) vielleicht unter Geheimhaltungsverpflichtung zwar dort geprüft, etwas festgestellt, jedoch nichts bewirkt hat?
- Weil die BaFin, die von alleine nichts unternehmen darf, nicht von der DPR beauftragt wurde, den Volkswagen-Konzern zu einer gesetzmäßigen Rechnungslegung zu veranlassen?
- Weil der Konzern sich weigert und eventuell deswegen schon Bußgelder hat zahlen müssen?
- Weil die eventuell gezahlten Bußgelder niedriger waren als die ca. EURO 1.100,- die der Volkswagen-Konzern und seine Tochtergesellschaften als Reingewinn für jeden verkauften Dieselmotor durch die Motorenmanipulation erzielt haben?

Was der Volkswagen-Konzern u. U. für Hinweise von der DPR oder gar der BaFin bekommen hat, um über eine ordnungsmäßige externe Unternehmensberichterstattung zu verfügen, bleibt der Öffentlichkeit verborgen. Das wird sich vielleicht erst ändern, wenn die Ergebnisse der Unternehmenskontrolle ab Anfang 2022 nicht mehr der Geheimhaltung unterliegen. Aber zum einen werden im neuen Gesetz die Prüfungsergebnisse nicht veröffentlicht, sofern dem Unternehmen dadurch Schaden entstehen könnte. Und zum anderen ist mit keinem Eingreifen der BaFin zu rechnen, solange die Bundesregierung am Deutschen Corporate Governance Kodex mit Ausnahmen für die in Frankfurt börsennotierten Unternehmen festhält und er nicht verboten ist.

2. DIE RISIKOBERICHTERSTATTUNG IM LAGEBERICHT

2.1 Verpflichtung zur externen Risikoberichterstattung

Die Risikoberichterstattung findet vorwiegend im Lagebericht statt. Dieser ist neben dem Jahresabschluss der wichtigste Bestandteil des jährlichen Geschäftsberichts als zentrale, umfang- und inhaltsreichste Berichterstattung des Unternehmens.

Die Mehrzahl aller Wirtschaftsunternehmen und viele andere Organisationen sind gesetzlich zur Veröffentlichung des Geschäftsberichtes verpflichtet. Jedes Unternehmen hat eine große Anzahl von Interessenten, für deren wirtschaftliche Entscheidungen der Risikobericht von großer Bedeutung ist.

Grundsätzlich sind alle Unternehmen zur Risikoberichterstattung verpflichtet. Dabei wird jede Organisation, die wirtschaftlich tätig ist, als Unternehmen bezeichnet. Der entsprechende BGH-Beschluss vom 18. Oktober 2011 lautet:

„Grundsätzlich ist jede Person und jeder Verband, der sich im geschäftlichen Verkehr, d. h. wirtschaftlich betätigt, als Unternehmen anzusehen."

Um auf die jeweilige Art der Risikoberichterstattung eingehen zu können, sind die Unternehmensformen und die für sie geltenden Vorschriften zu betrachten.

- **Privatrechtliche Unternehmen deutschen Rechts**
  Privatrechtliche Unternehmen deutschen Rechts sind zum einen die Kapitalgesellschaften, d. h. die Unternehmen in der Rechtsform der Aktiengesellschaft, Kommanditgesellschaft auf Aktien und der Gesellschaft mit beschränkter Haftung.

Alle Kapitalgesellschaften – mit Ausnahme von kleinen Kapitalgesellschaften – haben neben dem Jahresabschluss einen Lagebericht aufzustellen. Der Inhalt ist vom Handelsgesetz vorgegeben. Außerdem haben bestimmte Personengesellschaften – z. B. Finanz- und Versicherungsunternehmen – einen Lagebericht nach den speziellen Vorschriften für Kapitalgesellschaften, ergänzend zu den für alle Kaufleute geltenden Vorschriften des Handelsgesetzbuchs, zu erstellen und die gesetzlichen Bestimmungen hierzu zu beachten (§§ 264 bis 289 HGB).
Für die anderen Unternehmensformen gibt es keine gesetzliche Pflicht zur Lageberichterstattung.

▶ **Kapitalgesellschaften europäischen Rechts, die Europäische Gesellschaft**
Die Europäische Gesellschaft ist eine mögliche *Rechts*form für *Aktiengesellschaften* in der Europäischen Union und im *Europäischen Wirtschafts*raum. Sie bietet europäischen Unternehmen die Möglichkeit, *EU*-weit als rechtliche Einheit mit nationalen *Niederlassu*ngen bzw. *Betriebsstätten* aufzutreten. Für die Rechnungslegung und die Lageberichterstattung gilt weiterhin *das nationale Recht*.

▶ **Öffentliche Unternehmen, Staatsunternehmen**
Als öffentliches Unternehmen bezeichnet man jedes Unternehmen, auf das „die öffentliche Hand aufgrund Eigentums, finanzieller Beteiligung, Satzung oder sonstiger Bestimmungen, die die Tätigkeit des Unternehmens regeln, unmittelbar oder mittelbar einen beherrschenden Einfluss ausüben kann."
Daraus folgt, dass der beherrschende Einfluss der öffentlichen Hand als wichtigstes Kriterium für ein öffentliches Unternehmen angesehen wird und nicht etwa das öffentliche Eigentum. Um dies zu erreichen gibt es den Public Corporate Governance Kodex der Bundesregierung (siehe Kap. 2.2.4).

„Es wird vermutet, dass ein beherrschender Einfluss ausgeübt wird, wenn die öffentliche Hand unmittelbar oder mittelbar die Mehrheit des

gezeichneten Kapitals des Unternehmens besitzt oder über die Mehrheit der mit den Anteilen des Unternehmens verbundenen Stimmrechte verfügt oder mehr als die Hälfte der Mitglieder des Verwaltungs-, Leistungs- oder Aufsichtsorgans des Unternehmens bestellen kann."

https://wirtschaftslexikon.gabler.de/definition/oeffentliche-unternehmen-46135

Eine Risikoberichterstattungspflicht besteht grundsätzlich auch für öffentliche Unternehmen, von denen es zwei Formen gibt:

1. **Privatrechtlich organisierte Unternehmen**
   Diese befinden sich im mehrheitlichen oder vollen Eigentum des Staates oder seiner Untergliederungen. Hier gelten die üblichen Berichterstattungspflichten für privatrechtliche Unternehmen.
2. **Öffentlich-rechtliche Unternehmen**
   Das sind Institutionen oder Organisationen, die im Rahmen des öffentlichen Rechts aufgrund staatlicher Hoheitsgewalt eingerichtet wurden. Die dort für die Risikoberichterstattung Verantwortlichen unterliegen nicht der Berichtspflicht nach § 298 AktG, sondern den hierfür geltenden besonderen Vorschriften des öffentlichen Rechts.

Die Verpflichtung zur Lageberichterstattung ergibt sich aus § 264 HGB.

Gesetzestext (Ausschnitt)
§ 264 HGB, Pflicht zur Aufstellung

Abs. 1 Satz 1: Die gesetzlichen Vertreter einer Kapitalgesellschaft haben den Jahresabschluss (§ 242) um einen Anhang zu erweitern, der mit der Bilanz und der Gewinn- und Verlustrechnung eine Einheit bildet, sowie einen Lagebericht aufzustellen.

Abs. 1 Satz 3: Jahresabschluss und Lagebericht sind grundsätzlich innerhalb von drei Monaten nach Geschäftsjahresende aufzustellen.

Abs. 1 Satz 4: Kleine Kapitalgesellschaften (§ 267 Abs. 1) brauchen den Lagebericht nicht aufzustellen.

Kredit- und Finanzdienstleistungsinstitute sind unabhängig von ihrer Rechtsform und Größe zur Aufstellung eines Lageberichts nach den Vorschriften für große Kapitalgesellschaften verpflichtet (§ 340a Abs. 1 HGB).

Gesetzestext
§ 340a HGB, Anzuwendende Vorschriften

1) Kreditinstitute, auch wenn sie nicht in der Rechtsform einer Kapitalgesellschaft betrieben werden, haben auf ihren Jahresabschluss die für große Kapitalgesellschaften geltenden Vorschriften des Ersten Unterabschnitts des Zweiten Abschnitts anzuwenden, soweit in den Vorschriften dieses Unterabschnitts nichts anderes bestimmt ist. Kreditinstitute haben außerdem einen Lagebericht nach den für große Kapitalgesellschaften geltenden Bestimmungen aufzustellen.

Eine entsprechende Sonderregelung gibt es auch für Versicherungsunternehmen. Sie haben unabhängig von ihrer Größe und Rechtsform einen Lagebericht nach den für große Kapitalgesellschaften geltenden Vorschriften aufzustellen (§ 341a HGB, § 341i HGB).

Gesetzestext
§ 341a HGB, Anzuwendende Vorschriften

(1) Versicherungsunternehmen haben einen Jahresabschluss und einen Lagebericht nach den für große Kapitalgesellschaften geltenden Vorschriften des Ersten Unterabschnitts des zweiten Abschnitts in den ersten vier Monaten des Geschäftsjahres für das vergangene Geschäftsjahr aufzustellen und dem Abschlussprüfer zur Durchführung der Prüfung vorzulegen.

Im Rahmen der Lageberichterstattung sind nach § 289 Abs. 1 Satz 4 HGB auch die wesentlichen Chancen und Risiken der künftigen Entwicklung zu beurteilen und zu erläutern. Dies geschieht im Prognose-, dem Risiko- und dem Chancenbericht. Es gab früher Meinungsverschiedenheiten darüber, was genau unter Chance zu verstehen ist. Bei der im Jahr 2017 erfolgten Änderung des DRS 20 und seiner Anpassung an neue Gesetze wurde für Klarheit gesorgt. Es wurden für die Unternehmensberichterstattung einheitliche Begriffe festgelegt:

- Der DRS 20 bezeichnet **Chancen** als mögliche künftige Entwicklungen oder Ereignisse, die zu einer für das Unternehmen positiven Prognose- bzw. Zielabweichung führen können.
- Entsprechend werden **Risiken** als mögliche künftige Entwicklungen oder Ereignisse definiert, die zu einer für das Unternehmen negativen Prognose bzw. Zielabweichung führen können.

Damit nimmt der DRS 20 Bezug auf das Begriffsverständnis des Gesetzgebers, betont die Parallelität der Begriffe Risiko und Chance und stellt zudem den Zusammenhang mit dem Prognosebericht her.

In der Übersicht der Definitionen des DRS findet man unter **Risikomanagementsystem** die folgende Formulierung:

- **„Gesamtheit aller Regelungen, die einen strukturierten Umgang mit Risiken oder mit Chancen und Risiken im Unternehmen bzw. Konzern sicherstellen."**

 Gesetzestext
§ 289 HGB, Inhalt des Lageberichts

1) Im Lagebericht sind der Geschäftsverlauf einschließlich des Geschäftsergebnisses und die Lage der Kapitalgesellschaft so darzustellen, dass ein den tatsächlichen Verhältnissen entsprechendes Bild vermittelt wird. Er hat eine ausgewogene und umfassende, dem Umfang und der Komplexität der Geschäftstätigkeit entsprechende Analyse des

Geschäftsverlaufs und der Lage der Gesellschaft zu enthalten. In die Analyse sind die für die Geschäftstätigkeit bedeutsamsten finanziellen Leistungsindikatoren einzubeziehen und unter Bezugnahme auf die im Jahresabschluss ausgewiesenen Beträge und Angaben zu erläutern. Ferner ist im Lagebericht die voraussichtliche Entwicklung mit ihren wesentlichen Chancen und Risiken zu beurteilen und zu erläutern; zugrunde liegende Annahmen sind anzugeben. Die Mitglieder des vertretungsberechtigten Organs einer Kapitalgesellschaft im Sinne des § 264 Abs. 2 Satz 3 haben zu versichern, dass nach bestem Wissen im Lagebericht der Geschäftsverlauf einschließlich des Geschäftsergebnisses und die Lage der Kapitalgesellschaft so dargestellt sind, dass ein den tatsächlichen Verhältnissen entsprechendes Bild vermittelt wird, und dass die wesentlichen Chancen und Risiken im Sinne des Satzes 4 beschrieben sind.

(2) Im Lagebericht ist auch einzugehen auf:

1.a) die Risikomanagementziele und -methoden der Gesellschaft einschließlich ihrer Methoden zur Absicherung aller wichtigen Arten von Transaktionen, die im Rahmen der Bilanzierung von Sicherungsgeschäften erfasst werden, sowie

1.b) die Preisänderungs-, Ausfall- und Liquiditätsrisiken sowie die Risiken aus Zahlungsstromschwankungen, denen die Gesellschaft ausgesetzt ist, jeweils in Bezug auf die Verwendung von Finanzinstrumenten durch die Gesellschaft und sofern dies für die Beurteilung der Lage oder der voraussichtlichen Entwicklung von Belang ist;

2. den Bereich Forschung und Entwicklung sowie

3. bestehende Zweigniederlassungen der Gesellschaft.

4. (weggefallen)

Sind im Anhang Angaben nach § 160 Abs. 1 Nr. 2 des Aktiengesetzes zu machen, ist im Lagebericht darauf zu verweisen.

(3) Bei einer großen Kapitalgesellschaft (§ 267 Abs. 3) gilt Abs. 1 Satz 3 entsprechend für nichtfinanzielle Leistungsindikatoren, wie Informationen über Umwelt- und Arbeitnehmerbelange, soweit sie für das Verständnis des Geschäftsverlaufs oder der Lage von Bedeutung sind.

(4) Kapitalgesellschaften im Sinn des § 264d haben im Lagebericht die wesentlichen Merkmale des internen Kontroll- und des Risikomanagementsystems im Hinblick auf den Rechnungslegungsprozess zu beschreiben.

2.2 Gesetzliche Grundlagen

2.2.1 Gesetzliche Vorschriften zur Risikoberichterstattung

Risikorelevante Paragrafen		Web-Link
Aktiengesetz (AktG))		
§ 67a	Informationen über Unternehmensereignisse an Aktionäre	https://www.gesetze-im-internet.de/aktg/__67a.html
§ 67b	Intermediäre, Übermittlung von Informationen an Aktionäre	https://www.gesetze-im-internet.de/aktg/__67b.html
§ 87 Abs. 4	Herabsetzung der Maximalvergütung durch Hauptversammlung	http://www.gesetze-im-internet.de/aktg/__87.html
§ 87a Abs. 2	Vergütungssystem des Vorstands von der HV zu billigen	http://www.gesetze-im-internet.de/aktg/__87.html
§ 91 Abs. 2	Risikofrüherkennungs- und Überwachungssystem	http://www.gesetze-im-internet.de/aktg/__91.html
§ 93 Abs. 1	Sorgfaltspflicht der Vorstandsmitglieder	https://www.gesetze-im-internet.de/aktg/__93.html
§ 107 Abs. 3	AR-Ausschüsse. Überwachung des Risikomanagementsystems	https://www.gesetze-im-internet.de/aktg/__107.html
§ 116	Sorgfaltspflicht der Aufsichtsratsmitglieder	https://www.gesetze-im-internet.de/aktg/__116.html
§ 134c Abs. 4 1.	Offenlegungspflicht Vermögensverwalter. Bericht über Risiken	https://www.gesetze-im-internet.de/aktg/__134.html
§ 161	Erklärung zum Corporate Governance Kodex	http://www.gesetze-im-internet.de/aktg/__161.html
§ 162	Vergütungsbericht des Vorstands und Aufsichtsrats	https://www.gesetze-im-internet.de/aktg/__162.html
§ 171 Abs. 1	Berichtspflicht des Abschlussprüfers an den Aufsichtsrat	http://www.gesetze-im-internet.de/aktg/__171.html

Risikorelevante Paragrafen		Web-Link
	Handelsgesetzbuch (HGB)	
§ 252 Abs. 1, Nr. 2	Going-Concern-Prämisse	https://www.gesetze-im-internet.de/hgb/__252.html
§ 264	Pflicht zur Aufstellung eines Lageberichts	https://www.gesetze-im-internet.de/hgb/__264.html
§ 286	Unterlassen von Angaben	https://www.gesetze-im-internet.de/hgb/__286.html
§ 289 Abs. 1	Chancen und Risiken im Lagebericht. Bilanzeid	https://www.gesetze-im-internet.de/hgb/__289.html
§ 289 Abs. 4	Beschreibung wesentlicher Merkmale des Risikomanagementsystems im Lagebericht durch kapitalmarktorientierte Kapitalgesellschaften	https://www.gesetze-im-internet.de/hgb/__289.html
§ 289b Abs. 1	Pflicht zur nichtfinanziellen Erklärung	https://www.gesetze-im-internet.de/hgb/__289.html
§ 297 Abs. 2, Satz 4 neu	Dem Konzernabschluss beizufügende schriftlichen Erklärung	http://www.gesetze-im-internet.de/hgb/__297.html
§ 297 Abs. 1 Satz 5 neu	Inhalt der Konzernberichterstattung Schriftliche Erklärung, dass die wesentlichen Chancen und Risiken im Sinne des Satzes 4 beschrieben sind.	http://www.gesetze-im-internet.de/hgb/__297.html
§ 315b Abs. 1	Pflicht zur nichtfinanziellen Konzernerklärung	http://www.gesetze-im-internet.de/hgb/__315.html
§ 316 Abs. 3 neu	Pflicht zur Prüfung des Jahresabschlusses, des Lageberichts, des Konzernabschlusses und des Konzernlageberichts	http://www.gesetze-im-internet.de/hgb/__316.html
§ 317 Abs. 2	Gegenstand und Umfang der Prüfung Beurteilung der Darstellung der Chancen und Risiken im Lagebericht	http://www.gesetze-im-internet.de/hgb/__317.html
§ 317 Abs. 3b neu	Beurteilung des Lageberichts durch den Abschlussprüfer	http://www.gesetze-im-internet.de/hgb/__317.html
§ 317 Abs. 4	Prüfung des Überwachungssystems bei börsennotierten AGs durch den Abschlussprüfer	http://www.gesetze-im-internet.de/hgb/__317.html

Risikorelevante Paragrafen		Web-Link
§ 320, Abs 1 neuer Satz, Abs. 3 neuer Satz	Vorlage Jahresabschluss und Konzernabschluss an Abschlussprüfer	http://www.gesetze-im-internet.de/hgb/__320.html
§ 321 Abs. 1	Stellungnahme des Abschlussprüfers, insbesondere hinsichtlich Fortbestand und künftiger Entwicklung	https://www.gesetze-im-internet.de/hgb/__321.html
§ 322 Abs. 2	Bestätigungsvermerk Berücksichtigung von bestandsgefährdenden Entwicklungen im Bestätigungsvermerk	http://www.gesetze-im-internet.de/hgb/__322.html
§ 322 Abs. 1 Satz 4 neu	„Über das Ergebnis der Prüfung nach § 317 Absatz 3b ist in einem besonderen Abschnitt zu berichten."	http://www.gesetze-im-internet.de/hgb/__322.html
§ 325 neu	Offenlegung	http://www.gesetze-im-internet.de/hgb/__325.html
§ 328 neu	Form, Format und Inhalt der Unterlagen bei der Offenlegung, Veröffentlichung und Vervielfältigung	http://www.gesetze-im-internet.de/hgb/__328.html
§ 334 neu	Bußgeldvorschriften	http://www.gesetze-im-internet.de/hgb/__334.html
§ 340 i neu	Pflicht zur Aufstellung	http://www.gesetze-im-internet.de/hgb/__340.html
§ 342 b neu Abs. 2, Satz 1	Prüfstelle für Rechnungslegung Die Prüfstelle prüft, ob die Abschlüsse und Berichte einschließlich der zugrundeliegenden Buchführung, eines Unternehmens im Sinne des Satzes 2 den gesetzlichen Vorschriften einschließlich der Grundsätze ordnungsmäßiger Buchführung oder den sonstigen durch Gesetz zugelassenen Rechnungslegungsstandards entsprechen.	http://www.gesetze-im-internet.de/hgb/__342.html

Risikorelevante Paragrafen		Web-Link
GmbH-Gesetz (GmbHG)		
§ 43 (1)	Sorgfaltspflicht der Geschäftsführer	https://www.gesetze-im-internet.de/gmbhg/__43.html
Unternehmensstabilisierungs- und -restrukturierungsgesetz –StaRUG		
§ 1	Krisenfrüherkennung und Krisenmanagement bei haftungsbeschränkten Unternehmensträgern	https://www.gesetze-im-internet.de/starug/__1.html
§ 101	Informationen zu Frühwarnsystemen	http://www.gesetze-im-internet.de/starug/__101.html
§ 102	Hinweis- und Warnpflichten	http://www.gesetze-im-internet.de/starug/__102.html

Abbildung 2: Gesetzliche Vorschriften zur Risikoberichterstattung

2.2.2 Gesetzliche Anforderungen an die Risikoberichterstattung im Überblick

In diesem Kapitel über die Risikoberichterstattung im Lagebericht wird auf die Gesetzgebung zum Risikomanagement insoweit eingegangen, als es für das Verständnis sowie für die praktische Anfertigung des Risikoberichtes notwendig erscheint. Auch wenn man allein durch Befolgung der Vorschriften des DRS 20 einen informationsstarken und gesetzeskonformen Risikobericht erstellen kann, braucht es zum richtigen Verständnis doch, dass man die wichtigsten Vorschriften mit ihren durch die europäische Gesetzgebung in den letzten Jahren immer mehr erweiterten Anforderungen kennt.

Der Ursprung der heute bestehenden Vorschriften zur Risikoberichterstattung geht zurück **auf das Gesetz zur Kontrolle und Transparenz im Unternehmensbereich (KonTraG), das 1998 in Kraft trat.**

Die Ziele des KonTraG waren:
- Verbesserung der Kontrolle und der Transparenz im Unternehmen durch ein Risikofrüherkennungssystem,
- stärkere Problem- und Risikoorientierung der Abschlussprüfung sowie
- Verbesserung der Zusammenarbeit zwischen Aufsichtsrat und Abschlussprüfer.

Mit dem KonTraG sollten Schwächen bei **der Unternehmensführung** in deutschen Unternehmen – international **Corporate Governance** genannt – beseitigt werden. Anlass waren die vorangegangenen großen Unternehmenskrisen wie z. B. die der Philipp Holzmann AG, der Balsam AG und der Schneider Elektronik AG.

Durch die Vorschrift des § 91 Abs. 2 AktG, dass der Vorstand ein System **zur frühzeitigen Erkennung geschäftsgefährdender Risiken – ein Risikofrüherkennungssystem – einzurichten hat,** wurden die großen Unternehmen durch Gesetz verpflichtet, das fortschrittlichste betriebswirtschaftliche Instrument zur Unternehmenssteuerung, das **Risikomanagementsystem,** einzuführen.

Gesetzestext
§ 91 Abs. 2 AktG

„Der Vorstand hat geeignete Maßnahmen zu treffen, insbesondere ein Überwachungssystem einzurichten, damit den Fortbestand der Gesellschaft gefährdende Entwicklungen früh erkannt werden."

Das KonTraG, ein Artikelgesetz, führte zu einer erheblichen Erweiterung des Aktiengesetzes und Handelsgesetzes. Es bildete die Basis für den anschließend erweiterten Ordnungsrahmen, mit dem eine professionelle Leitung und Überwachung des Unternehmens sichergestellt werden sollte.

In den Jahren nach der Einführung des Gesetzes zur Kontrolle und Transparenz im Unternehmen (KonTraG) gab es eine umfangreiche europäische

Gesetzgebung zur Unternehmensberichterstattung, die in deutsches Recht umzusetzen war (siehe Kapitel 2.2.6).

Es folgte eine Periode, in der die Bundesregierung sich mit der Umsetzung von Richtlinien der EU sehr viel Zeit ließ oder sie überhaupt nicht vornahm. Das geschah unter anderem, um bestimmte Wirtschaftszweige wie die Automobilindustrie oder die chemische Industrie zu protegieren. Auf der anderen Seite erlaubte man den an der Frankfurter Börse notierten DAX-Konzernen über den von ihnen geschaffenen Deutschen Corporate Governance Kodex, bestehende Gesetze nicht einhalten zu müssen.

In der Legislaturperiode ab 2019 gab es mehrere Ministerien, die sich an die von der Bundesregierung vernachlässigten Gesetzesreformen machten. Einige Reformen mussten wegen des Widerstandes der starken Industrie-Lobby und der durch sie beeinflussten Parlamentsabgeordneten immer wieder verschoben werden. Sie konnten erst zu Ende der derzeitigen Legislaturperiode, als die Unternehmensskandale der Börsenkonzerne bereits überhandgenommen hatten und durch den Wirecard Untersuchungsausschuss eine Menge Fehlhandlungen der Minister und staatlicher Institutionen aufgedeckt wurden, dem Parlament mit Erfolgsaussicht vorgelegt werden.

So lag Ende Dezember 2020 der Gesetzentwurf zur Stärkung der Finanzmarktintegrität (FISG) –die größte Reform der deutschen Wirtschaftsgesetze seit 1998 –dem Bundestag zur Beschlussfassung vor.

Der Finanzausschuss des Bundestages vollbrachte die Leistung, den teilweise nicht schlüssigen Gesetzesvorschlag und die große Anzahl von Änderungsanträgen der Bundestagsparteien zu beurteilen und dann selbst Regelungen mit Blick auf die vom Gesetz zu erreichenden Ziele und die Durchsetzbarkeit vorzuschlagen. Die Synopse des Gesetzesvorschlags der Regierung mit den Vorschlägen des Finanzausschusses befindet sich im Protokoll der Video-Bundestagssitzung vom 20. Mai 2021.

Es gelang, das Gesetz in 2. und 3. Lesung an diesem Abend zu behandeln.

Anschließend lehnte die Mehrheit des Deutschen Bundestags alle Änderungsanträge ab und beschloss das Finanzstabilitätsstärkungsgesetz (FISG) in der vom Finanzausschuss vorgeschlagenen Fassung.

Einige andere die Unternehmensberichterstattung betreffenden Gesetze sind noch nicht vom Bundestag beschlossen worden. Auch der Deutsche Corporate Governance Kodex mit seinen Risiken für die Wirtschaft existiert noch. Das bedeutet, alte Regelungen stehen in Konflikt zu widersprechenden neuen Gesetzen

Das ist bedauerlich, da dies die vollständige und wirksame Einführung des Risikomanagementsystems per Gesetz bei einigen Konzernen über Jahre verhindern kann. So wird es noch einige Zeit dauern, bis die Unternehmensführungen einiger bekannter Börsenkonzerne solche Risiko- und Chancenberichte veröffentlichen, die den Grundsätzen ordnungsmäßiger Berichterstattung und auch der Wahrheit entsprechen (siehe Kapitel 8).

2.2.3 Corporate Governance und Risikoberichterstattung

Regeln für eine gute Unternehmensführung waren bis zur Einführung des Gesetzes zur Transparenz und Kontrolle im Unternehmen eine individuelle Angelegenheit der Unternehmen. Man studierte dazu die betriebswirtschaftliche Literatur. Dort gibt es verschiedenste Methoden. Eine weit verbreitete Methode war damals das Harzburger Modell: „Die Führung im Mitarbeiterverhältnis". Die Manager lernten es in Seminaren kennen und viele Unternehmen führten es ein. Der Gesetzgeber beschränkte sich weitgehend darauf, das festzulegen, was im Unternehmen nicht zulässig ist.

Die erste große Ausnahme war das Betriebsverfassungsgesetz von 1952, das im Rahmen der sozialen Marktwirtschaft das Miteinander von Arbeitgebern und Arbeitnehmern zum Wohl des Unternehmens regelt. Es beschränkt die Macht der Kapitaleigner, räumt den Mitarbeitern gewisse

Mitbestimmungsrechte ein und dient vor allem dem sozialen Schutz der Arbeitnehmer.

Ein Risikomanagement hatten damals nur wenige Unternehmen freiwillig eingerichtet. Es waren solche, die durch nicht vorhersehbare Ereignisse besonders gefährdet waren, wie die Atomkraftwerke, Versicherungen oder Krankenhäuser. Eine Pflicht zur externen Risikoberichterstattung gab es noch nicht.

2.2.3.1 Aufgaben eines Kodex mit Grundsätzen zur Unternehmensführung und Berichterstattung (Corporate Governance Kodex)

Seit der Einführung des Gesetzes zur Kontrolle und Transparenz im Unternehmen 1998 wurden vom deutschen und europäischen Gesetzgeber in zunehmendem Maße Vorschriften für die Unternehmensführung erlassen, die außer den neuesten Erkenntnissen der Betriebswirtschaftslehre auch der gesellschaftlichen Entwicklung und der sozialen Marktwirtschaft Rechnung trugen.

Manche der gesetzlichen Vorschriften, die für Deutschland und die Europäische Union gelten, bereiten alten Konzernen Schwierigkeiten bei der Umsetzung, insbesondere bei den Tochtergesellschaften, die in politisch und sozial anders strukturierten Ländern tätig sind. Die Regierung musste eine Lösung finden, bei der einerseits die betriebswirtschaftlichen Fortschritte zur risikoärmeren Unternehmensführung im Unternehmen realisiert wurden, andererseits aber auch der internationale Wettbewerb, dem die Konzerne ausgesetzt sind, berücksichtigt wurde. Im wirtschaftlichen Interesse Deutschlands wollte die Regierung die Konzerne auch darin unterstützen, zur Finanzierung ihrer internationalen Expansionen ausländische Investoren für den deutschen Aktienmarkt zu gewinnen.

Bei den zu schaffenden „Regeln der guten Unternehmensführung" musste auch der Tatsache Rechnung getragen werden, dass es in Deutschland

Vorstände und Aufsichtsräte eigentümerbeherrschter Konzerne gab, die Schwierigkeiten mit den Umstellungen hatten. Die Unternehmensführungen mussten z. B. das nicht mehr geeignete Prinzip des **Shareholder** Values aufgeben. Stattdessen waren die Eigentümer dazu zu bringen, das **Stakeholder**-Value-Prinzip zu übernehmen und selbst danach zu handeln.

Erschwerend bei diesem Prozess war, dass viele erfolgreiche Unternehmensführer, die sich an der Spitze von Aufsichtsrat und Vorstand befinden, einer Generation angehören, die ihre grundlegenden Kenntnisse und Erfahrungen im Hinblick auf Umweltfragen, Menschenführung, Rechte der Mitarbeiter und der Bedeutung der Frauen im Unternehmen in einer Zeit erworben haben, die weit zurück im letzten Jahrhundert liegt.

All diese Faktoren waren bei der Gestaltung eines Corporate Governance Kodex für deutsche Unternehmen in die Überlegungen mit einzubeziehen.

Der Kodex sollte die folgenden Ziele erfüllen:

1. Mit modernen betriebswirtschaftlichen Instrumenten die Unternehmen bestandssicherer zu machen.
2. Den Investoren, die überlegen, Aktien von deutschen international tätigen Konzernen an einer deutschen Börse zu kaufen, die gesetzlichen Vorschriften zur Unternehmensführung übersichtlich und in einer Form darzustellen, die ihnen die Bedenken nehmen würde, ihr Kapital in Deutschland anzulegen.
3. Mit Grundsätzen, Empfehlungen und Anregungen des Corporate Governance Kodex für die deutschen Vorstände und Aufsichtsräte von Konzernen, die nicht mehr zeitgemäß ihr Unternehmen führen, Übergangslösungen zu schaffen.
4. Für die Möglichkeit zu sorgen, dass in den Konzernunternehmen fern von Europa, angepasst an die dortigen Verhältnisse, die in Deutschland und in der EU geltenden gesetzlichen Vorschriften zur Unternehmensführung nicht sofort, sondern schrittweise umgesetzt werden können.

Das ist notwendig, damit den deutschen Unternehmen im internationalen Wettbewerb keine Nachteile entstehen.
5. Dass die deutsche Regierung die Unternehmen im Ausland über die Botschaften und Generalkonsulate sowie bei ihren Auslandsbesuchen über ihre politischen Kontakte bei deren Arbeit unterstützt.

In den ersten Jahren, als die Gesetzgebung zur Unternehmensführung, der Corporate Governance, noch in den Anfängen lag, wurde einiges Nützliche mit dem Kodex bei den Börsenunternehmen erreicht. In den beiden letzten Jahrzehnten wurden vom deutschen und europäischen Gesetzgeber die Gesetze zur Unternehmensführung so ausgebaut, dass mit ihnen inzwischen nahezu allen Aspekten der gesellschaftlichen Entwicklung Rechnung getragen wird.

Da die Bundesregierung keine Mitwirkungs- und Kontrollmöglichkeit bei dem Kodex hat, wurde eine falsche Richtung eingeschlagen. Der sog. Deutsche Corporate Governance Kodex enthält inzwischen viele gesetzwidrige **Regeln für die Unternehmensführung** derjenigen Konzerne, die bei der Frankfurter Börse AG als Index-Unternehmen registriert sind. Die dafür verwendeten Begriffe wie **„Deutscher Kodex der Unternehmensführung"**, **„Regierungsbeauftragter"** und **„Regierungskommission"** täuschen die Öffentlichkeit über die wahre Funktion des Kodex hinweg.

Das am Gesetzgeber vorbei geschaffene Regelwerk mit seinen gesetzwidrigen „Empfehlungen" hat dazu geführt, dass es, beginnend mit dem im Jahr 2006 aufgedeckten Siemens-Bestechungsskandal, zu immer größeren betrügerischen Unternehmensskandalen bei börsennotierten Konzernen kam.

Der bisher größte Skandal war der weltweit die Umwelt schädigende Betrugsskandal des Volkswagen-Konzerns, Wolfsburg. Die Betrügereien mit den Dieselmotoren begannen im Jahr 2007 bei der Tochtergesellschaft AUDI AG in Ingolstadt.

Ein ähnliches Ausmaß, aber nur finanzieller Art, hat der noch nicht beendete Cum-Ex-Skandal der Deutschen Bank AG.

Der am meisten Aufsehen erregende deutsche Unternehmensskandal mit weltweiter Auswirkung ist der im Jahr 2020 aufgedeckte Wirecard-Skandal. Da viele kleine Aktionäre, aber auch Bankinstitute sowie die Bundesregierung als Lobbyistin darin verwickelt waren, wurde es zu einem Thema für den Finanzausschuss des Deutschen Bundestages. Die Bundesregierung war aber nicht bereit, mit ihrem Wissen zur Untersuchung beizutragen. Der Finanzminister sprach dabei sogar von einem „Regierungsgeheimnis". So beschloss der Bundestag, einen Untersuchungsausschuss zur Aufklärung des Wirecard-Skandals einzusetzen.

2.2.3.2 Der Deutsche Corporate Governance Kodex

Auf der Internetseite „Regierungskommission Deutscher Corporate Governance Kodex" findet sich der Hinweis, dass am 20. März 2020 die Fassung des Kodex von 2019 im Bundesanzeiger bekannt gemacht wurde (Stand Mai 2021).

https://dcgk.de/de/kodex.html
https://dcgk.de//files/dcgk/usercontent/de/download/kodex/191216_Deutscher_Corporate_Governance_Kodex.pdf

Der Kodex bringt Empfehlungen und Anregungen für die Unternehmensführung und zur Berichterstattung der rd. 440 bei der Frankfurter Börse AG zu Indexzwecken notierten deutschen Unternehmen.

Der Kodex wird regierungsseitig mit folgenden Ausführungen vorgestellt:

„Der Kodex enthält Empfehlungen, die als Richtlinie ethisch fundierten, eigenverantwortlichen Unternehmenshandelns Ansporn und moralische Verpflichtung zugleich sind. Im Einklang mit dem Prinzip der sozialen

Marktwirtschaft und dem Leitbild des Ehrbaren Kaufmanns benennt er die Rahmenbedingungen vorbildhafter Unternehmenskultur. ...

Die Erfolgsgeschichte des Kodex ist gleichzeitig Ausweis der hohen fachlichen und ethischen Kompetenz der Mitglieder der Regierungskommission Deutscher Corporate Governance Kodex. ...

Die stetige, transparente und ergebnisoffene Fortentwicklung unter breiter Rückbindung an die interessierte Öffentlichkeit ist von wesentlicher Bedeutung für die hohe Akzeptanz des Deutschen Corporate Governance Kodex. Moderne Unternehmensführung braucht modernes Denken, um den Anforderungen der Zukunft gerecht zu werden. Auf dieser Grundlage leistet der Deutsche Corporate Governance Kodex einen bedeutenden Beitrag zum nachhaltigen Erfolg deutscher börsennotierter Unternehmen zum Vorteil des Wirtschaftsstandorts Deutschland und der Gesellschaft."

https://dcgk.de/de/kommission.html

Der **Kodex** wird in der Präambel wie folgt beschrieben:

„Unter Corporate Governance wird der rechtliche und faktische Ordnungsrahmen für die Leitung und Überwachung eines Unternehmens verstanden. Der Deutsche Corporate Governance Kodex (der „Kodex") enthält Grundsätze, Empfehlungen und Anregungen für den Vorstand und den Aufsichtsrat, die dazu beitragen sollen, dass die Gesellschaft im Unternehmensinteresse geführt wird. Der Kodex verdeutlicht die Verpflichtung von Vorstand und Aufsichtsrat, im Einklang mit den Prinzipien der sozialen Marktwirtschaft unter Berücksichtigung der Belange der Aktionäre, der Belegschaft und der sonstigen mit dem Unternehmen verbundenen Gruppen (Stakeholder) für den Bestand des Unternehmens und seine nachhaltige Wertschöpfung zu sorgen (Unternehmensinteresse). Diese Prinzipien verlangen nicht nur Legali-

tät, sondern auch ethisch fundiertes, eigenverantwortliches Verhalten (Leitbild des Ehrbaren Kaufmanns).

Die Gesellschaft und ihre Organe haben sich in ihrem Handeln der Rolle des Unternehmens in der Gesellschaft und ihrer gesellschaftlichen Verantwortung bewusst zu sein. Sozial- und Umweltfaktoren beeinflussen den Unternehmenserfolg. Im Interesse des Unternehmens stellen Vorstand und Aufsichtsrat sicher, dass die potenziellen Auswirkungen dieser Faktoren auf die Unternehmensstrategie und operative Entscheidungen erkannt und adressiert werden."

https://dcgk.de/de/kodex/aktuelle-fassung/praeambel.html

Der Kodex ist nur für einen kleinen Teil der deutschen Unternehmen von Bedeutung. Es sind die Aktiengesellschaften, die von der Deutschen Börse AG nach bestimmten Kriterien ausgewählt werden. Ziel ist es, anhand der Börsenkurse dieser Unternehmen –stellvertretend für alle in Frankfurt börsennotierten Unternehmen –täglich die Indizes DAX (1988), MDax (1996) und weitere Börsenindizes zu ermitteln.

Mit der folgenden Formulierung wird versucht, den Eindruck zu erwecken, als habe der Kodex die Funktion einer gesetzlichen Vorschrift:

„Der Kodex besitzt über die Entsprechenserklärung gemäß § 161 AktG eine gesetzliche Grundlage. Danach sind im Gegensatz zu gesetzlichen Vorschriften die Empfehlungen und Anregungen zwar nicht verbindlich, allerdings sind Abweichungen zu den Empfehlungen (nicht den Anregungen) zu begründen und mit der jährlich abzugebenden Entsprechenserklärung zu veröffentlichen – „Comply or Explain". Die Kodexempfehlungen und -anregungen erlangen Gültigkeit mit der Veröffentlichung im Bundesanzeiger."

Gesetzestext
§ 161 AktG Erklärung zum Corporate Governance Kodex

(1) Vorstand und Aufsichtsrat der börsennotierten Gesellschaft erklären jährlich, dass den vom Bundesministerium der Justiz und für Verbraucherschutz im amtlichen Teil des Bundesanzeigers bekannt gemachten Empfehlungen der „Regierungskommission Deutscher Corporate Governance Kodex" entsprochen wurde und wird oder welche Empfehlungen nicht angewendet wurden oder werden und warum nicht. Gleiches gilt für Vorstand und Aufsichtsrat einer Gesellschaft, die ausschließlich andere Wertpapiere als Aktien zum Handel an einem organisierten Markt im Sinn des § 2 Absatz 11 des Wertpapierhandelsgesetzes ausgegeben hat und deren ausgegebene Aktien auf eigene Veranlassung über ein multilaterales Handelssystem im Sinn des § 2 Absatz 8 Satz 1 Nummer 8 des Wertpapierhandelsgesetzes gehandelt werden.

(2) Die Erklärung ist auf der Internetseite der Gesellschaft dauerhaft öffentlich zugänglich zu machen.

Ursprünglich als Instrument zur Verhinderung von Unternehmensinsolvenzen gedacht, bekam der Kodex im Laufe der Jahre immer mehr die Aufgabe, ausländische Investoren für den deutschen Aktienmarkt zu gewinnen. Entsprechend gestaltete das Entscheidungsgremium, der Führungskreis der Börsenlobby, die Vorschriften. Man versieht den Kodex mit vereinfachten, mit möglichst wenig Verpflichtungen enthaltenden Regeln zur Unternehmensführung (Corporate Governance). Regelungen im Unternehmen, die im Ausland nicht erwünscht sind, wie z. B. die Mitwirkungsrechte der Mitarbeiter bei der Unternehmensführung und das Betriebsverfassungsgesetz, werden verschwiegen.

Die Vorschriften des Kodex, die mit den deutschen Gesetzen nicht vereinbar sind, haben inzwischen überhandgenommen. Das ist nur möglich, weil die Bundesregierung den Börsenkonzernen auch heute noch das Alleinbestimmungsrecht über die Regeln zur „Corporate Governance", zur Unternehmensführung, überlässt.

Von den Möglichkeiten des Kodex zur Umgehung der Gesetze machen diejenigen DAX-Konzerne immer wieder Gebrauch, die wegen ihrer Unternehmensskandale bekannt sind.

Für alle anderen Unternehmen, die nicht in Frankfurt notiert sind, ist der Deutsche Corporate Governance Kodex irrelevant. Sie richten sich nach den Vorschriften des Handelsrechts, des Aktienrechts und den jeweils für sie geltenden rechtsformspezifischen Gesetzen.

Der Kodex hätte in früheren Jahren vorübergehend eine gewisse Hilfe für die deutschen Börsenkonzerne bedeuten können, denen die Umsetzung der gesetzlichen Vorschriften zur Unternehmensführung Schwierigkeiten bereitete. Hier hätte man befristet mit entsprechender Legitimation des Gesetzgebers vorübergehend Ausnahmen gestatten können.

Der Kodex enthält auch sinnvolle Empfehlungen, die aber ohne gesetzliche Verpflichtung nur schön klingende Worte ohne realen Hintergrund sind.

Denn obwohl als Empfehlung des Kodex gefordert, ist die bei den Skandal-Konzernen betriebene Politik nach dem Shareholder-Value-Prinzip nicht mit der sozialen Marktwirtschaft vereinbar. Deren Unternehmungsführungen lehnten von Anfang an die Anwendung der Vorschriften zur Transparenz und Kontrolle im Unternehmen, das KonTraG von 1998, ab. Da die Regierung nichts dagegen unternommen hat, haben die Unternehmen ein schlechtes Risikomanagement und eine nicht wahrheitsgemäße Risikoberichterstattung.

Die Unternehmensberichterstattung zählt zu den am häufigsten festgestellten Mängeln, wie die Deutsche Prüfstelle für die Rechnungslegung (DPR) in ihren Jahresberichten feststellt.

Der Grund, warum Sonderregelungen –jedoch auf gesetzlicher Basis –für internationale Konzerne angebracht sein könnten, wäre es, Konzernen Unterstützung für ihre Tochtergesellschaften und Joint Ventures in fernen

Ländern zu geben. Mithilfe von Ausnahmeregelungen würde es den Konzernen ermöglicht, bestimmte gesetzliche Vorschriften vorübergehend nicht beachten zu müssen. Das wäre z. B. angebracht, wenn wegen anderer gesellschaftlicher Gepflogenheiten die Vorschriften zur Gleichstellung von Frauen im Unternehmen in den Tochtergesellschaften fernöstlicher Länder nicht einzuhalten sind.

Nicht akzeptabel ist jedoch, dass das Aktiengesetz vorschreibt, dass Empfehlungen des Kodex befolgt werden sollen, die rechtswidrig sind. Dazu kommt, dass Abweichungen von der nach § 161 Aktiengesetz vorgeschriebenen Erklärung zum Deutschen Corporate Governance Kodex zu begründen sind.

Da in den letzten Jahren die deutsche und die EU-Gesetzgebung zur Unternehmensführung zum Wohl der Unternehmen und der Mitarbeiter fortentwickelt worden sind, hätten die dem Gesetz widersprechenden Vorschriften des Kodex aus dem Kodex entfernt werden müssen.

Die Aktiengesellschaften können die Vorschrift des § 161 AktG wegen der rechtswidrigen Kodex-Regeln nicht einhalten. Die Vorstände der Konzerne werden dadurch gezwungen, sich eine einigermaßen vernünftig wirkende Formulierung für die „Erklärung zum Deutschen Corporate Governance Kodex" einfallen zu lassen:

Das Aktiengesetz zwingt die Vorstände, zu begründen, warum sie nicht die rechtswidrigen Vorschriften des Kodex, sondern stattdessen die Gesetze befolgen!

Erst der Wirecard-Skandal brachte es ins öffentliche Bewusstsein, dass grundsätzlich etwas mit der Prüfung der Börsenkonzerne durch die Wirtschaftsprüfer und die staatliche Unternehmensaufsicht nicht stimmen kann. Dabei kann jeder Interessierte durch eine kurze Recherche im Internet bei Wikipedia feststellen, dass Grund der mangelhaften Unternehmensberichterstattung der Deutsche Corporate Governance Kodex ist:

> *„Ein privates Regelwerk, beschlossen von und für eine Gruppe deutscher börsennotierter Unternehmen."*
> *„Die Kommission wird von der Wirtschaft finanziert, sie ist völlig unabhängig in ihren Entscheidungen."*
> *„Die Regierung kann ihr keine Weisungen erteilen, was in den Kodex aufzunehmen wäre und was nicht."*
> *„Der Kommission gehören keine Vertreter der Regierung oder der Politik an."*

https://de.wikipedia.org/wiki/Deutscher_Corporate_Governance_Kodex

Mit den neuen Gesetzen zur Stärkung der Finanzmarktintegrität (siehe Kapitel 2.2.6.9) hat die Bundesregierung den Kodex und ihre Abhängigkeit der beherrschenden Gruppe der Frankfurter Börsenkonzerne nicht beseitigt. **Der Kodex gilt weiterhin.**

Dem Bundestag ist durch die Recherchen des Wirecard-Untersuchungsausschusses vermutlich bekannt geworden, dass es sich um einen die Gesetzgebung umgehenden „Privat-Kodex" handelt. Es ist zu hoffen, dass in einem nächsten Gesetzesvorschlag die Abschaffung des Kodex enthalten ist.

Ohne das FISG wären die Börsenkonzerne der Unternehmenskontrolle entzogen:

- der Kontrolle der Wirtschaftsprüfer,
- der Kontrolle der DPR und der BaFin,
- der Kontrolle der Bundesregierung,

jedoch nicht

- der Kontrolle des Deutschen Bundestags als dem Gesetzgeber.

Die Bundesregierung kann wegen der schwerwiegenden politischen Folgen ihre jahrelangen Versäumnisse nicht zugeben. Dazu kommt, dass der Kodex eine große wirtschaftliche und finanzielle Bedeutung für die Börsenlobby hat. Die Unternehmen können sich illegal zusätzliche Gewinne verschaffen. Dazu kommt ein ganzer Wirtschaftszweig von Wissenschaftlern,

Universitätsinstituten, Unternehmerverbänden, Rechtsanwaltskanzleien, Verlagen usw., der im Umfeld der sogenannten Regierungskommission von der Beschäftigung mit dem Deutschen Corporate Governance Kodex lebt.

Die Macht der Lobby und die Verstrickungen in der Regierung sind so groß, dass nur der Gesetzgeber, der Bundestag, den Kodex abschaffen und die Regierung aus ihrer Abhängigkeit befreien kann.

Ermutigend ist, dass die Regierung einen großen Schritt hin zu einer ordnungsmäßigen Unternehmensberichterstattung durch die fünf wichtigen Gesetze der Jahre 2020 und 2021 getan hat (siehe Kapitel 2.2.6.5 bis 2.2.6.9). Einige Folgegesetze sind noch in Vorbereitung.

Kurz vor Beginn der Arbeit des Untersuchungsausschusses des Bundestages zur Aufklärung des Wirecard-Skandals im Oktober 2020 veröffentlichte ein Wirtschaftsexperte aus Berlin, Dr. Carl Ehlers, Untersuchungen, mit denen er bewiesen hat, dass der Deutsche Corporate Governance Kodex die Ursache für die seit Jahren stattfindenden großen Betrugsskandale deutscher Börsenkonzerne ist.

https://www.3grc.de/ letzten corporate-governance/der-grund-fuer-den-WIRECARD-skandal-der-deutsche-corporate-governance-kodex/

Solange der Grund für die Börsenskandale der Öffentlichkeit und der Staatsanwaltschaft nicht voll bewusst ist, kann nicht damit gerechnet werden, dass die Vorstände und Aufsichtsräte eines der deutschen Skandalunternehmen vor Gericht gestellt werden, weil sie den Empfehlungen des Kodex gefolgt sind. Denn es gibt ja die gesetzliche Vorschrift in § 161 AktG. Die Staatsanwaltschaft muss von der Unrechtmäßigkeit der Kodex-Empfehlungen überzeugt sein und darüber hinaus ein Interesse an der Aufnahme von Ermittlungen gegen die Bundesregierung haben.

Hier vertritt der Autor die Meinung, dass es im Interesse der Bundesrepublik Deutschland vermieden werden sollte, die Aufmerksamkeit der

Weltöffentlichkeit auf dieses schwere Versagen der deutschen Politik zu lenken. Man kann es dadurch rechtfertigen, dass die Bundesregierung im Zusammenhang mit den Nachforschungen des Bundestagsausschusses zur Klärung des Wirecard-Skandals schnell gehandelt hat, indem sie dem Deutschen Bundestag bereits im Dezember 2020 den Entwurf zur umfangreichen Reform des Wirtschaftsrechts durch das „Gesetz zur Stärkung der Finanzmarktintegrität (Finanzmarktintegritätsstärkungsgesetz-FISG)" vorgelegt hat und dies im Mai 2021 vom Bundestag beschlossen wurde.

Mit diesem und den anderen neuen Gesetzen wird speziell für die Börsenkonzerne explizit festgelegt, dass und welche bestehenden gesetzlichen Vorschriften sie unter Androhung schwerer Sanktionen auch einzuhalten haben. Zusammen mit der Abschaffung des „Deutschen Corporate Governance Kodex" ist das Risiko der großen Betrugsskandale weitgehend beseitigt.

Es ist erstaunlich, wie viele Jahre die Ursache für die Unternehmensskandale vor der breiten Öffentlichkeit verborgen gehalten werden konnte. Das, obwohl jeder Unternehmensvorstand, jeder Wirtschaftsprüfer und alle leitenden Mitarbeiter in den staatlichen Institutionen der Unternehmensaufsicht die Tatsache kennt und irgendwie mit diesem Wissen zurechtkommen muss.

Der Regierung kam es gelegen, dass der Wirecard-Skandal die Chance bot, die breite Öffentlichkeit von den anderen durch dieselbe Ursache entstandenen Skandalen von bekannten Börsenkonzernen abzulenken. Bei Wirecard hat man es mit einem fernsehreifen „Politkrimi" zu tun. Bei diesem Skandalunternehmen wirkten für jeden Bürger direkt erkennbare Gauner im Vorstandsdress mit. Es waren Geheimdienstler mehrerer Länder dabei. Außerdem wurde er von bekannten ehemaligen Politikern, Spitzenbeamten, amtierenden Landes- und Bundesministern und selbst der deutschen Bundeskanzlerin unterstützt, die deswegen im April 2021 Rede und Antwort vor dem Wirecard-Untersuchungsausschuss stehen musste. Das Ganze hat zudem besonderes internationales Flair durch das Treffen mit höchsten Staatskreisen in China, Österreich und Russland.

Wirecard bietet der Presse nun seit Juli 2020 spannendes Material. Es ist der Stoff, aus dem Sensationsmeldungen, Podcasts, Fernsehserien, Bücher und Filme gemacht werden. Das liebt die Bevölkerung für ihre Unterhaltung:

„Man ist selbst nicht betroffen, kann aber als Zuschauer alles nahe miterleben. Es geht „nur" um finanzielle Verluste. Die Geschädigten gehören oft zur High Society, sind vermögend. Als Börsenteilnehmer wussten sie ja um das Risiko, das sie mit dem Aktienkauf eingingen."

Beispiel: Die Süddeutsche Zeitung vom 20.05.2021
https://www.sueddeutsche.de/multimedia/podcast-wirecard-sz-spotify-1.5265298

Schwer verständlich ist unter ethischen Maßstäben die Tatsache, dass alle Bundesregierungen verschiedener politischer Konstellationen und die staatlichen Aufsichtsgremien beinahe zwei Jahrzehnte nichts gegen die eingeräumte Möglichkeit zur gesetzwidrigen Unternehmensführung der börsennotierten Konzerne unternommen haben.

Und noch wird der Kodex von der Regierung gelobt und es gibt einen „Regierungsbeauftragten" als Vorsitzenden der „Regierungskommission", der Wirtschaftslobby, deren Tätigkeit von der Bundesregierung gelobt wird.

Es gab im Laufe der Jahre wenige kritische Stellungnahmen zum Kodex und diese werden bis heute nicht weiter beachtet.

„Die Regierungskommission Deutscher Corporate Governance Kodex ist eine Selbstregulierungseinrichtung der Wirtschaft. Die Kommission wird von der Wirtschaft finanziert und ist völlig unabhängig in ihren Entscheidungen. Die Regierung kann ihr keine Weisungen erteilen. Der Kodex wird im elektronischen Bundesanzeiger veröffentlicht. Der DCGK wird teilweise als „soft law" bezeichnet. In diesem Zusammenhang ist jedoch zu beachten, dass es

sich bei dem Kodex nicht um „Recht" handelt, das einer parlamentarischen Legitimation bedarf."

Siehe **Grötsch, Andreas: Das Verhältnis zwischen Corporate Governance, Corporate Social Responsibility, Compliance, Tax-Compliance und Steuerstrafrecht auf Basis (inter-)nationaler Anforderungen.**
https://www.risknet.de/fileadmin/user_upload/Elibrary/20200520_Corporate-Social-Responsibility_Tax-Compliance_Groetsch.pdf

Wie soll der normale Bundesbürger auch einen Zusammenhang zwischen den Unternehmensskandalen von so angesehenen Börsenkonzernen wie der Deutschen Bank oder dem Volkswagen-Konzern und dem sogenannten Deutschen Corporate Governance Kodex sehen?

Das funktionierte bisher, weil man seitens der Börsenlobby und der Bundesregierung davon systematisch ablenkt. Die drei zuständigen Bundesminister halten genauso wie das Institut der Wirtschaftsprüfer (IDW) deswegen Lobreden auf den Corporate Governance Kodex, den „Kodex für Unternehmensführung", und seine wertvolle Funktion für die Börsenkonzerne. Diese Falschbehauptungen sind notwendig, da man sein Vorhandensein ja nicht gänzlich verbergen kann.

Entsprechend wurde auch die Antwort des Bundesjustizministeriums auf die Kleine Regierungsanfrage vom 14. Nov. 2020 der Bundestagsfraktion DIE LINKE abgefasst.

Kleine Anfrage „Corporate Governance bei DAX-Konzernen".
https://dip21.bundestag.de/dip21/btd/19/258/1925804.pdf

Antwort auf die Kleine Anfrage „Corporate Governance bei DAX-Konzernen".
https://dip21.bundestag.de/dip21/btd/19/261/1926185.pdf

Der Titel einer Pressemeldung des Deutschen Bundestags vom 2.2.2021 lautete wieder:

„Regierung stärkt Corporate Governance bei DAX-Konzernen", auf Deutsch: „Regierung stärkt die Unternehmensführung bei DAX-Konzernen". Und weiter heißt es in der Pressemeldung:

„Die Bundesregierung geht davon aus, dass die Entwicklung des Deutschen Corporate Governance Kodex (DCGK) für gute Unternehmensführung seit Einrichtung der gleichnamigen Regierungskommission im Jahr 2001 eine Erfolgsgeschichte ist."

https://www.bundestag.de/presse/hib/820336-820336

Wer sich nicht aus Berufsgründen mit diesem Thema beschäftigt, wird nicht auf die Idee kommen, dass dieser von der Regierung unterstützte Kodex die Ursache der großen deutschen Börsenskandale ist. Falls er darüber etwas lesen sollte, wird er annehmen, dass es sich dabei um eine der üblich gewordenen Verschwörungstheorien handelt. Keinesfalls wird er glauben, dass die Bundesregierung durch das Bundesministerium der Justiz und für Verbraucherschutz, das Bundesministerium für Finanzen und das Bundesministerium für Wirtschaft und ihre jeweiligen Minister für die Unternehmensskandale verantwortlich ist.

Das hat Dr. Carl Ehlers nachgewiesen. Sein Fazit ist:

„Die Bundesregierung genehmigt der Börsenlobby seit 2001 jährlich ihren sogenannten Deutschen Corporate Governance Kodex. Dieser gestattet es den in Frankfurt notierten Börsenunternehmen, dass sie die geltenden deutschen und europäischen Gesetze nicht einhalten müssen. Darüber hinaus können sie sich jeglicher Unternehmenskontrolle entziehen, falls Aufsichtsrat und Vorstand von dieser Möglichkeit Gebrauch machen."

Bevor es den Kodex gab, führte die BaFin in dem Wirecard-Betrug entsprechenden Fällen noch Sonderprüfungen bei Unternehmen durch. Eine der Prüfungen hat der Autor im Zusammenhang mit dem „Berliner Bankenskandal" im Jahr 2001 bei einer von der BaFin beauftragten Wirtschaftsprüfungsgesellschaft miterlebt (siehe Seite 235).

https://de.wikipedia.org/wiki/Berliner_Bankenskandal

Die einzige Möglichkeit, um in der gegenwärtigen Situation etwas gegen den Schaden zu unternehmen, den betrügerische Unternehmensführungen dem eigenen Konzern und der Umwelt zufügen, ist, dass das Unternehmen selbst seine Vorstände und Aufsichtsräte auf Schadensersatz verklagt. Dafür ist der Nachweis zu erbringen, dass die „Sorgfaltspflicht der Vorstandsmitglieder" nicht eingehalten wurde (§ 93 Abs. 2 AktG) und dass Vorstand und Aufsichtsrat die Grundsätze ordnungsmäßiger Unternehmensführung und -überwachung nicht beachtet haben.

Gesetzestext
§ 93 AktG Sorgfaltspflicht und Verantwortlichkeit der Vorstandsmitglieder
(1) Die Vorstandsmitglieder haben bei ihrer Geschäftsführung die Sorgfalt eines ordentlichen und gewissenhaften Geschäftsleiters anzuwenden. Eine Pflichtverletzung liegt nicht vor, wenn das Vorstandsmitglied bei einer unternehmerischen Entscheidung vernünftigerweise annehmen durfte, auf der Grundlage angemessener Information zum Wohle der Gesellschaft zu handeln. Über vertrauliche Angaben und Geheimnisse der Gesellschaft, namentlich Betriebs- oder Geschäftsgeheimnisse, die den Vorstandsmitgliedern durch ihre Tätigkeit im Vorstand bekanntgeworden sind, haben sie Stillschweigen zu bewahren. Die Pflicht des Satzes 3 gilt nicht gegenüber einer nach § 342b des Handelsgesetzbuchs anerkannten Prüfstelle im Rahmen einer von dieser durchgeführten Prüfung.
(2) Vorstandsmitglieder, die ihre Pflichten verletzen, sind der Gesellschaft zum Ersatz des daraus entstehenden Schadens als Gesamtschuldner verpflichtet. Ist streitig, ob sie die Sorgfalt eines ordentlichen und

gewissenhaften Geschäftsleiters angewandt haben, so trifft sie die Beweislast. Schließt die Gesellschaft eine Versicherung zur Absicherung eines Vorstandsmitglieds gegen Risiken aus dessen beruflicher Tätigkeit für die Gesellschaft ab, ist ein Selbstbehalt von mindestens 10 Prozent des Schadens bis mindestens zur Höhe des Eineinhalbfachen der festen jährlichen Vergütung des Vorstandsmitglieds vorzusehen.

Dass solche Gerichtsverfahren zum Erfolg führen würden, ist aufgrund der heutigen Rechtsprechung wahrscheinlich.

Siehe Scherer, Prof. Dr. Josef, Grundsätze ordnungsgemäßer Unternehmensführung und -überwachung (GoU), Band 1)

Betrachtet man beispielsweise den Volkswagen-Konzern mit seiner rechtswidrigen Unternehmensberichterstattung, besteht derzeit noch keine Chance, dass der amtierende Aufsichtsratsvorsitzende als ehemaliger Finanzvorsand und Mitverantwortlicher bereit wäre, im Interesse des Unternehmens gerichtliche Schritte gegen sich und seine Kollegen im Aufsichtsrat zu ergreifen. Das kann nur die gesetzlich verpflichtete Staatsanwaltschaft im Rahmen der Gerichtsverfahren tun, die gegen Führungskräfte sowie ehemalige Vorstände und Aufsichtsräte eingeleitet oder noch einzuleiten sind.

https://www.automobilwoche.de/article/20190503/NACHRICH-TEN/190509987/prozess-gegen-winterkorn-staatsanwaltschaft-hat-vier-kronzeugen
https://www.prosieben.de/tv/newstime/wirtschaft/prozess-gegen-ex-audi-chef-stadler-beginnt-100715

 Praxisbeispiel – Volkswagen AG, Unternehmensprinzip

Den meisten Menschen ist bekannt, dass die Unternehmensführung des Volkswagen-Konzerns viele Gesetze und Vorschriften nicht eingehalten hat und auch noch nicht einhält. Das gilt auch für die Berichterstattung des Konzerns. Insbesondere die Risikoberichterstattung entspricht nicht den die „Konzernrechnungslegung betreffenden Grundsätzen ordnungsmäßiger Buchführung" (§ 342 Abs. 2 HGB.)

Einer der Gründe, warum die Volkswagen AG einigen sinnvollen Empfehlungen des Deutschen Corporate Governance Kodex nicht folgt, liegt am Unternehmensprinzip. Der Kodex fordert in seinem rechtskonformen Teil für die börsennotierten Konzerne in der Bundesrepublik Deutschland als Unternehmensprinzip das **Stakeholder-Value-Prinzip**. Dahingegen verfolgen die beherrschenden Eigentümer, Aufsichtsräte und Vorstände der Volkswagen AG im Eigentümerinteresse das kapitalistische **Shareholder-Value-Prinzip**.

Das widerspricht der Wirtschaftsordnung der Bundesrepublik Deutschland, da es nicht mit dem Prinzip der sozialen Marktwirtschaft vereinbar ist. In der Präambel heißt es daher, dass die Unternehmensführung nach dem **Stakeholder-Value-Prinzip** zu verfahren hat:

„Der Kodex verdeutlicht die Verpflichtung von Vorstand und Aufsichtsrat, im Einklang mit den Prinzipien der sozialen Marktwirtschaft unter Berücksichtigung der Belange der Aktionäre, der Belegschaft und der sonstigen mit dem Unternehmen verbundenen Gruppen **(Stakeholder)** *für den Bestand des Unternehmens und seine nachhaltige Wertschöpfung zu sorgen (Unternehmensinteresse)."*

Die amerikanische Justiz hatte im Jahr 2017 zur Kontrolle der Einhaltung des Rechts durch die Unternehmensführung von Volkswagen einen „Aufpasser" in die Konzernzentrale in Wolfsburg entsandt.

https://www.motor-talk.de/blogs/rogertennis2/VOLKSWAGEN-abgas-und-verbrauchsbetrug-verbrecher-bei-VOLKSWAGEN-bekommen-2-us-aufpasser-t6693998.html
https://deutsche-wirtschafts-nachrichten.de/2019/03/21/vw-machtlos-aufpasser-der-us-justiz-gibt-in-wolfsburg-den-ton-an

https://www.merkur.de/wirtschaft/bewaehrung-vorbei-us-aufseher-sieht-vw-in-spur-zr-13901351.html

Die Wirtschaftswoche schrieb am 24.9.2020, als der von der amerikanischen Justiz entsandte Aufseher die Volkswagen-Konzernzentrale verließ:

„Aber die Frage, wie es der größte deutsche Konzern mit der Gesetzes- und Regeltreue hält, stellt sich heute noch immer so dringlich wie damals. Fünf Jahre nach dem Auffliegen manipulierter Abgaswerte bei Dieselfahrzeugen scheint VOLKSWAGEN trotz hoher Investitionen und immenser Anstrengungen immer noch weit davon entfernt zu sein, alle Ampeln auf Grün schalten zu können. Mehr als 32 Milliarden Euro haben die Abgastricksereien den Konzern bis heute gekostet. Der größte Teil entfiel auf Strafzahlungen und Rückrufaktionen. Immerhin 690 Millionen Euro steckte das Unternehmen in Werners Mission, die Strukturen auf Integrität zu trimmen."

„Der Konzern hat 300 interne Vorschriften neu erlassen oder überarbeitet und Hunderte Jobs im Bereich Compliance geschaffen. Doch die strukturellen Probleme sind immer noch ungelöst: VOLKSWAGEN bleibt im Kern ein Familienunternehmen des österreichischen Porsche-Piëch-Clans, der Integritätsfragen oft nicht Priorität beimisst."

Siehe Wirtschaftswoche Nr. 40, 24.9.2020, Seite 49.

Wenn ein Unternehmen die gesetzlich zulässigen Anregungen des Kodex nicht beachtet und die gesetzlichen Vorschriften nicht einhält, sind alle Interessenten des Unternehmens davon betroffen.

Der **Wirtschaftsprüfer** hat dabei die Möglichkeit und Pflicht, in seinem Prüfungsbericht dazu Stellung zu nehmen.

Die **Mitarbeiter,** die Belegschaft, sind in einer schwierigen Situation. Sie haben zwar grundsätzlich im Rahmen des Betriebsverfassungsgesetzes und der Konzernmitbestimmung der Arbeitnehmer eine Einflussmöglichkeit auf die Unternehmensführung. Aber bedauerlicherweise kommen der Aufsichtsratsvorsitzende und die Mitglieder des Präsidiums, der niedersächsische Ministerpräsident und der Vorsitzende der IG Metall sowie der Betriebsratsvorsitzende seit vielen Jahren ihren gesetzlichen Verpflichtungen nicht nach.

In diesem Zusammenhang ist daran zu erinnern, dass zu dem durch die Kodex-Vorschriften gefährdeten Kreis von Unternehmen zahlenmäßig nur ca. 440 deutsche Konzerne gehören. Von diesen verfügt die bei Weitem überwiegende Mehrheit über eine ordnungsmäßige Rechnungslegung und Unternehmensberichterstattung.

Übrigens gehören die bedeutendsten deutschen Unternehmen nicht zu den börsennotierten Unternehmen. Das sind:

- die größten deutschen Aktien-Konzerne wie z. B. die Deutsche Bahn oder die Deutsche Post, da sie nicht an der Börse gehandelt werden,
- viele bedeutende deutsche Unternehmen in einer anderen Rechtsform als der Aktiengesellschaft, darunter mehr als eine Million Gesellschaften mit beschränkter Haftung,
- die großen Familienkonzerne in anderen Rechtsformen als der AG, wie z. B. Kommanditgesellschaften oder Stiftungen.

In der Anfangszeit des Deutschen Corporate Governance Kodex erfüllte der zwar von der Regierung ernannte, aber von ihr völlig unabhängige Regierungsbeauftragte als Leiter der sogenannten Regierungskommission einige wertvolle Aufgaben, indem er namhafte börsennotierte Konzerne mit mangelhafter Befolgung der gesetzlichen Vorschriften zur Unternehmensführung und Unternehmensberichterstattung schrittweise auf den Weg hin zu einem gesetzeskonformen Verhalten zu bringen suchte. Das war auch ursprünglich einmal der Grund für die „Empfehlungen", die eine vorübergehende Abweichung bei bestimmten Konstellationen in ausländischen Tochtergesellschaften von den gesetzlichen Vorschriften zulassen sollten.

In diesen ersten Jahren des Kodex gab es Vorschriften, zu denen der Gesetzgeber mit seinen Gesetzen, die ja von allen Unternehmen eingehalten werden müssen, noch nicht gekommen war. Inzwischen sind diese und viele neue Regelungen in wesentlich umfassender Form in den deutschen und europäischen Gesetzen enthalten.

Dadurch und durch Neuschöpfungen haben die gesetzeswidrigen Empfehlungen im Deutschen Corporate Governance Kodex immer mehr zugenommen. Dadurch ist es nicht zu vermeiden, dass es immer wieder Konzernvorstände und Aufsichtsräte gibt, die in Versuchung geraten, die Vorschriften des Kodex für betrügerische Geschäfte und eine Unternehmensberichterstattung zu nutzen, die nicht der Wahrheit entspricht.

Tatsache ist:
Der von der Bundesregierung genehmigte Deutsche Corporate Governance Kodex ist die Ursache für die großen Unternehmensskandale deutscher Börsenkonzerne in den letzten 20 Jahren.

Nimmt man den Vorstand des Volkswagen-Konzerns als Beispiel, so hatte er im Jahr 2020 noch nicht das seit dem Jahr 1998 gesetzlich konzernweit einheitlich vorgeschriebene Risikofrüherkennungssystem vollständig eingerichtet. Erfreulicherweise findet dort allmählich eine Normalisierung statt. Man verzeichnet einen Sinneswandel beim Vorstand. Im Frühjahr 2021 hat der VW-Konzern eine der führenden Beratungsfirmen für Risikomanagement zur weiteren Entwicklung des Risikomanagements hinzugezogen. Es war das erste Mal , dass mehrere Vorstandsmitglieder sich gemeinsam mit diesem Thema befasst haben.

Man kann hoffen, dass die Risikoberichterstattung des Konzerns beginnend beim Jahresabschluss 2021 die gesetzlichen Vorschriften erfüllt. Möglichst bald sollten auch die Vorschriften des deutschen Rechnungslegungs Standards DRS Nr. 20 zur Lageberichterstattung erfüllt werden.

Jeder kann das leicht nachprüfen: Sobald der VW-Konzern im Sinne des

Bundesministeriums für Justiz und den Verbraucherschutz „ordnungsmäßig Bericht erstattet", wird das DRSC dem VW Konzern gestatten, den Namen „Deutscher Rechnungslegungsstandard, DRS" in seinem Geschäftsbericht zu verwenden.

Die Unternehmensführung hat unter dem Deckmantel eines angeblich äußerst nützlichen „Deutschen Corporate Governance Kodex" das größte Betrugs- und Umweltverbrechen Deutschlands begangen. Und Unternehmensführungen wie die der Deutschen Bank oder von Wirecard haben es nachgemacht. Der Kodex ist ein **„Etikettenschwindel mit Regierungssiegel"**.

Siehe Dr. Carl Ehlers, Der Grund für den Wirecard Skandal: Der Deutsche Corporate Governance Kodex.
https://www.3grc.de/corporate-governance/der-grund-fuer-den-wirecard-skandal-der-deutsche-corporate-governance-kodex/

Die größten international tätigen Konzerne Deutschlands wie die Deutsche Bahn, Deutsche Post und Deutsche Telekom gehören nicht zu diesem Kreis. Sie sind keine Index-Referenzunternehmen der Deutschen Börse AG.

Aber auch für diese Unternehmen gibt es einen entsprechenden, ebenfalls rechtswidrigen Kodex der staatlichen Unternehmen –den **„Public Corporate Governance Kodex des Bundes"** (siehe Kap.2.2.4).

2.2.3.3 Mängel des Deutschen Corporate Governance Kodex. Auswirkungen und notwendige Maßnahmen

Den Protokollen der sogenannten Regierungskommission DCGK kann man entnehmen, dass es nach Auffassung der Unternehmensführungen einiger Börsenkonzerne schon zu weit geht, wenn gesetzliche Vorschriften gemacht werden, wie die Unternehmensführung das Unternehmen nach betriebswirtschaftlich und sozial zeitgemäßen Methoden erfolgreich in die Zukunft steuert. Bei einer solchen Haltung ist es nicht verwunderlich, wenn einige Vorstände unberechtigterweise auch die Möglichkeit einer Kodex-Empfehlung wahrnehmen und das gesetzlich vorgeschriebene Risikomanagementsystem nicht vollständig einführen (z. B. die Volkswagen AG mit Audi und Porsche).

Noch schädlicher für die gesamte Wirtschaft ist es, dass die sogenannte Regierungskommission für die Börsenkonzerne eine Vorschrift eingeführt hat, nach der Wirtschaftsprüfer aufgrund der speziellen Kodexempfehlung D.10 die Mängel des Unternehmensabschlusses Jahr für Jahr hinnehmen müssen, ohne eine Einschränkung des Bestätigungsvermerks vornehmen zu können.

Bei diesen grundsätzlichen Systemmängeln und der Nichtbeachtung von Gesetzen durch einige Börsenkonzerne wird erwartet, dass die sogenannte „Bilanzpolizei", die Deutsche Prüfstelle für Rechnungslegung (DPR), als zuständige Unternehmensaufsicht eingreift. Aber hier gerät man an die nächste von der Regierung unter dem Druck der Börsenlobby verursachte Schwachstelle der Unternehmenskontrolle.

Die „staatliche" Prüfstelle DPR wurde von der Regierung an einen privaten Verein der börsennotierten Konzerne vergeben, auf den sie keinen Einfluss nehmen kann (siehe Kapitel 1). Unter diesen Bedingungen ist es nicht verwunderlich, dass der Deutsche Corporate Governance Kodex als Verursacher der nicht enden wollenden Börsenskandale durch seine rechtswidrigen Empfehlungen sich inzwischen zu einer politischen und wirtschaftlichen Belastung der Bundesrepublik Deutschland entwickelt hat.

Mit viel Hoffnung war das Gesetz zur Transparenz und Kontrolle im Unternehmensbereich (KonTraG) 1998 eingeführt worden. Es sollte zur Verminderung der Unternehmensrisiken führen. Dieses Ziel wurde ins Gegenteil verkehrt, als die Bundesregierung unter dem Druck der Börsenlobby genehmigte, dass sich die Börsenkonzerne jährlich eigene Regeln zur Unternehmensführung geben.

Es sind nicht nur die vordergründig schädlichen Auswirkungen, die der Kodex hat. Dazu kommt, dass die Vorstände mehrerer bekannter Börsenkonzerne mithilfe des Kodex die gesetzliche Vorschrift, ein umfassendes Risikomanagement zu schaffen, umgehen, ohne sich strafbar zu machen. Dabei sind diese sich nicht im Klaren darüber, dass sie dadurch ihrem Konzern die Chance nehmen, auch in schwierigen Zeiten wie in Wirtschaftskrisen oder bei der derzeit herrschenden Corona-Pandemie eine weiterhin erfolgreiche Unternehmensentwicklung aufrechtzuerhalten. Denn als das fortschrittlichste betriebswirtschaftliche Steuerungsinstrument verfügt das Risikomanagementsystem durch Einbeziehung aller Mitarbeiter systemimmanent über alle Eigenschaften für die permanent notwendigen Anpassungen und Korrekturen im Hinblick auf einen nachhaltigen, wertorientierten Unternehmenserfolg, ausgerichtet an den spezifischen Gegebenheiten des jeweiligen Unternehmens.

Siehe auch Gleißner, W. „Kapitalmarktorientierung statt Wertorientierung: Volkswirtschaftliche Konsequenzen von Fehlern bei Unternehmens- und Risikobewertungen", WSI Mitteilungen 6/2009.
https://www.wsi.de/data/wsimit_2009_06_gleissner.pdf

Die Probleme, die durch die gesetzeswidrigen Empfehlungen des Kodex immer wieder entstehen, sind auch im Hinblick auf den Ruf Deutschlands als vertrauenswürdigen Wirtschaftspartner nicht zu unterschätzen. Die aufsehenerregenden Ereignisse beim Wirecard-Konzern haben allgemein die Frage aufgeworfen, weshalb es trotz Prüfung der Jahresabschlüsse durch Wirtschaftsprüfer und der für die ständige Aufsicht dieser Unternehmen zuständigen Bundesanstalt für Finanzdienstleistungsaufsicht (BaFin) überhaupt zu solchen Betrügereien bei Börsenunternehmen kommen kann.

Die Analyse von Dr. Carl Ehlers beweist, dass der Deutsche Corporate Governance Kodex die Ursache des Wirecard-Skandals und der anderen großen Unternehmensskandale von Börsenunternehmen der letzten Jahre ist . Sie half auch, unterstützt durch die Befragungen des Untersuchungsausschusses Wirecard, den drei Bundesministern und der Bundesregierung es ratsam erscheinen zu lassen, die umfangreichen Gesetzesvorschläge noch im Jahr 2020 auf den Weg zu bringen. Jetzt muss nur noch der sogenannte Deutsche Corporate Governance Kodex verboten und der § 161 AktG abgeschafft werden.

 Praxisbeispiel – Mängel des Deutschen Corporate Governance Kodex

Prüfung der Jahresabschlüsse des Wirecard-Konzerns nach den Vorschriften des Deutschen Corporate Governance Kodex

1. Die Wirtschaftsprüfungsgesellschaft Ernst & Young hat angeblich die Bilanzmängel von Wirecard nicht aufgedeckt und soll daher die Schuld für das zu späte Erkennen der Betrügereien des WIRECARD Vorstands haben.
Dies ist unzutreffend, wenn man die Vorschriften – genannt Empfehlungen – des Deutschen Corporate Governance Kodex kennt. E&Y hat nach der Prüfung des Jahresabschlusses 2018 einen kritischen Prüfungsbericht verfasst. Außerdem wurde ein Bestätigungsvermerk veröffentlicht, der dem einschlägigen Leser wie der DPR oder der BaFin eindeutig die Information vermittelt hat, dass bei Wirecard der Unternehmensabschluss und die Berichterstattung nicht ordnungsmäßig erfolgt sind.
2. Im Testat des Abschlussprüfers steht geschrieben, dass man rechtswidrige Maßnahmen bei WIRECARD vermutet und auch in Asien festgestellt hat, aber offensichtlich keine Vollmacht für weitere Prüfungen hatte.
3. Grund hierfür sind bestimmte Regelungen im Deutschen Corporate Governance Kodex. Daher weist E&Y im Testat immer wieder darauf hin, dass die Verantwortung für die undurchsichtige Lage und für fehlende Dokumente allein bei der Unternehmensführung, dem Vorstand und dem Aufsichtsrat von Wirecard liegt. Nachlesbar ist dies im Geschäftsbericht 2018 der Wirecard AG, wo der Bestätigungsvermerk von E&Y auf den Seiten 134–139 abgedruckt ist.

https://ir.wirecard.com/download/companies/wirecard/Quarterly%20Reports/Einzelabschluss_WD_AG_2018.pdf

Als Ergebnis ist festzuhalten:

- Die Wirtschaftsprüfungsgesellschaft Ernst & Young hat bei ihren Jahresabschlussprüfungen entsprechend dem Auftrag des Aufsichtsrats des Wirecard-Konzerns gehandelt.
- Grundlage war der Deutsche Corporate Governance Kodex. Der letzte stammt vom 20. März 2020.
- Der Aufsichtsrat der Wirecard AG hat lediglich von den Empfehlungen des Deutschen Corporate Governance Kodex Gebrauch gemacht.
- Der Kodex wird jährlich vom Ministerium der Justiz und für Verbraucherschutz ohne Einflussmöglichkeit genehmigt. Anschließend wird im Bundesgesetzblatt die Information veröffentlicht, dass es einen neuen Kodex gibt. Diese Meldung soll den Anschein erwecken, als handele es sich dabei um eine gesetzliche Bekanntmachung.

https://www.dcgk.de/de/kommission.html

 Praxisbeispiel –Der Grund für den Wirecard-Börsenskandal (nach Dr. Carl Ehlers)

Die Unternehmensführung kann mithilfe der Vorschrift D.10 des Deutschen Corporate Governance Kodex die Einschränkung der Abschlussprüfung durch die Wirtschaftsprüfer erreichen. Hierfür braucht der Aufsichtsrat nur bestimmte Prüfungen, die nach dem Kodex einer extra Beauftragung bedürfen, nicht durchführen lassen.

Dazu kommt, dass der Abschlussprüfer nach den Regeln des Kodex auch bei festgestellten erheblichen Mängeln der Berichterstattung einen uneingeschränkten Bestätigungsvermerk erteilen muss. Das führt dazu, dass für die staatlichen Institutionen der Unternehmenskontrolle, die DPR, die

BaFin und die APAS, keine Veranlassung besteht, eine Kontrolle bei einem der börsennotierten Index-Konzerne durchzuführen.

Wie die Unternehmensführung dies im Einzelnen bewerkstelligen kann und welche fatale Folgen es für die Unternehmenskontrolle hat, ist der Veröffentlichung der 3GRC GmbH **„Der Grund für den Wirecard Skandal – Der Deutsche Corporate Governance Kodex"** mit dem Hinweis auf den gleichnamigen Fachartikel von Dr. Carl Ehlers zu entnehmen.

Siehe „Der Grund für den Wirecard Skandal - Der Deutsche Corporate Governance Kodex", Berlin 29. September 2020.

https://www.3grc.de/corporate-governance/der-grund-fuer-den-wirecard-skandal-der-deutsche-corporate-governance-kodex/

Das Bedrückende an dem Kodex ist, dass jeder Verantwortliche in der Unternehmensführung, in der Wirtschaftsprüfung und in den Institutionen der Unternehmensaufsicht sowie die führenden Beamten in drei Bundesministerien diese Zusammenhänge, die mit allen Mitteln verheimlicht werden, seit Jahren kennen und die negativen Auswirkungen entweder kennen oder vermuten muss.

Alle nehmen es seit vielen Jahren ohne Widerstand und Kritik hin, dass eine Gruppe von Konzernen sich nicht an die Gesetze halten muss.

Zum einen geschieht dies sicherlich aus Furcht vor der finanzstarken Börsenlobby, von deren Aufträgen die Einkommen ganzer Berufssparten wie Professoren, Rechtsanwälte, Berater und Presse abhängen. Zum anderen, weil alle deutschen Bundesregierungen seit dem Jahr 2002 den Kodex als ein gutes Regelwerk der Börsenkonzerne loben und unter dem Druck der Lobby der börsennotierten Großkonzerne diesen gesetzwidrigen Zustand hinnehmen. Durch Leugnen der Zusammenhänge konnte man es bis zum Wirecard-Skandal vor der Öffentlichkeit geheim halten und hat niemals etwas dagegen unternommen.

Maßnahmen der Bundesregierung aufgrund des Wirecard-Untersuchungsausschusses des Deutschen Bundestages

Veranlasst durch die kritischen Fragen der Parlamentarier im Untersuchungsausschuss des Bundestages zur Feststellung der Gründe für den Wirecard-Skandal, hatte der Bundesfinanzminister angekündigt, Gesetze zur Verbesserung der Unternehmensaufsicht auf den Weg bringen zu wollen. Diese enthalten die Vorschrift in jedem einzelnen Wirtschaftsgesetz, dass es auch für die börsennotierten Konzerne gilt. Damit sollen künftig die Unternehmensskandale durch rechtswidrige Handlungen der Unternehmensführung verhindert werden.

Als erste Maßnahme der Bundesregierung wurde dem privaten Verein der notierten Börsenunternehmen, der Deutschen Prüfstelle für Rechnungslegung (DPR), zum Jahresende 2020 gekündigt.

Es ist festzustellen, dass es sich um die größte Reform deutscher Wirtschaftsgesetze seit 1998 handelt, die im Dezember 2020 mit dem Finanzmarktstabilitätssicherungsgesetz (FISG), einem Artikelgesetz, von der Bundesregierung durch Einreichung beim Bundestag initiiert wurde. Ziel des Gesetzes ist es, auch die börsennotierten Unternehmen zur Einhaltung der Gesetze zu zwingen.

Das Ganze geschah unter Geheimhaltung des Kodex als Ursache der Börsenskandale, bevor die Öffentlichkeit überhaupt etwas von dem Politik-Skandal merken konnte. Es geschah im Eilverfahren in wenigen Wochen durch einen Bundestag, der mit großer Wahrscheinlichkeit von der Brisanz der Aktion Kenntnis bekommen hatte.

Das schnelle Ergebnis wurde durch eine große Koordinationsleistung des Finanzausschusses des Bundestages erreicht. Ihm gelang es, noch während der Tagung Gesetzesanpassungen auf eine solche Weise vorzunehmen, dass der Bundestag Dutzende von Änderungsanträgen der Parteien pauschal ablehnte, den Änderungen des Finanzausschusses folgte und er das Gesetz in der geänderten Form mit Mehrheit verabschiedete. Das geschah in einem wohl einmalig schnellen Gesetzgebungsprozess mit einer 2. und 3. Lesung des Gesetzes an einem Tag in der Video-Bundestagsversammlung vom 20. Mai 2021.

Um seitens der Index-Konzerne den Einfluss auf die Regierung aufrechtzuerhalten, hat der Hauptverantwortliche für den Kodex, Prof. Rolf Nonnenmacher, in einem Interview mit dem Handelsblatt zum Wirecard-Skandal am 6. Juli 2020 gewisse Änderungen angesprochen. Er erwog u. a , im Kodex den Prüfungsumfang der Jahresabschlussprüfung bei den Börsenkonzernen – z. B. um die Erklärung zum Deutschen Corporate Governance Kodex – zu ergänzen und einen vollständigen Wirtschaftsprüferbericht und Bestätigungsvermerk des Abschlussprüfers einzuführen.

https://dcgk.de/de/kommission/die-kommission-im-dialog/deteilansicht/interview-mit-prof-dr-nonnenmacher-im-handelsblatt.html

Auch das Institut der Wirtschaftsprüfer berichtete darüber, auf eine Verbesserung des Kodex hinarbeiten zu wollen. Das ist im IDW Positionspapier „Fortentwicklung der Unternehmensführung und -kontrolle – erste Lehren aus dem Fall Wirecard", Stand 15.7.2020, S. 9, zu lesen:

„3.2.2 Ausweitung der Reichweite der Abschlussprüfung
Die vom Vorstand und Aufsichtsrat abzugebende Entsprechenserklärung nach § 161 AktG wird derzeit nicht geprüft. Für die Adressaten ist somit insbesondere unklar, ob sämtliche Abweichungen vom DCGK auch tatsächlich von Vorstand und Aufsichtsrat erklärt werden. Zur Sicherung des Vertrauens in die Richtigkeit und Vollständigkeit der Entsprechenserklärung spricht sich das IDW für eine Prüfungspflicht der von Vorstand und Aufsichtsrat abgegebenen Entsprechenserklärung im Rahmen der Abschlussprüfung aus."

https://www.idw.de/blob/124552/996a2197d5e1463e74a0f769f4078b02/down-positionspapier-wirecard-2-aufl-data.pdf

Damit die realisierte Gesetzesreform insgesamt zum gewünschten Ergebnis führt, sind folgende weitere Maßnahmen erforderlich:

1. Der Deutsche Corporate Governance Kodex ist durch Beschluss des Deutschen Bundestages zu verbieten. Dann kann die Bundesregierung den Börsenkonzernen nicht länger gesetzliche Ausnahmen gewähren.
2. Der § 161 des Aktiengesetzes ist zu streichen.
3. Die Abschlussprüfung der Konzerne wird laufend von Nebenprüfern anderer Wirtschaftsprüfungsgesellschaften mit vorgenommen.

2.2.4 Der Public Corporate Governance Kodex des Bundes

Parallel zum Deutschen Corporate Governance Kodex gibt es einen „Public Corporate Governance Kodex des Bundes":

1 Präambel
1.1 Inhalt und Zielsetzung des Public Corporate Governance Kodex des Bundes
Der Public Corporate Governance Kodex des Bundes enthält wesentliche Bestimmungen des geltenden Rechts zur Leitung und Überwachung von Unternehmen, an denen die Bundesrepublik Deutschland beteiligt ist, sowie international und national anerkannte Standards guter und verantwortungsvoller Unternehmensführung. Ziel ist es, die Unternehmensführung und -überwachung transparenter und nachvollziehbarer zu machen und die Rolle des Bundes als Anteilseigner klarer zu fassen. Zugleich soll das Bewusstsein für eine gute Corporate Governance erhöht werden.
1.2 Struktur
Der Public Corporate Governance Kodex des Bundes entspricht in der Form und seinen Formulierungen dem Deutschen Corporate Governance Kodex. Er enthält ebenfalls Empfehlungen und Anregungen. Für den Fall, dass die Unternehmen davon abweichen, sind sie verpflichtet, dies jährlich in ihrem Corporate Governance Bericht offenzulegen.

1.3 Anwendungsbereich

Der Begriff Unternehmen ist entsprechend dem Zweck und der Zielsetzungen des Public Corporate Governance Kodex des Bundes weit zu verstehen. Unternehmen im Sinne des PCGK sind Kapital- und Personengesellschaften, unabhängig davon, ob sie einen gewerblichen oder sonstigen wirtschaftlichen Betrieb führen. Sofern ihr Gegenstand ein gewerblicher oder sonstiger wirtschaftlicher Betrieb ist oder einen solchen überwiegend umfasst, fallen darunter auch Vereine, Genossenschaften, juristische Personen des öffentlichen Rechts sowie privatrechtliche Stiftungen.

Der Public Corporate Governance Kodex des Bundes wird vom Bundesministerium der Finanzen regelmäßig vor dem Hintergrund nationaler und internationaler Entwicklungen auf Inhalt und Anwendungsbereich überprüft und bei Bedarf angepasst. Das Hauptmerkmal auch dieses Kodex ist es, den Unternehmen die Möglichkeit zu schaffen, mit den allgemein formulierten Empfehlungen und Anregungen, die weit weniger als das Gesetz verlangen, die gesetzlichen Vorschriften zu umgehen.

Der Public Corporate Governance Kodex wird am Gesetzgeber vorbei vom Finanzministerium erstellt. Er wird laufend weiter ausgebaut, um den Unternehmen in staatlichem Eigentum oder mit staatlicher Beteiligung Sonderrechte einzuräumen. Die Empfehlungen entsprechen oft nicht geltendem Recht.

Rechtlich gesehen handelt es sich bei diesem Regelwerk um eine Verordnung des Finanzministeriums. Sie betrifft alle Ministerien, die Unternehmen oder Beteiligungen daran besitzen.

Auch bei diesem Kodex ergeben sich aufgrund von Regeln, die den allgemeinen Wirtschaftsgesetzen widersprechen, Nachteile für die Miteigentümer und für die Interessenten, die für private oder geschäftliche Entscheidungen auf eine wahrheitsgemäße externe Risikoberichterstattung im Lagebericht mit Angabe der wichtigen Detailinformation nach den

Vorschriften des Deutschen Rechnungslegungs Standards DRS Nr. 20 angewiesen sind.

2.2.5 Compliance

Es gibt im Umfeld des Risikomanagements ein Regelwerk für Unternehmen, dessen Name für diejenigen, die sich danach richten sollen, ziemlich unverständlich ist. Denn es gibt keine verbindliche Übersetzung in die deutsche Sprache. „Compliance" bedeutet so etwas wie „Vorschriften zur Regeleinhaltung im Unternehmen".

Dabei geht es um die Einhaltung von internen und externen Regeln, Kodizes, Standards und gesetzlichen Vorschriften innerhalb des Unternehmens. Welche internen Regeln aufgenommen werden, bleibt dem Unternehmen selbst überlassen. Somit gibt es auch keine von einer externen Stelle vorgeschriebene Berichterstattung. Da regelwidriges Verhalten im Unternehmen ein Risiko darstellt, ist Compliance ein normaler Bestandteil des Risikomanagements und der Risikoberichterstattung.

„Compliance ist vor allem ein Instrument des Risikomanagements, um Schäden durch Fehlverhalten, etwa Schadensersatzforderungen oder Imageverlust, zu vermeiden."

https://www.ihk-nuernberg.de/de/Geschaeftsbereiche/Standortpolitik-und-Unternehmensfoerderung/wirtschaft-und-gesellschaft-csr/csr-publikationen/corporate-social-responsibility

Bei Nichteinhaltung der Regeln ist für die Sanktionen diejenige Stelle oder Institution zuständig, die die Regel erlassen hat.

Es gibt für die Unternehmen also **drei verschiedenartige Regelwerke,** in denen sich Vorschriften befinden, die sich auf Risiken beziehen und für die eine Risikoberichterstattung vorgeschrieben ist:

- Der **Deutsche Corporate Governance Kodex.**
  Er ist ein privates Regelwerk, das für bestimmte Börsenunternehmen gilt. Er ist in Teilen gesetzeswidrig.
- **Compliance Vorschriften zur Regeleinhaltung.**
  Das sind Vorschriften jedweder Art, die im Unternehmen eingehalten werden sollen.
- Das **Risikomanagementsystem.**

Im Unterschied zu den anderen recht unbestimmten und uneinheitlich definierten Regelwerken ist das Risikomanagementsystem ein hochentwickeltes, zukunftsorientiertes betriebswirtschaftliches Unternehmenssteuerungsinstrument. Seine Einführung ab 1998 hat einen großen Fortschritt bei der Unternehmensführung gebracht. Es baut auf den bewährten Systemen der Unternehmensstrategie, der Unternehmensplanung, des Controllings und des Rechnungswesens auf. Es ermöglicht der Unternehmensführung unter Einbeziehung der Mitarbeiter systematisch die für den Erfolg des Unternehmens bedeutsamen Fakten aufzubereiten, um sie ihren Geschäftsentscheidungen zugrunde zu legen. Mit bezifferbaren Sicherheiten bzw. Unsicherheiten lässt sich berechnen, welchen finanziellen Erfolg mit welcher Wahrscheinlichkeit die jeweilige Entscheidung dem Unternehmen bringen wird.

Das Risikomanagementsystem steht in Einklang mit den demokratischen Gegebenheiten, mit der sozialen Marktwirtschaft und mit der betrieblichen Mitbestimmung in der Bundesrepublik Deutschland.

„Das Risikomanagementsystem ist ein betriebswirtschaftliches Unternehmenssteuerungssystem, das in einzigartiger Weise ermöglicht, dass alle Mitarbeiter eines Unternehmens als Risikoverantwortliche ihres Arbeitsbereiches durch den gezielten Umgang und die Kommunikation von Chancen und Risiken als Mitgestalter in die erfolgreiche Entwicklung ihres Unternehmens einbezogen sind."

Dr. Klaus Möckelmann

2.2.6 Europäische und deutsche Gesetze mit Bezug zum Risikomanagement

Bei der externen Risikoberichterstattung sind noch weitere gesetzliche Anforderungen zu berücksichtigen, die **EU-Richtlinien**. Von diesen wird als erstes Beispiel die direkt geltende EU-Richtlinie 2014/49/EU über Einlagensicherungssysteme erwähnt. Als Reaktion auf die Finanzkrise 2008 wurden europaweit geltende Einlagensicherungssysteme entwickelt, um die Risiken von Banken-Einlagen abzusichern. Ziffer (36) der Richtlinie macht ersichtlich, welche entscheidende Bedeutung der Risikobewertung, dem Risikomanagement und der Risikoberichterstattung auf diesem Sektor zukommt.

2.2.6.1 EU-Richtlinie über Einlagensicherungssysteme, 2014

Die EU-Richtlinie 2014/49/EU, 2014 über Einlagensicherungssysteme hatte zum Ziel, dass die Beiträge an Einlagensicherungssysteme auf der Höhe der gedeckten Einlagen und der Höhe des Risikos beruhen sollten, dem das jeweilige Mitglied ausgesetzt ist. Dies würde es ermöglichen, dass Risikoprofilen –einschließlich der verschiedenen Geschäftsmodelle –einzelner Kreditinstitute Rechnung getragen wird. Es sollte auch zu einer fairen Beitragsberechnung führen sowie Anreize schaffen, risikoärmere Geschäftsmodelle zu verfolgen. Die Einlagensicherungssysteme sollten ihre eigenen risikobasierten Methoden nutzen dürfen, um die Beiträge auf die Marktgegebenheiten und Risikolage abzustimmen. Um besonders risikoarmen Bereichen Rechnung zu tragen, die nach einzelstaatlichem Recht geregelt sind, sollten die Mitgliedstaaten entsprechende Verringerungen der zu leistenden Beiträge vorsehen können, wobei die Zielausstattung jedes Einlagensicherungssystems einzuhalten ist. Die Methoden für die Berechnung sollten in jedem Fall von den zuständigen Behörden gebilligt werden.

https://eur-lex.europa.eu/legal-content/DE/TXT/?uri=celex:32014L0049

Die gemäß Verordnung (EU) Nr. 1093/2010 des Europäischen Parlaments und des Rates geschaffene Europäische Aufsichtsbehörde (Europäische Bankenaufsichtsbehörde „EBA") sollte Leitlinien zur Konkretisierung der Methodik für die Berechnung der Beiträge herausgeben.

https://eur-lex.europa.eu/legal-content/DE/TXT/HTML/?uri= CELEX:32010R1093&from=DE)

2.2.6.2 Bilanzrechtsreformgesetz (BilReG), 2004

Schon Anfang des Jahrhunderts wurde es notwendig, dass der europäische Gesetzgeber wegen des oft zu wenig risikobewussten Verhaltens von Vorständen und Aufsichtsräten großer Unternehmen zusätzliche Vorschriften auf dem Gebiet des Risikomanagements erließ.

So hatte die **EU-Modernisierungsrichtlinie** im Jahr 2003 das Ziel, in der Europäischen Union die Qualität der publizierten Lageberichte der Konzerne mit den dort enthaltenen Risikoberichten zu verbessern und deren Aussagekraft zu erhöhen. Dies wurde in Deutschland durch das Bilanzrechtsreformgesetz (BilReG) von 2004 umgesetzt. Der Umfang des Lageberichts und § 289 Abs. 1 S. 4 HGB wurde um die Berichterstattung über wesentliche Chancen ergänzt. Außerdem wurde die Pflicht eingeführt, explizit über Risiken aus der Verwendung von Finanzinstrumenten zu berichten (§ 289 Abs. 2 Nr. 2 HGB).

http://www.gesmat.bundesgerichtshof.de/gesetzesmaterialien/15_wp/BilanzrechtsreformG/bgbl104s3166.pdf

2.2.6.3 Transparenzrichtlinie-Umsetzungsgesetz (TUG), 2007

Mit dem Transparenzrichtlinie-Umsetzungsgesetz (TUG) vom 20. Januar 2007 ging es weiter. Mit ihm wurde die Umsetzung der EU-Richtlinie 2004/109/EG zur Harmonisierung der Transparenzanforderungen in Bezug auf die Informationen über solche Emittenten, deren Wertpapiere zum Handel auf einem geregelten Markt zugelassen sind, vorgenommen. Außerdem brachte sie Änderungen an der EU-Richtlinie 2001/34/EG. Ziel war es, die für die Markteffizienz und den Anlegerschutz erforderliche **Transparenz am Kapitalmarkt** herzustellen.

http://www.gesmat.bundesgerichtshof.de/gesetzesmaterialien/16_wp/tug/bgbl107s0010.pdf

Mit diesem Gesetz wurde auch der sogenannte **Bilanzeid** eingeführt. Diesen haben die gesetzlichen Vertreter einer Kapitalgesellschaft, die Inlandsemittent im Sinne des § 2 Abs. 7 WpHG (Wertpapierhandelsgesetz) und keine Kapitalanlagegesellschaft im Sinne des § 327a HGB ist, zu leisten. Der Bilanzeid ist zum Jahresabschluss, zum Lagebericht, zum Konzernabschluss und zum Konzernlagebericht abzugeben. Er ist auch zum verkürzten Abschluss und zum Zwischenlagebericht als Bestandteil des Halbjahresfinanzberichts nach den Vorschriften des WpHG abzugeben. Mit dem Bilanzeid versichern die gesetzlichen Vertreter nach § 289 Abs. 1 Satz 5 HGB (bzw. § 315 Abs. 1 Satz 6 HGB) u. a. ausdrücklich, dass die wesentlichen Chancen und Risiken gemäß § 289 Abs. 1 Satz 4 HGB bzw. § 315 Abs. 1 Satz 5 HGB beschrieben sind.

2.2.6.4 Gesetz zur Modernisierung des Bilanzrechts (BilMoG), 2009

Im Jahr 2009 führte das Gesetz zur Modernisierung des Bilanzrechts (BilMoG) zur umfassendsten Überarbeitung des Deutschen Handelsgesetzbuches seit 1985. Verbunden damit war eine Erhöhung der Anforderungen an das Risikomanagementsystem für kapitalmarktorientierte Kapitalgesellschaften. Ziel des BilMoG war es, das deutsche Bilanzrecht den international üblichen Methoden der Rechnungslegung anzunähern. Die HGB-Bilanz sollte dabei aber weiterhin als Grundlage für die Ausschüttungsbemessung und die steuerliche Gewinnermittlung gelten.

Trotz der Möglichkeit für deutsche börsennotierte Unternehmen, ihre Jahresabschlüsse nach den IFRS (International Financial Reporting Standards) zu machen, ist außer der Bilanz auch der Lagebericht und damit der Risikobericht nach deutschem Handelsrecht zu erstellen. Die dafür geltenden Vorschriften befinden sich im Einzelnen in den Deutschen Rechnungslegungs Standards.

Neben den bilanzrechtlichen Regelungen enthält das BilMoG eine Reihe von Bestimmungen, die die Corporate Governance (Unternehmensführung) insbesondere für die auf den Kapitalmarkt ausgerichteten Unternehmen weiter ausbauen und verbessern sollte. Es beinhaltet u. a. eine ergänzende Verpflichtung, dass im Lagebericht des Unternehmens die wesentlichen Merkmale des internen Kontroll- und des Risikomanagementsystems im Hinblick auf den Rechnungslegungsprozess zu beschreiben sind (§ 289 Abs. 4 HGB). Für Konzerne gilt dies analog nach § 315 Abs. 2 Nr. 4 HGB.

https://www.bundesgerichtshof.de/SharedDocs/Downloads/DE/Bibliothek/ Gesetzesmaterialien/16_wp/bilmog/bgbl20091102.pdf;jsessionid=9BC521D CB4DB262C4D39D8E9812D106A.1_cid359?__blob=publicationFile&v=1

Vom Gesetzgeber werden explizit keine Ausführungen zur Effektivität des Risikomanagementsystems gefordert. Vielmehr wird unterstellt, dass sich die Unternehmensführung allein durch die Notwendigkeit der Beschreibung des Kontroll- und Risikomanagementsystems ausreichend mit dieser Frage beschäftigt. Außerdem wird zur besseren Durchsetzung der gesetzlichen Regelungen auf die Regressmöglichkeiten gegenüber der Unternehmensleitung wegen Sorgfaltspflichtverletzung für den Schadensfall hingewiesen, falls das interne Kontroll- und Risikomanagementsystem nicht effektiv war.

2.2.6.5 Gesetz zur weiteren Umsetzung der Transparenzrichtlinie-Änderungsrichtlinie im Hinblick auf ein einheitliches elektronisches Format für Jahresfinanzberichte, 12. August 2020

Wie sich aus dem Titel ergibt, dient das Gesetz der weiteren Umsetzung von EU-Richtlinien und legt ein einheitliches elektronisches Format für die Jahresfinanzberichte in der Europäischen Union fest.

https://dejure.org/BGBl/2020/BGBl._I_S._1874

Das EU-einheitliche elektronische Berichtsformat (EUSF) wurde durch die EU-Kommission Ende 2018 beschlossen. Da es bereits ab 2020 für die Berichterstattung der am Kapitalmarkt notierten Unternehmen Pflicht ist, war es am schnellsten umzusetzen. Die Bundesregierung nahm die Gelegenheit wahr, auch EU- Richtlinien in deutsches Recht umzusetzen, die zum Teil schon seit dem Jahr 2014 in Deutschland hätten gelten sollen. Der Gesetzentwurf wurde sorgfältig vorbereitet und anschließend eine umfangreiche Anzahl von Stellungnahmen dazu bearbeitet. So nahm man beispielsweise die Regelungen über das einheitliche Berichtsformat vorsorglich ins Handelsgesetzbuch und nicht wie von den Unternehmen gewünscht ins Wertpapierhandelsgesetz, damit man sie später bei Bedarf auf sämtliche deutsche Unternehmen ausweiten kann.

Vom Gesetz wird erwartet, dass künftig einige Mängel bei der Berichterstattung der Börsenunternehmen beseitigt werden, allein durch die erweiterte Prüfung durch die Wirtschaftsprüfer. Auch die staatliche Unternehmenskontrolle durch die Deutsche Prüfstelle für Rechnungslegung (DPR) und das Bundesamt für Finanzdienstleistungsaufsicht (BaFin) werden durch das Gesetz wirksamer werden.

Das neue Artikelgesetz hat Änderungen oder Ergänzungen in folgenden Gesetzen hervorgerufen:

Art. 1, Änderung des Handelsgesetzbuchs
Art. 2, Änderung des Einführungsgesetzes zum Handelsgesetzbuch
Art. 3, Änderung des Genossenschaftsgesetzes
Art. 4, Änderung des Wertpapierhandelsgesetzes
Art. 5, Änderung des Vermögensanlagengesetzes
Art. 6., Änderung der Unternehmensregisterverordnung

Das Gesetz trat mit seiner Verkündigung am 12. August 2020 in Kraft.
https://dejure.org/BGBl/2020/BGBl._I_S._1874

Zu Artikel 1 – Änderung des Handelsgesetzbuchs
Die Änderungen beziehen sich auf 19 Paragrafen des Handelsgesetzbuchs. Die beste Information über die Inhalte der Änderung jedes einzelnen Paragrafen findet sich in der **Datenbank des deutschen Bundesrechts „buzer.de".**

https://www.buzer.de/

Auf diese sei verwiesen, wenn man nähere Auskunft über das Gesetz und seine Paragrafen benötigt.
https://www.buzer.de/s1.htm?a=&g=TranspRLJAB%C3%84ndRLUG&ag=-1
https://justiz-und-recht.de/buzer-de-ein-bundesrechtsdokumentationssystem-das-massstaebe-setzt/

Zu Artikel 2 – Änderung des Einführungsgesetzes zum Handelsgesetzbuch
Das Einführungsgesetz zum Handelsgesetzbuch wurde um den Artikel 84 ergänzt:

Art. 84 – Einführungsgesetz zum Handelsgesetzbuch (EGHGB)
1 Die *§§ 264, 289, 297, 315, 316, 317, 320, 322, 325, 328, 334, 336, 339, 340n, 341n, 341w* und *342b des Handelsgesetzbuchs* in der ab dem 19. August 2020 geltenden Fassung sind erstmals auf Jahres-, Einzel- und Konzernabschlüsse, Lage- und Konzernlageberichte sowie Erklärungen nach *§ 264 Absatz 2 Satz 3, § 289 Absatz 1 Satz 5, § 297 Absatz 2 Satz 4*

und *§ 315 Absatz 1 Satz 5 des Handelsgesetzbuchs* für das nach dem 31. Dezember 2019 beginnende Geschäftsjahr anzuwenden.
2 Die in Satz 1 bezeichneten Vorschriften in der bis einschließlich 18. August 2020 geltenden Fassung sind letztmals anzuwenden auf Jahres-, Einzel- und Konzernabschlüsse, Lage- und Konzernlageberichte sowie Erklärungen nach *§ 264 Absatz 2 Satz 3*, *§ 289 Absatz 1 Satz 5*, *§ 297 Absatz 2 Satz 4* und Paragraf 315 Abs. 1 Satz 5 des Handelsgesetzbuchs für das vor dem 1. Januar 2020 beginnende Geschäftsjahr.

https://www.buzer.de/gesetz/3289/a249917.htm

Zu Artikel 3 – Änderung des Genossenschaftsgesetzes
Das Genossenschaftsgesetz erhält einen neuen § 172, wonach bei der Prüfung die Anwendung bestimmter Paragrafen des Handelsgesetzbuches vorgeschrieben ist.

https://www.buzer.de/gesetz/14082/a249871.htm

Zu Artikel 4 – Änderung des Wertpapierhandelsgesetzes
https://www.buzer.de/gesetz/14082/a249872.htm

Der Paragraf 106 HGB, der die Prüfung von Unternehmensabschlüssen und -berichten durch die Bundesanstalt für Finanzdienstleistungsaufsicht (BaFin) von Unternehmen regelt, die Emittenten von Wertpapieren sind, wurde um wichtige Ergänzungen erweitert.

https://www.buzer.de/gesetz/1262/al108859-0.htm

Zu Artikel 5 – Änderung des Vermögensanlagengesetzes
https://www.buzer.de/gesetz/14082/a249873.htm

Hier geht es um die Änderung einiger Vorschriften des § 23 VermAnlG zur Erstellung und Bekanntmachung von Jahresberichten.
https://www.buzer.de/gesetz/9974/al108867-0.htm

Zu Artikel 6 – Änderung der Unternehmensregisterverordnung
Es ist eine Anpassung der Unternehmensregisterverordnung vorgenommen worden, die vorschreibt, in welchem Format die Berichterstattung beginnend mit dem Jahr 2020 stattzufinden hat. Sie hat strukturiert in Form der Extensible Markup Language (XML) oder in einem nach dem Stand der Technik vergleichbaren Format zu erfolgen.

https://www.buzer.de/gesetz/14082/a249874.htm

2.2.6.6 Gesetz zur Reduzierung von Risiken und zur Stärkung der Proportionalität im Bankensektor (Risikoreduzierungsgesetz – RiG), 5. Nov. 2020

Der Gesetzesentwurf zur Umsetzung der Richtlinien (EU) 2019/878 und (EU) 2019/879 zur Reduzierung von Risiken und zur Stärkung der Proportionalität im Bankensektor (Risikoreduzierungsgesetz – RiG) war am 8. Oktober 2020 von der Bundesregierung im Bundestag eingebracht worden.

Der Bundestag hat am Donnerstag, 5. November 2020, den Gesetzentwurf der Bundesregierung „zur Umsetzung der EU-Richtlinien 2019/878 und 2019/879 zur **Reduzierung von Risiken und zur Stärkung der Proportionalität im Bankensektor**" *(19/22786)* in der vom Finanzausschuss geänderten Fassung *(19/24044)* beschlossen.

https://www.buzer.de/Risikoreduzierungsgesetz.htm

Zu den Maßnahmen des beschlossenen Risikoreduzierungsgesetzes gehören eine Erleichterung der Förderung kleiner und mittlerer Unternehmen durch Darlehen sowie eine Beaufsichtigung von Förderbanken der Länder sowie der Landwirtschaftlichen Rentenbank nach nationalen Regelungen. Ein wichtiges Teilstück des Gesetzentwurfs sind laut Regierung die Maßnahmen zum Schutz der Steuerzahler und Kleinanleger vor Bankenkrisen.

Krisenbedingte Verluste von Banken und von deren Investoren sollen nicht mehr vom Steuerzahler getragen werden. Große Banken sollen künftig Verlustpuffer von mindestens acht Prozent ihrer Bilanzsumme vorhalten müssen. Damit sollen im Krisenfall Verluste abgefedert werden, heißt es in dem Entwurf.

Mehr Schutz vor Verlusten erwartet die Regierung auch durch Änderungen im Anleihenbereich. Von Verlustrisiken besonders betroffene Anleihen wie Nachranganleihen dürfen in Zukunft nur noch mit einer Stückelung von mindestens 50.000 Euro vertrieben werden. Für relevante Kapitalinstrumente nach dem Sanierungs- und Abwicklungsgesetz von kleinen und nicht komplexen Instituten gilt, dass diese an Privatkunden nur mit einer Mindeststückelung von 25.000 Euro veräußert werden dürfen.

Ziel dieses Gesetzes ist es, die Risiken der Banken zu minimieren, indem die Widerstandsfähigkeit im Krisenfall erhöht wird. Außerdem soll die Proportionalität der Finanzdienstleistungsaufsicht gestärkt werden.

Proportionalität wird von der BaFin wie folgt definiert:

„Das Prinzip der (doppelten) Proportionalität besagt, dass bei der Regulierung und bei deren Anwendung in der aufsichtlichen Praxis das Risikoprofil des jeweiligen Unternehmens zu berücksichtigen ist. Entscheidend sind hierbei nicht nur der Umfang der Geschäfte, sondern auch das Geschäftsmodell und die Komplexität der Risiken. Dieser Grundsatz – ähnlich dem Verhältnismäßigkeitsprinzip – findet nicht nur Anwendung in der europäischen Eigenmittelverordnung (Capital Requirements Regulation – CRR) und der europäischen Eigenmittelrichtlinie (Capital Requirements Directive IV – CRD IV), sondern zum Beispiel auch in den Mindestanforderungen an das Risikomanagement der Banken (MaRisk) und auch bei Solvency II, dem europäischen Aufsichtsregime für Versicherer."

https://dejure.org/BGBl/2020/BGBl._I_S._2773

Folgende Gesetze haben Veränderungen erfahren:

Art. 1 Änderung des Kreditwesengesetzes
Art. 2 Weitere Änderungen des Kreditwesengesetzes
Art. 3 Weitere Änderungen des Kreditwesengesetzes
Art. 4 Änderung des Sanierungs- und Abwicklungsgesetzes
Art. 5 Änderung des Restrukturierungsfondsgesetzes
Art. 6 Änderung des Versicherungsaufsichtsgesetzes
Art. 7 Änderung des Kapitalanlagegesetzbuchs
Art. 8 Änderung des Finanzdienstleistungsaufsichtsgesetzes
Art. 9 Änderung des Zahlungsdiensteaufsichtsgesetzes
Art. 10 Änderung des Versicherungsaufsichtsgesetzes
Art. 12 Änderung des Stabilisierungsfondsgesetzes
Art. 13 Änderung des Zahlungskontengesetzes
Art. 14 Änderung des Anlegerentschädigungsgesetzes
Art. 15 Änderung des Einlagensicherungsgesetzes

Die Auswirkungen des Risikoreduzierungsgesetzes (RiG) sind weitreichend, da es nahezu alle Geschäftsbereiche der Institute betrifft. Für die Institute entsteht ein hoher zusätzlicher Erfüllungsaufwand, der sich aus den Vorgaben des EU-Bankenpakets ergibt.

Die Gesetzesänderung trat zum 29. Dezember 2020 in Kraft.

2.2.6.7 Gesetz über den Stabilisierungs- und Restrukturierungsrahmen für Unternehmen (Unternehmensstabilisierungs- und -restrukturierungsgesetz –StaRUG) vom 22. Dezember 2020

Überblick:

- Mit dem StaRUG hatte der Gesetzgeber in Deutschland seit dem 1.1.2021 den rechtlichen Rahmen für außergerichtliche Sanierungsverfahren bereitgestellt.
- Der Restrukturierungsplan bietet die Möglichkeit, Eingriffe in die Rechte der Gläubiger vorzunehmen.
- Auf dem Weg zum Restrukturierungsplan können Schuldner zur Stabilisierung vor dem Vollstreckungsvollzug von Gläubigern geschützt werden.
- Mit dem Verfahren nach StaRUG wurde den Sanierern und Restrukturierern ein neues Werkzeug an die Hand gegeben. Im Hinblick auf die Einschränkungen bei der Gestaltung von Rechtsverhältnissen handelt es sich bei diesem Werkzeug jedoch nicht um ein Universal-, sondern um ein Spezialwerkzeug. Richtig angewandt, kann sich dieses Spezialwerkzeug aber in der Praxis als äußerst effektiv erweisen.

Siehe Ernst & Young (EY), Neues Sanierungsrecht: Das StaRUG ist da!
https://ey-law.de/de_de/rechtsberatung/neues-sanierungsrecht-das-starug-ist-da

Siehe „Unternehmensstabilisierungs- und -restrukturierungsgesetz", Wikipedia
https://de.wikipedia.org/wiki/Unternehmensstabilisierungs-_und_-restrukturierungs

Für die Risikoberichterstattung der Unternehmen sind die Vorschriften zur Risikofrüherkennung und die neuen Pflichten bei einer drohenden

Zahlungsunfähigkeit von großer Bedeutung. Das StaRUG fordert - wie in der EU-Restrukturierungsrichtlinie vorgesehen - eine fortlaufende Risikofrüherkennung und ein frühzeitiges Krisenmanagement durch die Geschäftsleiter.

 **Gesetzestext StaRUG**

Teil 1
Krisenfrüherkennung und Krisenmanagement
§ 1 Krisenfrüherkennung und Krisenmanagement bei haftungsbeschränkten Unternehmensträgern

(1) Die Mitglieder des zur Geschäftsführung berufenen Organs einer juristischen Person (Geschäftsleiter) wachen fortlaufend über Entwicklungen, welche den Fortbestand der juristischen Person gefährden können. Erkennen sie solche Entwicklungen, ergreifen sie geeignete Gegenmaßnahmen und erstatten den zur Überwachung der Geschäftsleitung berufenen Organen (Überwachungsorganen) unverzüglich Bericht. Berühren die zu ergreifenden Maßnahmen die Zuständigkeiten anderer Organe, wirken die Geschäftsleiter unverzüglich auf deren Befassung hin.

(2) Bei Gesellschaften ohne Rechtspersönlichkeit im Sinne von § 15a Absatz 1 Satz 3 und Absatz 2 der Insolvenzordnung gilt Absatz 1 entsprechend für die Geschäftsleiter der zur Geschäftsführung berufenen Gesellschafter.

(3) Weitergehende Pflichten, die sich aus anderen Gesetzen ergeben, bleiben unberührt.

Nach § 101 StaRUG stellt das Bundesministerium der Justiz und für Verbraucherschutz (BMJV) künftig Informationen zu Frühwarnsystemen bereit.

**Gesetzestext
StaRUG**

Teil 4
Frühwarnsysteme
§ 101 Informationen zu Frühwarnsystemen

Informationen über die Verfügbarkeit der von öffentlichen Stellen bereitgestellten Instrumentarien zur frühzeitigen Identifizierung von Krisen werden vom Bundesministerium der Justiz und für Verbraucherschutz unter seiner Internetadresse www.bmjv.bund.de bereitgestellt.

Künftig haben die Steuerberater, Wirtschaftsprüfer und Rechtsanwälte die gesetzliche Hinweispflicht, ihre Mandanten darauf aufmerksam zu machen, wenn sie die Gefahr einer Insolvenz sehen.

**Gesetzestext
StaRUG**

Teil 4
Frühwarnsysteme
§ 102 Hinweis- und Warnpflichten

Bei der Erstellung eines Jahresabschlusses für einen Mandanten haben Steuerberater, Steuerbevollmächtigte, Wirtschaftsprüfer, vereidigte Buchprüfer und Rechtsanwälte den Mandanten auf das Vorliegen eines möglichen Insolvenzgrundes nach den §§ 17 bis 19 der Insolvenzordnung und die sich daran anknüpfenden Pflichten der Geschäftsleiter und Mitglieder der Überwachungsorgane hinzuweisen, wenn entsprechende Anhaltspunkte offenkundig sind und sie annehmen müssen, dass dem Mandanten die mögliche Insolvenzreife nicht bewusst ist.

2.2.6.8 Gesetz zur Umsetzung der Richtlinie (EU) 2019/2034 –Richtlinie über die Beaufsichtigung von Wertpapierinstituten vom 12. Mai 2021

https://www.bgbl.de/xaver/bgbl/start.xav#__bgbl__%2F%2F*%5B%40attr_id%3D%27bgbl121s0990.pdf%27%5D__1622474061134

Der Bundesrat hat am 7.5.2021 das Gesetz zur Umsetzung der Richtlinie (EU) 2019/2034 über die Beaufsichtigung von Wertpapierinstituten –Wertpapierinstitutsgesetz (WpIG) –passieren lassen und keinen Antrag auf Einberufung eines Vermittlungsausschusses gestellt. Mit dem Gesetz wird die Aufsicht über die Wertpapierinstitute vollständig aus dem Kreditwesengesetz (KWG) herausgelöst und in einem separaten Gesetz, dem **Wertpapierinstitutsgesetz (WPIG)**, geregelt.

BaFin: *"Die öffentliche Konsultation des Entwurfs einer Mantelverordnung zum neuen Wertpapierinstitutsgesetz (WpIG) hat begonnen. Bis zum 28. Mai 2021 nimmt die BaFin Stellungnahmen zum Verordnungsentwurf entgegen. Die Mantelverordnung soll zeitgleich mit dem WpIG zum 26. Juni 2021 in Kraft treten."* https://www.bafin.de/SharedDocs/Veroeffentlichungen/DE/Meldung/2021/meldung_2021_05_04_Konsultation_04_Mantelverordnung_WpIG.html

Für die **750 kleinen und mittleren Wertpapierinstitute** in Deutschland wird eine einfache, verständliche und übersichtliche Gesetzessystematik geschaffen.

Mit dem Gesetz soll die Finanzstabilität gestärkt werden. Dabei wird der Risikoanfälligkeit einzelner Geschäftsmodelle und der Größe der jeweiligen Wertpapierinstitute Rechnung getragen.

Wertpapierinstitute sind Finanzunternehmen, die eine auf Finanzinstrumente bezogene Finanzdienstleistung anbieten, aber anders als ein Kreditinstitut keine Einlagen oder andere rückzahlbare Gelder des Publikums annehmen. Die Beaufsichtigung von Wertpapierinstituten ist bereits durch die Verordnung über Aufsichtsanforderungen an Kreditinstitute (CRR) und die Richtlinie über die Beaufsichtigung von Kreditinstituten und Wertpapierfirmen (CRD IV) geregelt.

Die besonderen Risiken von Wertpapierinstituten finden in den bislang geltenden Regelungen für Kreditinstitute jedoch nur teilweise Berücksichtigung, da diese überwiegend auf allgemeine Risiken ausgerichtet sind. Davon unterscheiden sich die von den Wertpapierinstituten eingegangenen und ausgehenden Risiken deutlich. Insbesondere werden die oben genannten Regulierungsstandards den Geschäftsmodellen kleiner und mittlerer Wertpapierinstitute nicht gerecht, die regelmäßig nicht systemrelevant sind, so dass die Wahrscheinlichkeit, dass ihr Ausfall die allgemeine Finanzstabilität gefährden könnte, geringer als bei Kreditinstituten ausfällt.

Die Intensität der Beaufsichtigung durch die Bundesanstalt für Finanzdienstleistungsaufsicht wird proportional zur Größe der Wertpapierinstitute erfolgen.

Sogenannte **große Wertpapierinstitute**, auf die weitgehend weiterhin die Regelungen der CRD (Capital Requirements Directive, Richtlinie 2013/36/EU (Eigenkapitalrichtlinie)) und der CRR (Capital Requirements Regulation, die Verordnung (EU) Nr. 575/2013 (Kapitaladäquanzverordnung)) zur Anwendung kommen, sind aufgrund ihrer Größe, ihrer Verflochtenheit mit anderen Marktteilnehmern und ihres Risikomodells als bedeutende Akteure für die Stabilität des Finanzmarkts zu betrachten. Sie sind mit bedeutenden Kreditinstituten vergleichbar und können eine Gefahr für das stabile und ordnungsgemäße Funktionieren der Finanzmärkte darstellen.

Im Einzelfall kann die BaFin für andere **systemrelevante Wertpapierinstitute** ebenfalls die Geltung des CRD/CRR-Aufsichtsregimes anordnen.

Mit dem Wertpapierinstitutionsgesetz wurde auch Artikel 2 der Richtlinie (EU) 2019/2177 zur Änderung der Richtlinien 2009/138/EG betreffend die

Aufnahme und Ausübung der Versicherungs- und Rückversicherungstätigkeit (Solvabilität II) umgesetzt.

Die Aufsichtskompetenz der BaFin bei Auslagerungsunternehmen wird dabei erweitert und konkretisiert.

Siehe **WPIG: Neues Gesetz über die Beaufsichtigung von Wertpapierinstitutionen.**
https://www.otto-schmidt.de/news/wirtschaftsrecht/neues-gesetz-uber-die-beaufsichtigung-von-wertpapierinstituten-bundesrat-lasst-wpig-passieren-2021-05-10.html

Für das Risikomanagement und die Risikoberichterstattung sind die folgenden Vorschriften von Bedeutung:

§ 43 Aufgaben der Geschäftsleiter im Rahmen des Risikomanagements
„Ein Kreditinstitut hat außerdem unverzüglich einmal jährlich zu einem von der Bundesanstalt festgelegten Stichtag der Deutschen Bundesbank einzureichen:
1. Informationen zu seiner Risikotragfähigkeit nach § 25a Absatz 1 Satz 3 und zu den Verfahren nach § 25a Absatz 1 Satz 3 Nummer 2 (Risikotragfähigkeitsinformationen),..."

§ 44 Funktionen des Verwaltungs- oder Aufsichtsorgan im Rahmen des Risikomanagements; Ausschussbildung
Absatz 1: *„Das Verwaltungs- oder Aufsichtsorgan eines bedeutenden Instituts im Sinne des § 1 Absatz 3c sowie eines in Absatz 3 Satz 2 genannten Unternehmens hat aus seiner Mitte, im Fall einer Europäischen Gesellschaft (SE) mit monistischem System aus dem Kreis der nicht geschäftsführenden Mitglieder des Verwaltungsrates, zwingend einen Risiko-, einen Prüfungs-, einen Nominierungs- und einen Vergütungskontrollausschuss zu bestellen. Der Vorsitzende des Risikoausschusses soll weder Vorsitzender des Verwaltungs- oder Aufsichtsorgans noch Vorsitzender eines anderen Ausschusses sein."*

§ 45 Risikosteuerung
„In einem CRR-Institut sowie in einem Institut, das kein CRR-Institut, aber bedeutend gemäß § 1 Absatz 3c ist, gelten die folgenden Personengruppen zwingend als Risikoträger:

- *Mitarbeiter der unmittelbar der Geschäftsleitung nachgelagerten Führungsebene;*
- *Mitarbeiter mit Managementverantwortung für die Kontrollfunktionen oder die wesentlichen Geschäftsbereiche des Instituts;*
- *Mitarbeiter, die im oder für das vorhergehende Geschäftsjahr Anspruch auf eine Vergütung in Höhe von mindestens 500 000 Euro hatten ...."*

2.2.6.9 Gesetz zur Stärkung der Finanzmarktintegrität vom 20. Mai 2021

(Finanzmarktintegritätsstärkungsgesetz – FISG)
https://www.bmjv.de/SharedDocs/Gesetzgebungsverfahren/Dokumente/RegE_Finanzmarktintegriaet.pdf?__blob=publicationFile&v=2

Das Artikelgesetz sieht Änderungen in folgenden Gesetzen vor:
- Artikel 1: Änderung des Wertpapierhandelsgesetzes
- Artikel 2: Änderung des Börsengesetzes
- Artikel 3: Änderung des Vermögensanlagengesetzes
- Artikel 4: Änderung des Finanzdienstleistungsaufsichtsgesetzes
- Artikel 5: Änderung des Kreditwesengesetzes
- Artikel 6: Änderung des Zahlungsdiensteaufsichtsgesetzes
- Artikel 7: Änderung des Versicherungsaufsichtsgesetzes
- Artikel 8: Änderung des Kapitalanlagegesetzbuchs
- Artikel 9: Änderung des Geldwäschegesetzes
- Artikel 10: Änderung der Abgabenordnung
- Artikel 11: Änderung des Handelsgesetzbuchs
- Artikel 12: Änderung des Einführungsgesetzes zum Handelsgesetzbuch

- ▶ Artikel 13: Änderung des Publizitätsgesetzes
- ▶ Artikel 14: Änderung des Umwandlungsgesetzes
- ▶ Artikel 15: Änderung des Aktiengesetzes
- ▶ Artikel 16: Änderung des Einführungsgesetzes zum Aktiengesetz
- ▶ Artikel 17: Änderung des SE-Ausführungsgesetzes
- ▶ Artikel 18: Änderung des Gesetzes betreffend die Gesellschaften mit beschränkter Haftung
- ▶ Artikel 19: Änderung des GmbHG-Einführungsgesetzes
- ▶ Artikel 20: Änderung des Genossenschaftsgesetzes
- ▶ Artikel 21: Änderung der Wirtschaftsprüferordnung
- ▶ Artikel 22: Änderung der Verordnung über Gebühren der Abschlussprüferaufsichtsstelle beim Bundesamt für Wirtschaft und Ausfuhrkontrolle
- ▶ Artikel 23: Änderung der Verordnung über die Erhebung von Gebühren und die Umlegung von Kosten nach dem Finanzdienstleistungsaufsichtsgesetz
- ▶ Artikel 24: Änderung der Bilanzkontrollkosten-Umlageverordnung
- ▶ Artikel 25: Änderung weiterer Gesetze
- ▶ Artikel 26: Inkrafttreten

Die Initiative zu diesem Gesetz ging vom Bundesfinanz- und vom Bundesjustizministerium aus. Es handelt sich wie bei dem entsprechend weitreichenden Gesetzespaket des Jahres 1998, dem „Gesetz zur Kontrolle und Transparenz im Unternehmensbereich (KonTraG)" um ein Artikelgesetz, das auf verschiedenen Rechtsgebieten zu Änderungen führt. Mitte Dezember 2020 kam nach langem Zögern die Zustimmung vom Bundeswirtschaftsministerium, dem dritten für die Unternehmenskontrolle zuständigen Ministerium. Der Gesetzentwurf wurde anschließend vom Bundeskabinett beschlossen.

Vor dem Bundestagsausschuss zur Aufklärung des Wirecard-Skandals äußerte der Bundesfinanzminister, man wolle den Gesetzentwurf so schnell wie möglich in den Bundestag einbringen, um es der Wirtschaftslobby zu erschweren, dagegen zu agieren.

Viele der neuen Vorschriften hätten schon seit Jahren Bestandteil der Gesetzgebung sein müssen. Das holte man jetzt nach den schlechten Erfahrungen mit der Unternehmensberichterstattung und der mangelhaften staatlichen Unternehmensaufsicht der Börsenunternehmen auf breiter Front nach. So gibt es künftig die sich als notwendig erweisenden härteren Sanktionen bei Nichteinhaltung von Vorschriften.

Es fehlte nur noch das als Regierungsentwurf im Gesetzgebungsprozess befindliche deutsche Unternehmensstrafrecht, genannt Gesetz zur Stärkung der Integrität der Wirtschaft (Verbandssanktionengesetz). Das scheiterte an der Macht der Wirtschaftslobby. Im Juni 2021 erklärte die CDU/CSU-Fraktion des deutschen Bundestages, sie würde den gemeinsamen Gesetzentwurf der Regierungskoalition nicht unterstützen, wenn dieser in den Bundestag eingebracht würde.

Das Gesetz zur Stärkung der Finanzmarktintegrität soll die Funktionsfähigkeit des deutschen Finanzmarkts wieder herstellen. Im Folgenden werden Texte zur Einleitung und zur Begründung des Gesetzentwurfes wiedergegeben, in denen das erste Mal auf den Deutschen Corporate Governance Kodex Bezug genommen wird. Nur die Eingeweihten merken bei den dabei unverändert gemachten positiven Äußerungen zum Kodex, dass hier die gesetzwidrigen Sonderregelungen für die börsennotierten Konzerne beseitigt werden sollen. Sie werden durch die bereits allgemein gültigen oder durch neue Gesetzesvorschriften ersetzt.

Im Hinblick auf die „externe Risikoberichterstattung der Unternehmen und Konzerne" bedeutet es für die Börsenkonzerne künftig :

„*Durch gesetzliche Pflichten zur Einrichtung eines angemessenen und wirksamen internen Kontrollsystems sowie eines entsprechenden Risikomanagementsystems für börsennotierte Aktiengesellschaften und durch die verpflichtende Errichtung eines Prüfungsausschusses für Unternehmen von öffentlichem Interesse werden die unternehmensinternen Kontrollsysteme gestärkt und die Verantwortungsstrukturen verbessert.*"

Zu Problem und Ziel wird Folgendes ausgeführt:

„Die Funktionsfähigkeit des deutschen Finanzmarktes ist für die deutsche Wirtschaft und für den Wohlstand der Bundesrepublik Deutschland von zentraler Bedeutung. Manipulationen der Bilanzen von Kapitalmarktunternehmen erschüttern das Vertrauen in den deutschen Finanzmarkt und fügen ihm schweren Schaden zu. Jüngste Vorkommnisse haben gezeigt, dass insbesondere die Bilanzkontrolle gestärkt und die Abschlussprüfung weiter reguliert werden müssen, um die Richtigkeit der Rechnungslegungsunterlagen von Unternehmen sicherzustellen. Aber auch bei den Aufsichtsstrukturen und den Befugnissen der Bundesanstalt für Finanzdienstleistungsaufsicht (BaFin) bei der Prüfung von Auslagerungen seitens der Finanzdienstleistungsunternehmen besteht Verbesserungsbedarf. Der Entwurf zielt auf die Umsetzung der vordringlichen Maßnahmen zur Wiederherstellung und dauerhaften Stärkung des Vertrauens in den deutschen Finanzmarkt."

Unter Lösungen erfährt man Folgendes:

Das zweistufige auf freiwillige Mitwirkung der geprüften Unternehmen ausgerichtete Bilanzkontrollverfahren wird grundlegend reformiert zugunsten eines stärker staatlich, hoheitlich geprägten Bilanzkontrollverfahrens. Die BaFin muss bei Verdacht von Bilanzverstößen direkt und unmittelbar mit hoheitlichen Befugnissen gegenüber Kapitalmarktunternehmen auftreten können. Die BaFin braucht ein Prüfungsrecht gegenüber allen kapitalmarktorientierten Unternehmen einschließlich Auskunftsrechte gegen Dritte, die Möglichkeit forensischer Prüfungen sowie das Recht, die Öffentlichkeit früher als bisher über ihr Vorgehen bei der Bilanzkontrolle zu informieren. Dies ermöglicht der BaFin die Kontrolle über das Prüfungsgeschehen und stellt sicher, dass in allen Prüfungsphasen hoheitliche Mittel zur Verfügung stehen. So werden Bilanzkontrollen insgesamt schneller, transparenter und effektiver.

Die Unabhängigkeit der Abschlussprüfer wird gestärkt, indem es auch für Kapitalmarktunternehmen fortan eine verpflichtende externe Prüferrotation nach zehn Jahren gibt und indem die Pflicht zur Trennung von Prüfung und

Beratung bei Unternehmen von öffentlichem Interesse wesentlich ausgeweitet wird. Die Verschärfung der zivilrechtlichen Haftung des Abschlussprüfers gegenüber dem geprüften Unternehmen für Pflichtverletzungen soll die Qualität der Abschlussprüfung fördern.

Durch Anpassungen im Bilanzstrafrecht soll eine ausreichend abschreckende Ahndung der Unternehmensverantwortlichen bei Abgabe eines unrichtigen „Bilanzeids" und der Abschlussprüfer bei Erteilung eines inhaltlich unrichtigen Bestätigungsvermerks zu Abschlüssen von Unternehmen von öffentlichem Interesse ermöglicht werden. Im Bilanzordnungswidrigkeitenrecht werden insbesondere die Bußgeldvorschriften für Abschlussprüfer, die Unternehmen von öffentlichem Interesse prüfen, inhaltlich ausgeweitet und der Bußgeldrahmen deutlich angehoben.

Durch gesetzliche Pflichten zur Einrichtung eines angemessenen und wirksamen internen Kontrollsystems sowie eines entsprechenden Risikomanagementsystems für börsennotierte Aktiengesellschaften und durch die verpflichtende Errichtung eines Prüfungsausschusses für Unternehmen von öffentlichem Interesse werden die unternehmensinternen Kontrollsysteme gestärkt und die Verantwortungsstrukturen verbessert.

Die Stärkung der Corporate Governance wird flankiert durch Änderungen des Börsengesetzes (BörsG), um die Qualität der Zulassung von Unternehmen zu den qualifizierten Marktsegmenten der Börsen zu verbessern.

Um Zweifel an der Integrität der BaFin von vornherein auszuschließen und Interessenkonflikte zu vermeiden, wird bei Beschäftigten der BaFin der Handel mit bestimmten Finanzinstrumenten untersagt. Starke, vertrauenswürdige Finanzmärkte brauchen eine glaubhafte und zuverlässige Aufsicht.

Die Zentralstelle für Finanztransaktionsuntersuchungen wird in die Lage versetzt werden, bei den Finanzbehörden ausgewählte steuerliche Grunddaten automatisiert abzurufen. Die so erlangten Daten dienen der weiteren Analyse einzelner Verdachtsmeldungen und der anschließenden Bewertung.

In der Gesamtschau mit den weiteren der Zentralstelle für Finanztransaktionsuntersuchungen vorliegenden Informationen können die Daten dazu beitragen, einen Zusammenhang mit Geldwäsche oder Terrorismusfinanzierung festzustellen und die zuständigen inländischen öffentlichen Stellen noch effektiver bei der Aufklärung, Verhinderung und Verfolgung von Geldwäsche oder Terrorismusfinanzierung zu unterstützen. Damit wird die Bearbeitung der Meldungen gegenüber bislang erforderlichem manuellem Auskunftsersuchen erheblich beschleunigt. Hierzu sind Änderungen des Geldwäschegesetzes (GwG) und der Abgabenordnung (AO) vorgesehen.

Weiterhin wird geprüft, ob und inwieweit der Austausch polizeilicher Daten verbessert werden kann. Der Bericht des Bundesrechnungshofs vom 11. September 2020 über die Bekämpfung der Geldwäsche und Terrorismusfinanzierung durch die Zentralstelle für Finanztransaktionsuntersuchungen wurde bereits aufgegriffen und wird auch im Rahmen der weiteren Prüfungen einbezogen.

Der Verbraucherschutz wird gestärkt, indem der Graue Kapitalmarkt (Geschäftsmodelle von Edelmetallanbietern und -verwahrern) durch Änderungen im Vermögensanlagegesetz (VermAnlG) stärker reguliert wird.

„Zu Buchstabe B

Im geltenden Recht gibt es bislang eine Pflicht für kapitalmarktorientierte Kapitalgesellschaften, im Lagebericht die wesentlichen Merkmale des internen Kontroll- und des Risikomanagementsystems im Hinblick auf den Rechnungslegungsprozess zu beschreiben (vergleiche § 289 Absatz 4 HGB). Über wesentliche Schwächen dieser Systeme bezogen auf den Rechnungslegungsprozess hat der Abschlussprüfer dem Aufsichtsrat gemäß § 171 Absatz 1 Satz 2 AktG zu berichten. Eine explizite gesetzliche Pflicht zur Einrichtung solcher Systeme gibt es jedoch nicht.

Mit der Änderung wird daher ausdrücklich eine gesetzliche Pflicht zur Einrichtung sowohl eines angemessenen und wirksamen internen Kontrollsystems als auch eines entsprechenden Risikomanagementsystems für börsennotierte

Aktiengesellschaften festgelegt. Mit dieser Ergänzung wird keine völlig neue Pflicht für diese Unternehmen eingeführt, sondern es handelt sich letztlich um eine Klarstellung, da die damit geregelten Pflichten die Vorstandsmitglieder aufgrund ihrer Sorgfaltspflicht bereits nach derzeitiger Rechtslage treffen, wenn die jeweilige Sachlage die Einrichtung dieser Maßnahmen erfordert. Auch der Deutsche Corporate Governance Kodex spricht in seinem vierten Grundsatz davon, dass es für einen verantwortungsvollen Umgang mit den Risiken der Geschäftstätigkeit eines geeigneten und wirksamen internen Kontroll- und Risikomanagementsystems bedarf.

Die gesetzliche Festlegung der Pflicht zur Einrichtung der beiden Systeme soll deren Bedeutung insbesondere für die hier erfassten Unternehmen unterstreichen. Dennoch wird hierdurch die Rechtslage für diejenigen Aktiengesellschaften nicht geändert, die der Neuregelung nicht unterfallen. Für die Vorstandsmitglieder nichtbörsennotierter Unternehmen folgt die Pflicht zur Einrichtung entsprechender Systeme weiterhin aus der sie treffenden Sorgfaltspflicht nach § 93 Absatz 1 AktG. Die Entscheidung, Risikomanagement oder interne Kontrollsysteme einzuführen oder auch davon abzusehen, steht bei diesen Unternehmen weiterhin im Leitungsermessen des Vorstands. Dieses Leitungsermessen wird für börsennotierte Unternehmen insoweit eingeschränkt, dass hier im Hinblick auf den Umfang der Geschäftstätigkeit und die Risikolage des Unternehmens angemessene und wirksame interne Kontrollsysteme und Risikomanagementsysteme verpflichtend werden sollen; einzig die Frage der konkreten Ausgestaltung angemessener und wirksamer interner Kontrollsysteme und Risikomanagementsysteme im Hinblick auf den Umfang der Geschäftstätigkeit und die Risikolage des Unternehmens steht im Leitungsermessen des Vorstandes börsennotierter Unternehmen.

Die Regelung beschränkt sich auf die Einführung von internen Kontrollsystemen und Risikomanagementsystemen. Börsennotierte Unternehmen unterliegen einer besonderen Pflicht, ihre Unternehmensstrukturen und die Arbeitsweise des Managements so transparent wie möglich zu gestalten. Deshalb stellt die Einführung einer Pflicht zur Einrichtung der Risiko- und Kontrollsysteme letztlich nur eine Absicherung dar, dass diese Systeme auch tatsächlich eingerichtet werden. In der Praxis dürfte die Einrichtung solcher Systeme bereits heute üblich sein.

Hinsichtlich der Einrichtung von Compliance-Management-Systemen verbleibt es dabei, dass sich aus der Legalitätskontrollpflicht des Vorstands die Pflicht zur Einrichtung eines solchen Systems ergibt, wenn ein entsprechendes Gefahr- bzw. Risikopotenzial besteht. Der Deutsche Corporate Governance Kodex enthält in A.2 eine entsprechende Empfehlung. Aus der allgemeinen Sorgfaltspflicht erwächst bereits heute die Pflicht zur Ergreifung angemessener Compliance-Maßnahmen. Bei größeren Unternehmen ist die Einrichtung eines entsprechenden Compliance-Management-Systems erforderlich. Das Kriterium der Börsennotierung ist hierfür nicht allein maßgebend."

Die Erläuterungen der Bundesregierung zu dem Gesetzentwurf sind genauso unaufrichtig wie die jahrzehntelange stillschweigende Genehmigung der Rechtswidrigkeiten bei den börsennotierten Konzernen. Sie würden einer rechtlichen Prüfung nicht standhalten.

So wird wider besseres Wissen behauptet, der Unternehmensvorstand habe volle Freiheit, ob sein Unternehmen ein Risikomanagementsystem hat oder nicht. Auch wird so getan, als ob die Index-Unternehmen der Frankfurter Börse neuerdings strengere gesetzliche Vorschriften bekämen. Dabei handelt es sich hierbei um eine bewusst unrichtige Behauptung, damit niemand auf die Wahrheit kommt, dass es das private Regelwerk der Börsenkonzerne, genannt „Deutscher Corporate Governance Kodex" ist –von der Regierung jährlich auf illegale Weise genehmigt –, wodurch es seit 2002 ständig zu großen Unternehmensskandalen von bekannten deutschen börsennotierten Konzernen kommt.

2.2.7 Angaben zur voraussichtlichen Entwicklung der Gesellschaft bzw. des Konzerns

Die voraussichtliche Entwicklung einer Kapitalgesellschaft ist nach § 289 Abs. 1 Satz 3 HGB mit ihren wesentlichen Chancen und Risiken sowie unter Angabe der zu Grunde liegenden Annahmen zu beurteilen und im Lagebericht zu erläutern.

Gesetzestext
§ 289 HGB, Inhalt des Lageberichts

> (1) Im Lagebericht sind der Geschäftsverlauf einschließlich des Geschäftsergebnisses und die Lage der Kapitalgesellschaft so darzustellen, dass ein den tatsächlichen Verhältnissen entsprechendes Bild vermittelt wird. Er hat eine ausgewogene und umfassende, dem Umfang und der Komplexität der Geschäftstätigkeit entsprechende Analyse des Geschäftsverlaufs und der Lage der Gesellschaft zu enthalten. In die Analyse sind die für die Geschäftstätigkeit bedeutsamsten finanziellen Leistungsindikatoren einzubeziehen und unter Bezugnahme auf die im Jahresabschluss ausgewiesenen Beträge und Angaben zu erläutern. Ferner ist im Lagebericht die voraussichtliche Entwicklung mit ihren wesentlichen Chancen und Risiken zu beurteilen und zu erläutern; zugrunde liegende Annahmen sind anzugeben. Die Mitglieder des vertretungsberechtigten Organs einer Kapitalgesellschaft im Sinne des § 264 Abs. 2 Satz 3 haben zu versichern, dass nach bestem Wissen im Lagebericht der Geschäftsverlauf einschließlich des Geschäftsergebnisses und die Lage der Kapitalgesellschaft so dargestellt sind, dass ein den tatsächlichen Verhältnissen entsprechendes Bild vermittelt wird, und dass die wesentlichen Chancen und Risiken im Sinne des Satzes 4 beschrieben sind.
> (2) Im Lagebericht ist auch einzugehen auf:
> 1.a) die Risikomanagementziele und -methoden der Gesellschaft einschließlich ihrer Methoden zur Absicherung aller wichtigen Arten von Transaktionen, die im Rahmen der Bilanzierung von Sicherungsgeschäften erfasst werden, sowie

1.b) die Preisänderungs-, Ausfall- und Liquiditätsrisiken sowie die Risiken aus Zahlungsstromschwankungen, denen die Gesellschaft ausgesetzt ist, jeweils in Bezug auf die Verwendung von Finanzinstrumenten durch die Gesellschaft und sofern dies für die Beurteilung der Lage oder der voraussichtlichen Entwicklung von Belang ist;
2. den Bereich Forschung und Entwicklung
3. bestehende Zweigniederlassungen der Gesellschaft.
4. (weggefallen)

Sind im Anhang Angaben nach § 160 Absatz 1 Nummer 2 des Aktiengesetzes zu machen, ist im Lagebericht darauf zu verweisen.

(3) Bei einer großen Kapitalgesellschaft (§ 267 Abs. 3) gilt Absatz 1 Satz 3 entsprechend für nichtfinanzielle Leistungsindikatoren, wie Informationen über Umwelt- und Arbeitnehmerbelange, soweit sie für das Verständnis des Geschäftsverlaufs oder der Lage von Bedeutung sind.

(4) Kapitalgesellschaften im Sinn des § 264d haben im Lagebericht die wesentlichen Merkmale des internen Kontroll- und des Risikomanagementsystems im Hinblick auf den Rechnungslegungsprozess zu beschreiben.

Gesetzestext
§ 315 HGB, Inhalt des Konzernlageberichts

(1) Im Konzernlagebericht sind der Geschäftsverlauf einschließlich des Geschäftsergebnisses und die Lage des Konzerns so darzustellen, dass ein den tatsächlichen Verhältnissen entsprechendes Bild vermittelt wird. Er hat eine ausgewogene und umfassende, dem Umfang und der Komplexität der Geschäftstätigkeit entsprechende Analyse des Geschäftsverlaufs und der Lage des Konzerns zu enthalten. In die Analyse sind die für die Geschäftstätigkeit bedeutsamsten finanziellen Leistungsindikatoren einzubeziehen und unter Bezugnahme auf die im Konzernabschluss ausgewiesenen Beträge und Angaben zu erläutern. Ferner ist im Konzernlagebericht die voraussichtliche Entwicklung mit ihren wesentlichen Chancen und Risiken zu beurteilen und zu erläu-

tern; zugrunde liegende Annahmen sind anzugeben. Die Mitglieder des vertretungsberechtigten Organs eines Mutterunternehmens im Sinne des § 297 Abs. 2 Satz 4 haben zu versichern, dass nach bestem Wissen im Konzernlagebericht der Geschäftsverlauf einschließlich des Geschäftsergebnisses und die Lage des Konzerns so dargestellt sind, dass ein den tatsächlichen Verhältnissen entsprechendes Bild vermittelt wird, und dass die wesentlichen Chancen und Risiken im Sinne des Satzes 4 beschrieben sind.

Es ist nur auf Chancen und Risiken einzugehen, die einen **wesentlichen Einfluss** auf den künftigen Geschäftsverlauf und die künftige Vermögens-, Finanz- und Ertragslage haben können.

Bestandsgefährdende Risiken, also Risiken, die den Fortbestand des Unternehmens infrage stellen können, sind mit einer genauen verbalen Beschreibung und möglichst durch Zahlenangaben ergänzt zu erläutern. Von bestandsgefährdenden Risiken spricht man bei Risiken, die dazu führen könnten, dass das Eigenkapital der Gesellschaft innerhalb eines Jahres vollständig aufgezehrt wird. Berichtspflichtige Risiken werden im Rahmen des in § 91 Abs. 2 AktG vorgeschriebenen Risikofrüherkennungssystems ermittelt.

Die Berichterstattung über **Chancen** ist in engem Zusammenhang mit der Berichterstattung über den Geschäftsverlauf und der **generellen Einschätzung der künftigen Lage der Gesellschaft** nach § 289 Abs. 1 Satz 4 HGB zu sehen, in der auf bedeutsame finanzielle und nichtfinanzielle Leistungsindikatoren einzugehen ist. Dabei sind auch Chancen zu erläutern, die in keinem direkten Zusammenhang zu Risiken stehen. Sachverhalte, die sich noch in einer nicht abgeschlossenen Entwicklung befinden – z. B. laufende Verhandlungen über Großgeschäfte, Fusionen oder Beteiligungsveränderungen –, brauchen nicht einbezogen zu werden. Auch über Geschäfts- und Betriebsgeheimnisse muss grundsätzlich nicht berichtet werden.

Die geforderte Angabe der zugrunde liegenden **Annahmen** soll es den Adressaten ermöglichen, eigene Urteile über die Plausibilität der angegebenen

Prognosen zu bilden und in folgenden Geschäftsjahren einen Vergleich mit der tatsächlich eingetretenen Entwicklung anzustellen. Dies kann durch Darstellung von Ursache-Wirkungs-Beziehungen zwischen angegebenen Erwartungen, wichtigen Einflussgrößen und diese betreffenden Maßnahmen und Entwicklungen erfolgen. Ein Beispiel wäre die Auswirkung der erwarteten Kursentwicklung von Fremdwährungen auf den Umsatz und das Ergebnis bei exportorientierten Unternehmen. Dabei kann es sinnvoll sein, verschiedene Szenarien darzustellen.

Für die voraussichtliche Entwicklung wurde im Handelsgesetz kein Horizont festgesetzt. Der Deutsche Rechnungslegungs Standard Nr. 20 „Konzernlagebericht" legt den Prognosehorizont fest, und zwar auf mindestens 1 Jahr, gerechnet vom letzten Abschlussstichtag (DRS 20, Tz. 127).

2.2.8 Angaben zu Risiken aus der Verwendung von Finanzinstrumenten

Dieser Abschnitt beschreibt die gesetzlichen Grundlagen der Berichterstattung über die Risiken aus der Verwendung von Finanzinstrumenten. Wie die Darstellung im Risikobericht erfolgen soll, wird im DRS 20 geregelt. Das ist Thema von Kapitel 5.2.

Im **Lagebericht** ist gemäß § 289 Abs. 2 Nr. 2 HGB bzw. § 315 Abs. 2 Ziff. 1 HGB über die Verwendung von Finanzinstrumenten durch die Gesellschaft zu berichten. Sofern dies für die Beurteilung der Lage oder künftigen Entwicklung von Bedeutung ist, soll auch auf die Risikomanagementziele und -methoden der Gesellschaft sowie auf Preisänderungs-, Ausfall-, Liquiditäts- und Zahlungsstromschwankungsrisiken eingegangen werden.

Die Berichterstattung über die **Risikomanagementziele und -methoden** erfordert
- grundsätzliche Aussagen zur Risikobereitschaft des Unternehmens,
- die Darstellung der Sicherungsziele,

- die Beschreibung der gesicherten Grundgeschäfte,
- die Darstellung sonstiger wesentlicher Elemente sowie bei antizipativem Hedging die Nennung der Tatsache als solche (z. B. Absicherung von geplanten, aber noch nicht kontrahierten Bestellungen).

Über verbale Erläuterungen hinausgehende Angaben, also die Quantifizierung einzelner Parameter, sind in der Regel nicht erforderlich. Der Umfang der Berichterstattung ist abhängig von Art, Umfang und Struktur der Risiken bzw. des risikoinduzierenden Geschäfts, d. h. dem Risikoexposure des Unternehmens.

- **Preisänderungsrisiken** bestehen darin, dass der Wert eines Finanzinstruments aufgrund von Veränderungen des Marktpreises oder der preisbeeinflussenden Parameter (Wechselkurse, Volatilitäten, Marktzinssätze) schwankt.
- **Ausfallrisiken** ergeben sich aus der Gefahr, dass der Vertragspartner bei einem Geschäft über ein Finanzinstrument seinen Verpflichtungen nicht fristgerecht nachkommen kann.
- **Liquiditätsrisiken** bestehen darin, dass das Unternehmen nicht in der Lage sein könnte, die Finanzmittel zu beschaffen, die zur Begleichung der im Zusammenhang mit Finanzinstrumenten eingegangenen Verpflichtungen notwendig sind.
- **Risiken aus Zahlungsstromschwankungen** resultieren daraus, dass die zukünftigen, aus einem Finanzinstrument erwarteten Zahlungsströme Schwankungen unterworfen sind, z. B. Schwankungen der effektiven Verzinsung eines variabel verzinslichen Fremdkapitalinstrumentes – ohne dass damit korrespondierende Veränderungen des Zeitwertes des Finanzinstrumentes verbunden sind.

Methoden zur Absicherung aller wichtigen Arten von Transaktionen, die im Rahmen der Bilanzierung von Sicherungsgeschäften erfasst werden, betreffen insbesondere Sicherungsgeschäfte („Hedging").

Die Berichterstattung über Sicherungsgeschäfte soll Folgendes beinhalten:

Die beim Abschluss von Sicherungsgeschäften verwendete Systematik sowie Art und Kategorie der verschiedenen Sicherungsgeschäfte. Es ist anzugeben, welche Finanzinstrumente zur Absicherung welcher wesentlichen Risiken (Preisänderungs-, Ausfall- und Liquiditätsrisiken sowie Risiken aus Zahlungsstromschwankungen) eingesetzt werden. Die Berichtspflichten gelten unabhängig davon, ob oder in welcher Weise die Finanzinstrumente bilanziell erfasst worden sind.

2.3 Vorschriften zur Risikoberichterstattung an den Aufsichtsrat

Der Aufsichtsrat und die Hauptversammlung – Aufsichtsgremium und Aktienbesitzer – sind beides Organe der Aktiengesellschaft, die man nicht direkt als „Externe" bezeichnen kann. Jedoch sind beide Institutionen des Unternehmens wichtige Interessenten der externen Risikoberichterstattung (siehe Kapitel 3 „Adressaten und Interessenten des Risikoberichts").

Der Aufsichtsrat benötigt umfassende Informationen, um die Geschäftsführung zu überwachen und zukunftsorientiert beraten zu können. Hierzu greift er im Wesentlichen auf zwei Informationsquellen zurück:

2.3.1 Informationen durch den Vorstand und die interne Risikoberichterstattung

Der Vorstand hat die Pflicht, den Aufsichtsrat regelmäßig, zeitnah und umfassend über alle relevanten Fragen der Geschäftspolitik, der Strategie, der Unternehmensplanung, der Geschäftsentwicklung, der Risikolage sowie des Risikomanagements und der Compliance zu informieren. Hierfür gibt es ein gesetzliches Mindestmaß an Berichtspflichten des Vorstands an den Aufsichtsrat, aufgezählt durch das Aktiengesetz in § 90, Berichte an den Aufsichtsrat.

 **Gesetzestext**
§ 90 AktG, Berichte an den Aufsichtsrat

(1) Der Vorstand hat dem Aufsichtsrat zu berichten über
  1. die beabsichtigte Geschäftspolitik und andere grundsätzliche Fragen der Unternehmensplanung (insbesondere die Finanz-, Investitions- und Personalplanung), wobei auf Abweichungen der tatsächlichen Entwicklung von früher berichteten Zielen unter Angabe von Gründen einzugehen ist;
  2. die Rentabilität der Gesellschaft, insbesondere die Rentabilität des Eigenkapitals;
  3. den Gang der Geschäfte, insbesondere den Umsatz, und die Lage der Gesellschaft;
  4. Geschäfte, die für die Rentabilität oder Liquidität der Gesellschaft von erheblicher Bedeutung sein können. Ist die Gesellschaft Mutterunternehmen (§ 290 Abs. 1, 2 des Handelsgesetzbuchs), so hat der Bericht auch auf Tochterunternehmen und auf Gemeinschaftsunternehmen (§ 310 Abs. 1 des Handelsgesetzbuchs) einzugehen. Außerdem ist dem Vorsitzenden des Aufsichtsrats aus sonstigen wichtigen Anlässen zu berichten; als wichtiger Anlass ist auch ein dem Vorstand bekanntgewordener geschäftlicher Vorgang bei einem verbundenen Unternehmen anzusehen, der auf die Lage der Gesellschaft von erheblichem Einfluss sein kann.

(2) Die Berichte nach Abs. 1 Satz 1 Nr. 1 bis 4 sind wie folgt zu erstatten:
  1. die Berichte nach Nr. 1 mindestens einmal jährlich, wenn nicht Änderungen der Lage oder neue Fragen eine unverzügliche Berichterstattung gebieten;
  2. die Berichte nach Nr. 2 in der Sitzung des Aufsichtsrats, in der über den Jahresabschluss verhandelt wird;
  3. die Berichte nach Nr. 3 regelmäßig, mindestens vierteljährlich;
  4. die Berichte nach Nr. 4 möglichst so rechtzeitig, dass der Aufsichtsrat vor Vornahme der Geschäfte Gelegenheit hat, zu ihnen Stellung zu nehmen.

(3) Der Aufsichtsrat kann vom Vorstand jederzeit einen Bericht verlan-

gen über Angelegenheiten der Gesellschaft, über ihre rechtlichen und geschäftlichen Beziehungen zu verbundenen Unternehmen sowie über geschäftliche Vorgänge bei diesen Unternehmen, die auf die Lage der Gesellschaft von erheblichem Einfluss sein können. Auch ein einzelnes Mitglied kann einen Bericht, jedoch nur an den Aufsichtsrat, verlangen.

(4) Die Berichte haben den Grundsätzen einer gewissenhaften und getreuen Rechenschaft zu entsprechen. Sie sind möglichst rechtzeitig und mit Ausnahme des Berichts nach Abs. 1 Satz 3, in der Regel in Textform zu erstatten.

(5) Jedes Aufsichtsratsmitglied hat das Recht, von den Berichten Kenntnis zu nehmen. Soweit die Berichte in Textform erstattet worden sind, sind sie auch jedem Aufsichtsratsmitglied auf Verlangen zu übermitteln, soweit der Aufsichtsrat nichts anderes beschlossen hat. Der Vorsitzende des Aufsichtsrats hat die Aufsichtsratsmitglieder über die Berichte nach Abs. 1 Satz 3 spätestens in der nächsten Aufsichtsratssitzung zu unterrichten.

2.3.2 Informationen im Rahmen der externen Risikoberichterstattung

Einen wesentlichen Bestandteil der Berichterstattung des Vorstands an den Aufsichtsrat bildet zudem die externe Berichterstattung. Das sind der Jahresabschluss und der Lagebericht (bzw. Konzernabschluss und Konzernlagebericht), der Halbjahresbericht und ggf. aufgestellte Quartalsabschlüsse mit einer darin enthaltenen Risikoberichterstattung. Gesetzliche Aufgabe des Aufsichtsrats ist es u. a., diese Berichte intensiv durchzuarbeiten und auf ihre Sachgerechtigkeit hin zu prüfen (siehe auch Kapitel 7.2 „Prüfung des Lageberichts durch den Aufsichtsrat").

Gesetzestext
§ 111 AktG, Aufgaben und Rechte des Aufsichtsrats

(1) Der Aufsichtsrat hat die Geschäftsführung zu überwachen.
(2)
   1 Der Aufsichtsrat kann die Bücher und Schriften der Gesellschaft sowie die Vermögensgegenstände, namentlich die Gesellschaftskasse und die Bestände an Wertpapieren und Waren, einsehen und prüfen.
   2 Er kann damit auch einzelne Mitglieder oder für bestimmte Aufgaben besondere Sachverständige beauftragen.
   3 Er erteilt dem Abschlussprüfer den Prüfungsauftrag für den Jahres- und den Konzernabschluss gemäß § 290 des Handelsgesetzbuchs. Er kann darüber hinaus eine externe inhaltliche Überprüfung der nichtfinanziellen Erklärung oder des gesonderten nichtfinanziellen Berichts (§ 289b des Handelsgesetzbuchs), der nichtfinanziellen Konzernerklärung oder des gesonderten nichtfinanziellen Konzernberichts (§ 315b des Handelsgesetzbuchs) beauftragen.

Die Übertragung der Verpflichtung zur Überwachung des Risikomanagementsystems an einen Prüfungsausschuss wird durch § 107 Abs. 3 Satz 2 AktG ermöglicht. Richtet der Aufsichtsrat keinen Prüfungsausschuss ein, hat er diese Aufgaben selbst zu übernehmen.

Gesetzestext
§ 171 AktG, Prüfung durch den Aufsichtsrat

(1)
   1 Der Aufsichtsrat hat den Jahresabschluss, den Lagebericht und den Vorschlag für die Verwendung des Bilanzgewinns zu prüfen, bei Mutterunternehmen (§ 290 Abs. 1, 2 des Handelsgesetzbuchs) auch den Konzernabschluss und den Konzernlagebericht.
   2 Ist der Jahresabschluss oder der Konzernabschluss durch einen Abschlussprüfer zu prüfen, so hat dieser an den Verhandlungen des Aufsichtsrats oder des Prüfungsausschusses über diese Vor-

lagen teilzunehmen und über die wesentlichen Ergebnisse seiner Prüfung, insbesondere wesentliche Schwächen des internen Kontroll- und des Risikomanagementsystems bezogen auf den Rechnungslegungsprozess, zu berichten.

3 Er informiert über Umstände, die seine Befangenheit besorgen lassen und über Leistungen, die er zusätzlich zu den Abschlussprüfungsleistungen erbracht hat.

Der Aufsichtsrat hat auch den gesonderten nichtfinanziellen Bericht (§ 289b des Handelsgesetzbuchs) und den gesonderten nichtfinanziellen Konzernbericht (§ 315b des Handelsgesetzbuchs) zu prüfen, sofern sie erstellt wurden.

(2)
1 Der Aufsichtsrat hat über das Ergebnis der Prüfung schriftlich an die Hauptversammlung zu berichten.

2 In dem Bericht hat der Aufsichtsrat auch mitzuteilen, in welcher Art und in welchem Umfang er die Geschäftsführung der Gesellschaft während des Geschäftsjahrs geprüft hat; bei börsennotierten Gesellschaften hat er insbesondere anzugeben, welche Ausschüsse gebildet worden sind, sowie die Zahl seiner Sitzungen und die der Ausschüsse mitzuteilen.

3 Ist der Jahresabschluss durch einen Abschlussprüfer zu prüfen, so hat der Aufsichtsrat ferner zu dem Ergebnis der Prüfung des Jahresabschlusses durch den Abschlussprüfer Stellung zu nehmen.

4 Am Schluss des Berichts hat der Aufsichtsrat zu erklären, ob nach dem abschließenden Ergebnis seiner Prüfung Einwendungen zu erheben sind und ob er den vom Vorstand aufgestellten Jahresabschluss billigt.

5 Bei Mutterunternehmen (§ 290 Abs. 1, 2 des Handelsgesetzbuchs) finden die Sätze 3 und 4 entsprechende Anwendung auf den Konzernabschluss.

(3)
1 Der Aufsichtsrat hat seinen Bericht innerhalb eines Monats, nach dem ihm die Vorlagen zugegangen sind, dem Vorstand zuzuleiten.

2 Wird der Bericht dem Vorstand nicht innerhalb der Frist zugelei-

tet, hat der Vorstand dem Aufsichtsrat unverzüglich eine weitere Frist von nicht mehr als einem Monat zu setzen. Wird der Bericht dem Vorstand nicht vor Ablauf der weiteren Frist leitet, gilt der Jahresabschluss als vom Aufsichtsrat nicht gebilligt; bei Mutterunternehmen (§ 290 Abs. 1, 2 des Handelsgesetzbuchs) gilt das Gleiche hinsichtlich des Konzernabschlusses.

(4)
1 Die Abs. 1 bis 3 gelten auch hinsichtlich eines Einzelabschlusses nach § 325 Abs. 2a des Handelsgesetzbuchs.
2 Der Vorstand darf den in Satz 1 genannten Abschluss erst nach dessen Billigung durch den Aufsichtsrat offen legen.

2.4 Vorschriften zur Risikoberichterstattung an die Hauptversammlung

Die Risiken der künftigen Entwicklung unterliegen auch dem Aufsichtsrecht des Aktionärs in der Hauptversammlung, da die Berichtsgegenstände des Lageberichts zu den Angelegenheiten der Gesellschaft i. S. v. § 131 AktG gehören. Daher muss der Vorstand auch jedem Aktionär auf Verlangen in der Hauptversammlung Auskunft über Risiken der künftigen Entwicklung geben. Dies gilt allerdings nicht, wenn durch die Erteilung der Auskunft dem Unternehmen nicht unerhebliche Nachteile zugefügt werden können (§ 131 Abs. 3 Nr. 1 AktG).

Gesetzestext
§ 131 AktG, Auskunftsrecht des Aktionärs

(1) Jedem Aktionär ist auf Verlangen in der Hauptversammlung vom Vorstand Auskunft über Angelegenheiten der Gesellschaft zu geben, soweit sie zur sachgemäßen Beurteilung des Gegenstands der Tagesordnung erforderlich ist. Die Auskunftspflicht erstreckt sich auch auf die rechtlichen und geschäftlichen Beziehungen der Gesellschaft zu einem verbundenen Unternehmen. Macht eine Gesellschaft von den

Erleichterungen nach § 266 Abs. 1 Satz 3, § 276 oder § 288 des Handelsgesetzbuchs Gebrauch, so kann jeder Aktionär verlangen, dass ihm in der Hauptversammlung über den Jahresabschluss der Jahresabschluss in der Form vorgelegt wird, die er ohne diese Erleichterungen hätte. Die Auskunftspflicht des Vorstands eines Mutterunternehmens (§ 290 Abs. 1, 2 des Handelsgesetzbuchs) in der Hauptversammlung, der der Konzernabschluss und der Konzernlagebericht vorgelegt werden, erstreckt sich auch auf die Lage des Konzerns und der in den Konzernabschluss einbezogenen Unternehmen.

2.5 Anforderungen des Deutschen Rechnungslegungs Standard DRS Nr. 20 an die externe Risikoberichterstattung

Die wichtigste Vorschrift für die Gestaltung und den Inhalt des Risiko- und Chancenberichtes ist der Deutsche Rechnungslegungs Standard Nr. 20. Das Deutsche Rechnungslegungs Standards Committee e. V. (DRSC) ist der nationale Standardsetzer auf dem Gebiet der Konzernrechnungslegung in Deutschland.

https://www.drsc.de

Das DRSC vertritt die Interessen seiner Mitglieder und der deutschen Wirtschaft bei internationalen Rechnungslegungsgremien. Dies geschieht unter anderem beim International Accounting Standards Board (IASB) und der European Financial Reporting Advisory Group (EFRAG). Mitglieder des DRSC sind Unternehmen, Verbände und juristische Personen, die von der Rechnungslegung betroffen sind.

Sobald die Standards des DSRC vom Bundesjustizministerium nach § 342 Abs. 2 HGB bekannt gemacht worden sind, gelten sie als **Grundsätze ordnungsmäßiger Konzernrechnungslegung** und sind damit quasi Gesetz.

Gesetzestext
§ 342 HGB, Privates Rechnungslegungsgremium

(1) Das Bundesministerium der Justiz und für Verbraucherschutz kann eine privatrechtlich organisierte Einrichtung durch Vertrag anerkennen und ihr folgende Aufgaben übertragen:
 1. Entwicklung von Empfehlungen zur Anwendung der Grundsätze über die Konzernrechnungslegung,
 2. Beratung des Bundesministeriums der Justiz und für Verbraucherschutz bei Gesetzgebungsvorhaben zu Rechnungslegungsvorschriften,
 3. Vertretung der Bundesrepublik Deutschland in internationalen Standardisierungsgremien und
 4. Erarbeitung von Interpretationen der internationalen Rechnungslegungsstandards im Sinn des § 315e Absatz 1.

Es darf jedoch nur eine solche Einrichtung anerkannt werden, die aufgrund ihrer Satzung gewährleistet, dass die Empfehlungen und Interpretationen unabhängig und ausschließlich von Rechnungslegern in einem Verfahren entwickelt und beschlossen werden, das die fachlich interessierte Öffentlichkeit einbezieht. Soweit Unternehmen oder Organisationen von Rechnungslegern Mitglied einer solchen Einrichtung sind, dürfen die Mitgliedschaftsrechte nur von Rechnungslegern ausgeübt werden.

(2) Die Beachtung der die Konzernrechnungslegung betreffenden Grundsätze ordnungsmäßiger Buchführung wird vermutet, soweit vom Bundesministerium der Justiz und für Verbraucherschutz bekanntgemachte Empfehlungen einer nach Absatz 1 Satz 1 anerkannten Einrichtung beachtet worden sind.

Mit Bekanntmachung des neuen Deutschen Rechnungslegungs Standards Nr. 20 (DRS 20) „Konzernlagebericht" durch das Bundesjustizministerium ist der aktualisierte Standard am 4. Dezember 2017 in Kraft getreten. Das DRSC hatte ihn in der Sitzung vom 22. September 2017 verabschiedet. Alle vom DRS 20 betroffenen Unternehmen, Verbände und juristische Personen haben dazu Stellung nehmen können, um möglicherweise noch nützliche Veränderungen vornehmen zu können. Diese wurden in einer abschließenden Sitzung Ende Juli diskutiert, bevor das DRSC den DRÄS 8 verabschiedete.

Der neue DRS 20 war erstmals für das nach dem 31. Dezember 2017 beginnende Geschäftsjahr anzuwenden.

Der DRS 20 ist ausnahmslos von allen Mutterunternehmen zu beachten, die einen Konzernlagebericht gemäß § 315 HGB aufstellen. Es wird empfohlen, die Regelungen auch anzuwenden, wenn ein Lagebericht nach § 289 HGB erstellt wird.

Grundsätzlich reicht es zur Erstellung einer gesetzeskonformen Risikoberichterstattung für ein Unternehmen oder einen Konzern aus, wenn man sich genau nach den Vorschriften über die Risikoberichterstattung des DRS 20 richtet. Denn dieser ist so etwas wie eine Durchführungsverordnung mit genauer Anleitung zur Lageberichterstattung. Aus Sicherheitsgründen fordert der DRS 20, dass man sich bei der Abfassung des Lageberichts einen vollständigen Überblick über die aktuellen gesetzlichen Vorschriften verschaffen soll. Das ist insofern sinnvoll, da der letzte DRS 20 des Jahres 2012 erst nach 5 Jahren im Jahr 2017 zusammen mit anderen Deutschen Rechnungslegungs Standards durch den Änderungsstandard DRÄS 8 an die neueste Gesetzgebung angepasst wurde und damit auf den Stand von 2017 kam. Dabei wurde auch die Risikoberichterstattung aufgrund nichtfinanzieller Leistungen berücksichtigt.

Arbeitsunterlage

Um sicher zu sein, alle Vorschriften des DRS 20 im Risikobericht beachtet zu haben, wird als Anlage zu diesem Kapitel eine Self-Audit-Checklist beigefügt. Damit kann man prüfen, ob die einzelnen Anforderungen erfüllt sind und inwieweit man den Empfehlungen des DRS 20 zu zusätzlichen Erläuterungen folgen will.

Siehe Anlage 3, Checkliste „Die Anforderungen des DRS 20 an den Risikobericht von der Konzerne", 175 Fragen und Hinweise

Es ist wichtig zu wissen, dass der DRS 20 laut Handelsgesetzbuch für alle deutschen börsennotierten Konzerne gilt – auch für solche, die ihren Jahresabschluss auch nach den Regeln des IFRS anfertigen. Den Lagebericht innerhalb des Geschäftsberichts haben alle deutschen Unternehmen ausnahmslos nach deutschem Aktien- und Handelsrecht und damit nach den Vorschriften des DRS 20 zu erstellen.

Für die Unternehmen, die rechtswidrig die Deutschen Rechnungslegungs Standards nicht beachten, hat das DRSC die folgende Regelung getroffen: Sie dürfen in ihrer Berichterstattung den Namen des DRC oder „Deutscher Rechnungslegungs Standard" nicht verwenden.

2.6 Anforderungen der Wirtschaftsprüfer an die externe Risikoberichterstattung

Alle mittelgroßen und großen Kapitalgesellschaften sind grundsätzlich verpflichtet, den Jahresabschluss durch einen Abschlussprüfer prüfen zu lassen (siehe § 316 HGB Pflicht zur Prüfung). Der Wirtschaftsprüfer als gesetzlich verpflichtete externe Kontrollinstanz hat die Geschäftsabschlüsse der Unternehmen im Hinblick auf eine vorschriftsmäßige, ordnungsmäßige Buchführung und Berichterstattung zu prüfen. Zu dieser Aufgabe zählt auch die Prüfung des Risikofrüherkennungssystems und der Risikoberichterstattung im Lagebericht (siehe § 317 HGB, Gegenstand und Umfang der Prüfung).

Für die Arbeit der Wirtschaftsprüfer und deren Mandanten werden vom Institut der Wirtschaftsprüfer (IDW) sogenannte Verlautbarungen herausgegeben. Diese umfassen:

▶ IDW Prüfungsstandards (IDW PS),

- IDW Stellungnahmen zur Rechnungslegung (IDW RS),
- IDW Standards (IDW S),
- IDW Prüfungshinweise (IDW PH),
- IDW Rechnungslegungshinweise (IDW RH),
- IDW Steuerhinweise,
- IDW Praxishinweise,
- IDW Fragen und Antworten zu IDW Prüfungsstandards (F&A IDW PS),
- IDW Fragen und Antworten zu IDW Standards (F&A IDW S),
- IDW Positionspapiere sowie Gemeinsame Stellungnahmen mit der Wirtschaftsprüferkammer.

Die **Verlautbarungen** des Instituts der Wirtschaftsprüfer enthalten wertvolle Informationen zu den Fragen der Geschäftsberichterstattung. Insbesondere wenn neue gesetzliche Vorschriften erlassen werden, empfiehlt es sich, sich über die Verlautbarungen nähere Informationen dazu zu beschaffen.

https://www.idw.de/idw/verlautbarungen/

2.6.1 Fachliche Hinweise des IDW zur Rechnungslegung und Prüfung in der Corona-Pandemie

Nach Ausbruch der Coronakrise im Jahr 2020 wurde es erheblich schwieriger, im Rahmen der Risikoberichterstattung die künftige Lage des Unternehmens einzuschätzen und in angemessener Weise darzustellen. Daher gab das IDW **fachliche Hinweise** heraus, die sich mit den Auswirkungen der Corona-Pandemie auf die HGB- und IFRS-Rechnungslegung befassen, z. B. der fachliche Hinweis „Zweifelsfragen zu den Auswirkungen der Ausbreitung des Corona-virus auf die Rechnungslegung und deren Prüfung".

https://www.idw.de/idw/themen-und-branchen/coronavirus

▶ **Das IDW hat ein fünftes Update von Teil 3 des fachlichen Hinweises zu den Auswirkungen der Corona-Pandemie auf Rechnungslegung und Prüfung veröffentlicht. Hierin geht das IDW u. a. auf die Sofortabschreibung digitaler Vermögensgegenstände in der Handelsbilanz ein.**
Mit dem Update wurde der dritte Teil des fachlichen Hinweises vor allem um zwei neue Fragen ergänzt. Diese betreffen
- die Sofortabschreibung sog. digitaler Vermögensgegenstände in der Handelsbilanz (Frage 2.3.15., Seite 29 ff.) sowie
- die Qualifizierung stiller Einlagen des Wirtschaftsstabilisierungsfonds als Fremd- oder Eigenkapital in der Handelsbilanz des empfangenden Unternehmens (Frage 2.3.16., Seite 31 f.)

▶ **Das IDW hat den fachlichen Hinweis "Überblick über steuerliche Maßnahmen zur Berücksichtigung der Auswirkungen des Coronavirus" vom 13.1.2021 aktualisiert (Stand v. 7.4.2021).**

Es wurden die im ersten Quartal 2021 verabschiedeten steuerlichen Hilfsmaßnahmen der Bundesregierung in die Übersicht aufgenommen und die Linksammlungen aktualisiert.

Enthalten sind:
▶ Drittes Corona-Steuerhilfegesetz
▶ Gesetz zur Verlängerung der Aussetzung der Insolvenzantragspflicht
▶ Anfechtungsschutz für pandemiebedingte Stundungen
▶ Verlängerung der Steuererklärungsfrist in beratenen Fällen und der zinsfreien Karenzzeit für den Veranlagungszeitraum 2019
▶ BMF-Schreiben, die bis zum 7.4.2021 veröffentlicht wurden

2.6.2 Prüfungsstandards zum Risikomanagement und zur Risikoberichterstattung

Für die Risikoberichterstattung gibt es die abschlussrelevanten IDW Prüfungsstandards **IDW PS 340** zur Prüfung des Risikofrüherkennungssystems nach § 317 Abs. 4 HGB und **IDW PS 350** zur Prüfung der Lageberichterstattung. Zur Prüfung des Lageberichts durch den Abschlussprüfer siehe Kapitel 7.1.

Bei der Erstellung des Lageberichts ist es interessant zu wissen, was seitens der Wirtschaftsprüfung erwartet wird. Die Prüfungsstandards enthalten nützliche Hinweise für denjenigen, der als Controller, Risikomanager oder als Vorstand für die Risikoberichterstattung eines Konzerns, einer Kapitalgesellschaft oder einer bestimmten berichtspflichtigen Personengesellschaft verantwortlich ist.

Der Prüfungsleiter für die Prüfung des Risikomanagements im Konzernabschluss verfügt von allen Beteiligten über das größte Wissen. Er ist derjenige, der – abgesehen vom Controller des Unternehmens – das gesamte Rechnungs- und Berichtswesen des Unternehmens bis ins Detail kennt.

Um z. B. herauszufinden, ob die Chancen und Risiken der künftigen Entwicklung im Lagebericht zutreffend dargestellt sind (§ 317 Abs. 2 Satz 2 HGB), hat er schon während des Jahres Vorprüfungen vorzunehmen, Untersuchungen zu machen und Gespräche mit Managern des Mandanten zu führen. Er hat sich zusammen mit seinen Mitarbeitern mit sämtlichen Teilen des Risikomanagements in allen Bereichen des Konzern auseinanderzusetzen und sich die vielen Fragen in seinen Checklisten beantworten zu lassen. Erst nach Durchsicht aller betrieblichen Unterlagen und Diskussion mit den Verantwortlichen kann er ein qualifiziertes Urteil im Prüfungsbericht darüber abgeben, wie und ob der Vorstand die Lage des Unternehmens richtig einschätzt.

Die Prüfungsstandards der Wirtschaftsprüfer haben nicht den Rang von Gesetzen oder anderen Rechtsvorschriften. Sie sind Arbeitsunterlagen, aber auch zugleich verbindliche Vorgaben für die Abschlussprüfer. Man betrachtet sie als Grundsätze ordnungsmäßiger Rechnungslegung.

Zur Erstellung der externen Risikoberichterstattung des Unternehmens oder Konzerns dient der **Deutsche Rechnungslegungs Standard Nr. 20 (DRS 20)**.

Die IDW Prüfungsstandards sind nicht hierfür geeignet. Sie enthalten nicht die aktuellen Gesetzesvorschriften. Dafür wäre eine jährliche Aktualisierung der Standards Voraussetzung, die aber nicht erfolgt. Der IDW PS 340 zur Risikofrüherkennung wurde von 2004 bis 2020 nicht aktualisiert. Das führte zusammen mit anderen Faktoren zu unzureichenden Prüfungen der Abschlussprüfer, was negative Auswirkungen auf die Einhaltung der gesetzlichen Vorschriften durch die Vorstände sowie die Qualität des Risikomanagementsystems einschließlich externer Risikoberichterstattung bei einigen Börsenkonzernen hatte.

Siehe Ehlers, Dr. Carl, Neuer IDW PS 340, Ursachen für funktionsunfähige Risikofrüherkennungssysteme vermeiden.

https://www.risknet.de/themen/risknews/ursachen-fuer-funktionsunfaehige-risikofrueherkennungssysteme-vermeiden/

Dem Risikobeauftragten und dem primär Berichtsverantwortlichen des Konzerns –i. d. R. dem Vorstand für Finanzen – ist zu empfehlen, sich bereits während des laufenden Geschäftsjahres mit dem Prüfungsleiter Risikomanagement des Konzernabschlussprüfers in Verbindung zu setzen. Dieser wird ihn über die noch bestehenden Mängel des Risikomanagementsystems und der Risikoberichterstattung informieren. Das sollte zum Anlass genommen werden, zu überlegen, welche Mängel aus Vorstandssicht mit Priorität zu beseitigen sind. So kann man unabhängig vom Jahresabschluss gezielt darangehen, mit einem Projektteam aus Experten der Konzernfirmen systematisch an der Verbesserung des Risikomanagementsystems zu arbeiten. Über die Jahre hinweg erreicht man auf diese Weise wichtige Fortschritte und ist mit der laufenden Anpassung des Systems an die neuen Entwicklungen immer auf dem Laufenden.

Der **Prüfungsleiter Risikomanagement** wird bereits im Laufe des Jahres mit seinen Mitarbeitern und den Kollegen anderer Wirtschaftsprüfungsgesellschaften die Prüfungen des Risikomanagementsystems vornehmen. Allein schon, um die Belastung während des Jahresabschlusses für alle zu verringern.

Seitens des Aufsichtsrats und des Vorstands sollte Wert darauf gelegt werden, dass das anspruchsvolle Prüfungsgebiet des Risikomanagements von einem unternehmenserfahrenen Wirtschaftsprüfer mit einer besonderen Qualifikation im Risikomanagement wahrgenommen wird. Versehen mit den Informationen der anderen Wirtschaftsprüfer, die das Rechnungswesen und andere Bereiche prüfen, ist er für den Vorstand der geeignete Partner, um ihm – auch aus der Kenntnis anderer Unternehmen – wertvolle Hinweise für Verbesserungen zu geben. Mit den so gewonnenen Informationen über den Stand des Risikomanagementsystems fällt es dem Vorstand leichter, einen aussagekräftigen, gesetzeskonformen Lagebericht zu schreiben. Auf der anderen Seite erleichtert es auch dem Abschlussprüfer, die Prüfung nach § 317 Abs. 2 HGB durchzuführen, seinen Prüfungsbericht zu schreiben und die dort von ihm geforderten vom Unternehmen zu ergreifenden künftigen Maßnahmen im Risikomanagement festzulegen.

So hat es sich in der Praxis bewährt, dass der Vorstand einen im Risikomanagement speziell qualifizierten Wirtschaftsprüfer als Partner für das Unternehmen zur Verfügung hat, mit dem er über Jahre hinweg den Reifegrad des Risikomanagements weiterentwickeln kann. Langfristig gesehen ist es eine erfolgreiche und auch wirtschaftliche Methode, mit dem im Risikomanagement erfahrenen Wirtschaftsprüfer die notwendigen Verbesserungen im Rahmen eines kontinuierlichen Projektes mit Mitgliedern aus der Zentrale und den verschiedenen Konzernfirmen festzulegen und diesen je nach Bedarf mit einzubeziehen.

3. ADRESSATEN UND INTERESSENTEN DES RISIKOBERICHTS

3.1 Gruppierung der Adressaten nach Interessen

Die externe Risiko- und Chancenberichterstattung richtet sich an eine große Anzahl von Interessenten, insbesondere an die folgenden Adressaten:

3.2 Adressaten mit Pflicht zur Prüfung der Risikoberichterstattung
    3.2.1 Der Aufsichtsrat
    3.2.2 Der Wirtschaftsprüfer
    3.2.3 Deutsche Prüfstelle für die Rechnungslegung (DPR)
3.3 Adressaten mit bevorzugtem Interesse am Risikobericht
    3.3.1 Aktionäre, Gesellschafter
    3.3.2 Mitarbeiter
3.4 Adressaten mit speziellem Interesse am Risikobericht
    3.4.1 Fremdkapitalgeber, Finanzinstitute
    3.4.2 Kunden, Lieferanten
    3.4.3 Wettbewerber
3.5 Adressaten mit allgemeinem Interesse am Risikobericht
    3.5.1 Staatliche Institutionen
    3.5.2 Öffentlichkeit

Alle diese Interessenten (Stakeholder) sind am Wert und an der Wertentwicklung des Unternehmens interessiert. Die externe Risikoberichterstattung soll ihnen dabei helfen zu beurteilen, ob und in welchem Ausmaß ihre finanziellen Erwartungen auf Werterhalt oder Werterhöhung von der Geschäftsführung erfüllt werden.

Erste Adressaten sind nach Fertigstellung des jährlichen Risiko- und Chancenberichtes die Interessenten, die eine **Prüfung** vorzunehmen haben.

Es ist der **Aufsichtsrat** bzw. das von ihm gebildete **Audit Committee zur**

Prüfung des Berichtes. Außerdem sind es die **Wirtschaftsprüfer**, die vom Aufsichtsrat mit der Prüfung des Jahresabschlusses beauftragt sind.

Die Gruppe **mit bevorzugtem Interesse** am Risiko- und Chancenbericht steht in einem besonders nahen Verhältnis zum Unternehmen. Es sind die Aktionäre bzw. Gesellschafter, die als Eigentümer am Unternehmen im Rahmen der Hauptversammlung nach § 131 AktG auch noch Rechte zur weiteren Information über die Risikolage haben.

Abbildung 3: Werte und Stakeholder (Quelle und ©: 2018 Steinbeis Transferzentrum Risikomanagement / www.steinbeis.de/Dr. Peter Meier)

Eine weitere Gruppe von Adressaten mit **bevorzugtem Interesse** sind **die eigenen Mitarbeiter, die Belegschaft.** Sie erfahren bei ihren jeweiligen Tätigkeiten oft recht wenig über die generelle Risiko- und Chancenlage „ihres" Unternehmens. Diesem Informationsbedürfnis kann daher im Geschäftsbericht ebenfalls Rechnung getragen werden.

Ein spezielles Interesse an den Informationen zur Risiko- und Chancenlage haben die Fremdkapitalgeber, die Kreditgeber und Finanzinstitute. Dasselbe gilt für die Kunden und die anderen Geschäftspartner, die in einem Lieferanten- oder Dienstleistungsverhältnis zum Unternehmen stehen.

Unter einem anderen Aspekt sind die **Wettbewerber** sehr interessierte Nutzer der Informationen von Unternehmen, mit denen sie auf den Märkten konkurrieren. Ähnliches gilt für die **Geschäftspartner** auf der Lieferanten- und Kundenseite.

Allgemeines Interesse an der Berichterstattung haben staatliche Institutionen und die breite Öffentlichkeit.

Die Informationswünsche all dieser Interessenten hat der Vorstand bei der Gestaltung des Lageberichts zu berücksichtigen und bei der Offenlegung zu beachten. Die unterschiedlichen Informationsbedürfnisse der Adressaten erfordern von den Berichterstattern eine gute Kenntnis der Rechte, Anforderungen oder Wünsche der verschiedenen Interessengruppen. Das bedeutet, dass im Lagebericht sowohl eine Überfrachtung mit Details für einen Teil der Adressaten als auch das Fehlen von benötigten Informationen für einen anderen Teil der Adressaten zu vermeiden ist.

3.2 Adressaten mit der Pflicht zur Prüfung des Risiko- und Chancenberichtes

3.2.1 Der Aufsichtsrat

Der Vorstand einer Aktiengesellschaft hat nach § 170 Abs. 1 AktG den aufgestellten Lagebericht unverzüglich dem Aufsichtsrat vorzulegen, der ihn nach § 171 Abs. 1 Satz 1 AktG zu prüfen hat.

Als Nächster hat dann der Abschlussprüfer der Kapitalgesellschaft nach § 317 Abs. 2 Satz 2 HGB den Lagebericht zu prüfen.

Aufgrund dieser Prüfungspflichten sind die Informationsanforderungen von Aufsichtsrat und Abschlussprüfer vergleichsweise hoch. Von beiden wird nach der Prüfung des Lageberichts eine belastbare Aussage erwartet. Für beide sind mit ihrer Aussage besondere Haftungsrisiken verbunden.

Die Aufgabe des Aufsichtsrates ist nach § 111 Abs. 1 AktG die Überwachung der Geschäftsführung und daraus resultierend auch die Überwachung des Risikofrüherkennungs- und -überwachungssystems. Die Überwachungsfunktion beinhaltet die Kontrolle der Leitungsaufgaben des Vorstands (Planungs-, Koordinierungs- und Kontrollfunktion). Der vom Gesetzgeber nur unbestimmt formulierte Überwachungsauftrag lässt sich dahingehend konkretisieren, dass der Aufsichtsrat die Tätigkeit der Unternehmensführung zu überwachen hat im Hinblick auf

- Rechtmäßigkeit,
- Ordnungsmäßigkeit,
- Wirtschaftlichkeit und
- Zweckmäßigkeit.

Es lassen sich drei Überwachungsfunktionen unterscheiden:

1. Im Rahmen seiner **vergangenheitsorientierten Prüfungsfunktion** hat der Aufsichtsrat die Ergebnisse der abgelaufenen Periode zu überprüfen.
2. Die **Kontrollfunktion** des Aufsichtsrats erfordert eine laufende Verfolgung und Kontrolle sowohl der Planung als auch der laufenden Maßnahmen der Geschäftsführung bei unternehmerischen Entscheidungen.
3. Die **in die Zukunft gerichtete Beratungsfunktion** verlangt vom Aufsichtsrat die Beurteilung der künftigen Chancen und Risiken des Unternehmens, basierend auf der eigenen Erfahrung, den vorgelegten Dokumenten der internen Risikoberichterstattung sowie der zusätzlich bei der Geschäftsführung angeforderten Informationen.

Im Hinblick auf das Risikomanagement hat der Aufsichtsrat zu überwachen,

- ob der Vorstand **seiner Verpflichtung** nach § 91 Abs. 2 AktG in geeigneter Form und in vollem Maße **nachkommt:**
  "Der Vorstand hat geeignete Maßnahmen zu treffen, insbesondere ein Überwachungssystem einzurichten, damit den Fortbestand der Gesellschaft gefährdende Entwicklungen früh erkannt werden."
- ob das vom Vorstand eingerichtete **Überwachungssystem funktionsfähig** ist,
- dass das Früherkennungs- und Überwachungssystem **zweckmäßig** und **wirtschaftlich organisiert** ist,
- dass der **Vorstand** auf erkannte Risiken **adäquat reagiert,**
- dass der Vorstand die erforderlichen **Maßnahmen zur Verbesserung** des Risikofrüherkennungs- und -überwachungssystems ergreift.

Nach den Vorschriften des § 107 Abs. 3 Satz 2 AktG hat der Aufsichtsrat die Pflicht,
- sich mit der Überwachung des Rechnungslegungsprozesses und
- der Wirksamkeit des internen Kontrollsystems, des Risikomanagementsystems und des internen Revisionssystems zu befassen.

Das Informationsinteresse des Aufsichtsrates ist dadurch sehr umfangreich.

Bei seiner Arbeit bezieht der Aufsichtsrat die Erkenntnisse der internen Revision über die Prüfung des internen Kontroll- und Risikomanagementsystems in seine Beurteilung mit ein.

Weitere Informationen erhält der Aufsichtsrat im Rahmen seiner Teilnahme an der jährlichen Bilanzbesprechung des Vorstands mit dem Abschlussprüfer. In diesem Zusammenhang ist zu erwähnen, dass in den großen Unternehmen der Aufsichtsrat bei der Fülle seiner Aufgaben die Überwachung des Risikomanagements i. d. R. an einen Prüfungsausschuss delegiert.

Besondere Anforderungen an die Risikoberichterstattung und damit auch an die Überwachungsfunktion des Aufsichtsrats werden in Kreditinstituten und Finanzinstituten von der Bundesanstalt für Finanzdienstleistungsaufsicht (BaFin) durch deren spezielle Vorschriften, die **Mindestanforderungen an das Risikomanagement,** gestellt (siehe Rundschreiben 09/2017(BA) Mindestanforderungen an das Risikomanagement-MARISK).

https://www.bafin.de/SharedDocs/Veroeffentlichungen/DE/Rundschreiben/2017/rs_1709_marisk_ba.html

Die Vorschriften für die Interne Revision (AT 4.4.3) enthalten einen Passus, der dem Vorsitzenden des Aufsichtsrats ein besonderes Recht einräumt. Dieser kann sich beim Leiter der Internen Revision direkt Auskünfte einholen.

Rundschreiben 09/2017 (BA) vom 27.10.2017

An alle Kreditinstitute und Finanzdienstleistungsinstitute in der Bundesrepublik Deutschland

Mindestanforderungen an das Risikomanagement – MaRisk

AT 1 Vorbemerkung

1 Dieses Rundschreiben gibt auf der Grundlage des § 25a Abs. 1 des Kreditwesengesetzes (KWG) einen flexiblen und praxisnahen Rahmen für die Ausgestaltung des Risikomanagements der Institute vor. Es präzisiert ferner die Anforderungen des § 25a Abs. 3 KWG (Risikomanagement auf

Gruppenebene) sowie des § 25b KWG (Auslagerung). Ein angemessenes und wirksames Risikomanagement umfasst unter Berücksichtigung der Risikotragfähigkeit insbesondere die Festlegung von Strategien sowie die Einrichtung interner Kontrollverfahren. Die internen Kontrollverfahren bestehen aus dem internen Kontrollsystem und der Internen Revision. Das interne Kontrollsystem umfasst insbesondere

- Regelungen zur Aufbau- und Ablauforganisation,
- Prozesse zur Identifizierung, Beurteilung, Steuerung, Überwachung sowie
- Kommunikation der Risiken (Risikosteuerungs- und Controllingprozesse) und eine Risikocontrolling-Funktion und eine Compliance-Funktion.

Das Risikomanagement schafft eine Grundlage für die sachgerechte Wahrnehmung der Überwachungsfunktionen des Aufsichtsorgans und beinhaltet deshalb auch dessen angemessene Einbindung.

AT 4.4.3 Interne Revision

1   Jedes Institut muss über eine funktionsfähige Interne Revision verfügen. Bei Instituten, bei denen aus Gründen der Betriebsgröße die Einrichtung einer Revisionseinheit unverhältnismäßig ist, können die Aufgaben der Internen Revision von einem Geschäftsleiter erfüllt werden.

2   Die Interne Revision ist ein Instrument der Geschäftsleitung, ihr unmittelbar unterstellt und berichtspflichtig. Sie kann auch einem Mitglied der Geschäftsleitung, nach Möglichkeit dem Vorsitzenden, unterstellt sein. Unbeschadet dessen ist sicherzustellen, dass der Vorsitzende des Aufsichtsorgans unter Einbeziehung der Geschäftsleitung direkt bei dem Leiter der Internen Revision Auskünfte einholen kann.

Abb.4 Mindestanforderungen an das Risikomanagement-MaRisk

3.2.2 Der Wirtschaftsprüfer

Die Prüfung der Risikoberichterstattung durch den Abschlussprüfer und die Berichterstattung des Abschlussprüfers hierüber sind eine wesentliche Hilfe für den Aufsichtsrat bei der Erfüllung seiner Aufgaben. Bei der Prüfung des Risikomanagementsystems durch den Abschlussprüfer handelt sich um eine System- und Funktionsprüfung. Es wird untersucht,

- ob und welche der nach § 91 Abs. 2 AktG notwendigen Maßnahmen vom Vorstand ergriffen worden sind,
- ob diese zur Erreichung des angestrebten Ziels zweckgeeignet sind,
- ob die vorgesehenen Maßnahmen während des gesamten zu prüfenden Zeitraums wirksam ausgeführt worden sind.

Der Abschlussprüfer hat über sein Prüfungsergebnis in einem Sonderteil des Prüfungsberichts zu berichten (§ 321 Abs. 4 HGB), (siehe Kap. 7.2, Prüfung des Lageberichts durch den Aufsichtsrat).

3.2.3 Deutsche Prüfstelle für Rechnungslegung (DPR)

Ein weiterer Interessent mit Pflicht zur Prüfung der Risikoberichterstattung ist die Deutsche Prüfstelle für Rechnungslegung. Ihre Aufgabe wurde bereits im Kapitel 1.2.2.4 „Indirekte externe Risikoberichterstattung mit Verschwiegenheitspflicht bzw. Geheimhaltung" ausführlich beschrieben. Das war nötig, um sich ein Bild von ihrer Funktion machen zu können.

Bedingt durch grundsätzliche Konstruktionsmängel in der Organisation erfüllt dieser als nationale „Enforcement-Institution" vorgesehene und von der Bundesregierung beauftragte Verein nicht die Aufgaben, die nach dem Bilanzkontrollgesetz vorgesehen sind und wie sie von entsprechenden Institutionen in anderen Ländern wahrgenommen werden. Die DPR ist nicht einmal in der Lage, die von der deutschen Regierung vorgesehene gesetzeskonforme Rechnungslegung und Berichterstattung bei der beschränkten Anzahl der deutschen Aktiengesellschaften, die an der Frankfurter Börse zugelassen sind, zu kontrollieren und durchzusetzen.

3.3 Adressaten mit einem bevorzugten Interesse am Risiko- und Chancenbericht

Die **Aktionäre bzw. Gesellschafter** haben ein besonderes Interesse an der Lageberichterstattung, da ihre Anlageentscheidung neben der Dividendenpolitik vor allem von den künftigen Ertragsaussichten des Unternehmens abhängt, die eine Wertsteigerung bzw. -minderung bedeuten können. Dabei spielt die Angabe der wesentlichen Chancen und Risiken des Unternehmens im Lagebericht eine entscheidende Rolle.

Bei der Teilnahme an der Hauptversammlung haben die Aktionäre besondere Informationsrechte (§ 131 AktG), aufgrund derer sie weitergehende Informationen über Chancen und Risiken der zukünftigen Entwicklung des Unternehmens erhalten können. Auch Gesellschafter anderer Kapitalgesellschaften bzw. Personengesellschaften können im Rahmen der Gesellschafterversammlung entsprechende Informationen von der Geschäftsführung verlangen.

Die **Mitarbeiter**, die Arbeitnehmer, haben auch ein bevorzugtes Interesse an der Risiko- und Chancenberichterstattung des Unternehmens. Denn nicht immer gibt es vom Vorstand interne Informationen über grundlegende geschäftspolitische Maßnahmen und über die strategische Entwicklung des Unternehmens als spezielle Mitarbeiterinformationen. Lediglich der Betriebsrat und die Arbeitnehmervertreter im Aufsichtsrat sind im Rahmen der betrieblichen Mitbestimmung recht gut informiert.

Die **Kapitalseite**, d. h. die Großaktionäre in einigen börsennotierten Konzernen, haben oft eine sehr starke, beherrschende Rolle. Sie sind nicht selten auf eine hohe Rendite (Gewinnmaximierung) aus und beeinflussen mit gewährten, überhöhten Vergütungen und Boni für kurzfristigen Erfolg das

Verhalten der Vorstände und z.T. auch der Aufsichtsräte. Dieses reine Shareholder-Value-Denken wird bei manchen Konzernen nur zögernd durch interne Corporate Governance Vorschriften –sprich eigene Unternehmensführungsvorschriften –unter dem Druck der Öffentlichkeit abgebaut.

Einige mit autoritärer Führung agierende deutsche Konzerne haben kein konzernweit funktionierendes Risikomanagementsystem. Das führte zu Fehlstrategien ihrer Vorstände und zu den großen Unternehmenskrisen und Wirtschaftsskandalen der letzten Jahre in Deutschland (z. B. Volkswagen, Siemens, Deutsche Bank, Thyssen, BASF).

Vor rund 60 Jahren wollte die deutsche Politik durch Volksaktien mit Kapitalbeteiligung der normalen, arbeitenden Bevölkerung an Unternehmen die Vermögensbildung in Arbeitnehmerhand fördern. Bei Volkswagen gab der Eigentümer Staat Volksaktien aus. Aber schnell sorgten dort die beteiligten Familien wieder für die Konzentration des Aktienvermögens und damit für wirtschaftliche Macht in wenigen Händen. Und auch der Staat, hier die Landesregierung Niedersachsens, zeigt seit Jahrzehnten ein kapitalistisches Aktionärsverhalten. Die Vertreter kommen im Aufsichtsrat ihren gesetzlichen Verpflichtungen nur mangelhaft nach und haben dafür gesorgt, dass die Bundesregierung u. a. das kriminelle Verhalten beim Dieselbetrug durch einen Rechtsbruch des Verkehrsministers vor Sanktionen gegen das Unternehmen schützt. Zum Schaden des Unternehmens und dessen Zukunft. Dadurch ist im Gegensatz zu anderen nach ethischen Grundsätzen geführten Unternehmen – oft Familienunternehmen – hier und bei einigejn anderen Unternehmensführungen noch unverändert eine rein gewinnorientierte Denkweise zugunsten der Eigentümer festzustellen. Dort fehlt, was in der Präambel des von ihnen mitgeschaffenen Deutschen Corporate GCG-Kodex als gute Unternehmensführung im Rahmen der sozialen Marktwirtschaft bezeichnet wird: Ein *„ethisch fundiertes, eigenverantwortliches Verhalten (Leitbild des Ehrbaren Kaufmanns)."*

3.4 Adressaten mit einem speziellen Interesse am Risiko- und Chancenbericht

Die Notwendigkeit, durch ein adäquates Risikomanagement frühzeitig Entwicklungen mit hohem Veränderungspotenzial aufzuspüren, die eingegangenen Risiken systematisch zu steuern und zu überwachen sowie rechtzeitig Gegensteuerungsmaßnahmen einzuleiten, ist für die Stellung des Unternehmens am Kapitalmarkt von großer Bedeutung. Hier gewinnt die Einschätzung der Bonität durch Ratingagenturen und Analysten eine immer stärkere Bedeutung bei den international agierenden **Kapitalanlegern**.

Ein professioneller Umgang mit den Risiken im Rahmen des Risikomanagementsystems bietet die Chance, dass Fremdkapital zu günstigeren Konditionen aufgenommen werden kann. Langfristig denkende Investoren können sich mit einer geringeren Mindestrendite zufriedengeben. Ein wirksames Risikomanagementsystem bringt dem Kreditnehmer eine bessere Ratingeinstufung. Das ist auch ein Grund dafür, dass die am Kapitalmarkt gelisteten Unternehmen den Rating-Instituten über die externe Risikoberichterstattung hinausgehend noch weitere Informationen über ihr Risikomanagement zur Verfügung stellen.

Die Fremdkapitalgeber verbinden ihre Kreditvergabe oft mit weitergehenden Informationsforderungen. Dies ist notwendig, um eine allgemeine Einschätzung der Kreditwürdigkeit des Unternehmens anhand der wesentlichen Chancen und Risiken vornehmen zu können. Es gibt Fälle, wo das Unternehmen als Voraussetzung für die Finanzierung durch eine Bank zu einer Organisationsuntersuchung durch eine Unternehmensberatung veranlasst wird, um Verbesserungsmaßnahmen zur Erhöhung der Wirtschaftlichkeit und Rentabilität durchzuführen.

Durch die **Eigenkapitalvorschriften des Baseler Ausschusses für Bankenaufsicht** ergibt sich auch ein heilsamer Druck auf die Einrichtung eines wirksamen Risikomanagementsystems, da die Vergabe von Bankkrediten verstärkt von der ausgesprochenen Ratingeinstufung abhängt. Im Zuge von

Basel III wurde die pauschale Hinterlegung mit Eigenkapital durch eine Berücksichtigung der Risiken des einzelnen Kreditengagements ersetzt. Zur Ermittlung und Bewertung der individuellen Kreditrisiken wird dabei auf Ratings zurückgegriffen.

Die Kunden des Unternehmens haben ein besonderes Interesse an der Risikoberichterstattung, wenn es sich bei dem Unternehmen um einen bedeutenden Lieferanten handelt und gegebenenfalls eine Lieferabhängigkeit besteht. In diesem Fall muss sich der Kunde einen Eindruck von der nachhaltigen Lieferfähigkeit verschaffen und wird sich dabei u. a. auch Informationen mithilfe der externen Risikoberichterstattung verschaffen.

Die Lieferanten haben auch ein spezielles Interesse an der Risikolage und der Risikoberichterstattung des Unternehmens, da sie unter Umständen mit dem Ausfall von Forderungen rechnen müssen. Dies haben sie schon bei der Auftragsannahme zu beurteilen, vor Auslieferung der Leistung nochmals zu bewerten und spätestens bei der Feststellung überfälliger Forderungen zu betrachten.

Die Wettbewerber haben ein spezielles Interesse an der Risikoberichterstattung des Unternehmens, um auf Aktivitäten des Unternehmens zur Verbesserung ihrer Wettbewerbsfähigkeit oder zu einer möglichen Zusammenarbeit, die sich aus dem Risikobericht entnehmen lässt, reagieren zu können. Darin liegt häufig ein Konflikt für das berichtende Unternehmen. Einerseits muss es den gesetzlichen Anforderungen an eine angemessene Berichterstattung gerecht werden und andererseits möchte es den Wettbewerbern möglichst wenige Informationen geben, die diese zu ihrem Vorteil nutzen können.

3.5 Adressaten mit einem allgemeinem Interesse am Risiko- und Chancenbericht

Das Interesse der **Öffentlichkeit** und des Staates an der Risikoberichterstattung von Unternehmen ist insbesondere bei Großunternehmen hoch. Denn es drohen immer wieder Krisen bei Unternehmen, wie etwa durch verbotene Kartelle oder eine zu späte Reaktion auf den technologischen Wandel, wie es in der Automobilindustrie der Fall war. Diese Unternehmen haben sich selbst in Schwierigkeiten gebracht. Nun droht der Verlust von Arbeitsplätzen oder eine Verlagerung von wichtigen Unternehmensfunktionen ins Ausland, verbunden mit dem Risiko, dass der Anschluss an den internationalen Wettbewerb nicht schnell genug gelingt.

Zu Beginn der Corona-Krise im Frühjahr 2020 wurde wieder – wie zu Beginn der Finanzkrise im Herbst 2008 – von den Unternehmen nach der Hilfe des Staates gerufen. Damals erfolgten staatliche Hilfsmaßnahmen für die Automobilindustrie und Rettungsaktionen für das Bankensystem. Viele der damaligen Mängel und ursächlichen Probleme wurden nicht gelöst, sondern zeitlich nur weitergeschoben. Nach einigen gewinnstarken Jahren mit hohen Ausschüttungen an die Aktionäre versuchen die Vorstände, Aufsichtsräte und Kapitaleigner mit Unterstützung einiger Politiker an den Standorten der Automobilfabriken jetzt wieder, die Verluste der Absatzkrise auf die Steuerzahler abzuwälzen.

4. AUFBAU UND INHALT DES RISIKOBERICHTS

4.1 Grundsätzliche Anforderungen an die Risikoberichterstattung

Vom Gesetzgeber wird verlangt, dass die Ausführungen im Lagebericht und damit die des Risikoberichts klar, vollständig, wahr und richtig sind, sodass ein den tatsächlichen Verhältnissen entsprechendes Bild der Risikolage des Unternehmens bzw. Konzerns vermittelt wird.

Es gibt die allgemeinen Anforderungen, sogenannte **grundsätzliche Anforderungen,** die sich aus den Grundsätzen ordnungsmäßiger Buchführung (GoB) ergeben. Diese sind teils geschriebene, teils ungeschriebene Regeln zur Buchführung, Bilanzierung und Berichterstattung, die sich aus Wissenschaft, Praxis, der Rechtsprechung sowie Empfehlungen von Wirtschaftsverbänden entwickelt haben. Ihre Aufgabe ist es, alle Interessenten des Unternehmens vor unkorrekten Daten, falschen oder unzureichenden Informationen und damit vor einem möglicherweise entstehenden Schaden zu schützen. Sie sind teilweise im Handelsgesetzbuch kodifiziert.

Daneben **gibt es spezielle Anforderungen** an die externe Risikoberichterstattung, die sich aus Gesetzen, sonstigen Vorschriften und den spezifischen Standards für die Lageberichterstattung des Unternehmens ergeben.

Es gibt dabei Standards unterschiedlicher Art, die sich mit dem Risikomanagement befassen. Zum einen handelt es sich um **betriebswirtschaftliche Standards,** die eine Methode vorgeben, wie ein Unternehmens-Risikomanagement am besten und wirksamsten gestaltet werden kann. Der bedeutendste ist der **COSO Enterprise Risk Management** Standard.

Unter Enterprise Risk Management, abgekürzt ERM, versteht man ein unternehmensweites Risikomanagement mit einem ganzheitlichen Ansatz.

Ziel ist die Steigerung des Unternehmenswertes durch das planmäßige Eingehen erwünschter Risiken und das Absichern der Unternehmensziele gegen störende Ereignisse.

Daneben gibt es **Industriestandards.** Der bedeutendste ist **ISO 31000.** Die ISO 31000 ist eine ISO-Norm, die speziell Vorgaben für das Risikomanagement enthält.

Eine andere Form von Standards zum Risikomanagement stellen **Prüfungsstandards** dar. Die wichtigsten sind die Prüfungsstandards des Instituts Deutscher Wirtschaftsprüfer (IDW). Sie dienen als Vorgabe für die Wirtschaftsprüfer, wie sie den Jahresabschluss der Unternehmen zu prüfen haben. Der wichtigste dieser Prüfungsstandards im Hinblick auf das Risikomanagement ist der **IDW PS 340 zur Prüfung der Risikoberichterstattung.**

Zur Prüfung des Risikomanagements durch die Interne Revision gibt es vom Deutschen Institut für Interne Revision e.V. den **DIIR Revisionsstandard Nr. 2**, Prüfung des Risikomanagementsystems durch die Interne Revision.

Eine weitere Form von Standards sind die **Deutschen Rechnungslegungs Standards.** Das Deutsche Rechnungslegungs Standards Committee (DRSC) hat vom Gesetzgeber den Auftrag, Grundsätze für die Konzernrechnungslegung zu entwickeln. Diese stellen dann Grundsätze ordnungsmäßiger Buchführung für die Konzernrechnungslegung dar.

Grundlage für die praktische Gestaltung des jährlichen Risikoberichts der Unternehmen ist der **Deutsche Rechnungslegungs Standard Nr. 20 zur Lageberichterstattung (DRS 20).** Wenn der Risikobericht des Unternehmens die Anforderungen des DRS 20 erfüllt, wird vermutet, dass das Unternehmen die Grundsätze ordnungsmäßiger Buchführung der Konzernberichterstattung eingehalten hat. Somit stellt der Deutsche Rechnungslegungs Standard DRS 20 die entscheidende Basis für die Erstellung des jährlichen Konzernlageberichts und der darin enthaltenen Risikoberichterstattung dar. Ihm wird in den folgenden Ausführungen gefolgt, wenn beschrieben wird, was z. B. der Risikobericht und der damit zusammenhängende Chancenbericht zu enthalten haben.

Der DRS 20 beginnt mit einem Inhaltsverzeichnis, einer Vorbemerkung, einem Abkürzungsverzeichnis und einer Zusammenfassung. Es folgt der Abschnitt „Gegenstand und Geltungsbereich". Dazu wird u. a. ausgeführt:

1. Der Standard konkretisiert die Anforderungen an die Konzernlageberichterstattung gemäß § 315 HGB.
2. Eine entsprechende Anwendung des Standards auf den Lagebericht gemäß § 289 HGB wird empfohlen. Er gilt für Unternehmen aller Branchen.
3. Ziel der Konzernlageberichterstattung ist es, Rechenschaft über die Verwendung der anvertrauten Ressourcen im Berichtszeitraum zu legen sowie Informationen zur Verfügung zu stellen, die es dem verständigen Adressaten ermöglichen, sich ein zutreffendes Bild vom Geschäftsverlauf, von der Lage und von der voraussichtlichen Entwicklung des Konzerns sowie von den mit dieser Entwicklung einhergehenden Chancen und Risiken zu machen.
4. Der Standard gilt für alle Mutterunternehmen, die gesetzlich zur Aufstellung eines Konzernlageberichts gemäß § 325 HGB verpflichtet sind oder die einen solchen freiwillig aufstellen.
5. Einzelne Regeln gelten nur für bestimmte Gruppen von Unternehmen (z. B. kapitalmarktorientierte Unternehmen).
6. Der Standard regelt die jährliche Konzernlageberichterstattung. Die Zwischenberichterstattung ist in DRS 16 geregelt.

Der DRS 20 enthält einen Abschnitt **Definitionen,** in dem die Bedeutung der im Standard verwendeten Begriffe erklärt wird. Verwendet die Konzernberichterstattung andere Begriffe, so hat sie diese im Konzernlagebericht zu definieren (Tz. 11).

Die **Grundsätze der Lageberichterstattung** werden im Abschnitt **„Regeln**

des DRS 20" erläutert (DRS 20, Tz. 12-35). Es handelt sich um die Grundsätze der

- Vollständigkeit,
- Verlässlichkeit und Ausgewogenheit
- Klarheit und Übersichtlichkeit
- Vermittlung der Sicht aus Konzernleitung
- Wesentlichkeit
- Informationsabstufung
  - Der **Grundsatz der Vollständigkeit** verlangt, dass der Konzernlagebericht sämtliche Informationen zu vermitteln hat, „die ein verständiger Adressat benötigt, um die Verwendung der anvertrauten Ressourcen und um den Geschäftsverlauf im Berichtszeitraum und die Lage des Konzerns sowie die voraussichtliche Entwicklung mit ihren wesentlichen Chancen und Risiken beurteilen zu können." (Tz. 12)
  - Außerdem muss der Konzernlagebericht aus sich heraus **verständlich** sein. Der **Grundsatz der Verständlichkeit** fordert, dass der Bericht der Aufnahmefähigkeit und dem Wissensstand der Berichtsempfänger anzupassen ist.
  - Der **Grundsatz der Verlässlichkeit und Ausgewogenheit fordert,** dass die Informationen zutreffend und nachvollziehbar, Tatsachenangaben und Meinungen als solche erkennbar sein müssen (Tz. 17).
  - Der **Grundsatz der Klarheit und Übersichtlichkeit** beinhaltet eine genaue, übersichtliche und vergleichbare Berichterstattung. Dem Adressaten muss eine eindeutige Beurteilung des Berichtsgegenstandes durch eine **genaue Berichterstattung** ermöglicht werden. Eindeutige Aussagen dürfen durch andere Angaben nicht aufgehoben oder stark relativiert werden.
  - Die Forderung nach **Übersichtlichkeit** bezieht sich auf die Struktur und den Aufbau des Berichts. Er sollte als Ganzes dem Adressaten eine schnelle Erfassung des Berichtsgegenstandes ermöglichen.
  - Eine **vergleichbare Berichterstattung** soll es dem Adressaten ermöglichen, Berichte verschiedener Zeitpunkte miteinander zu vergleichen. Die Form der Darstellung sollte daher möglichst über die

Jahre beibehalten werden, falls kein konkreter Bedarf einer Anpassung besteht. Abweichungen von Berichterstattungsgrundsätzen sollten erläutert werden (Tz. 26). Der Konzernlagebericht ist in inhaltlich abgegrenzte Abschnitte **zu untergliedern.** Die Gliederung muss durch Überschriften zu den einzelnen Abschnitten deutlich werden (Tz. 25).

- Der **Grundsatz der Sicht der Konzernleitung** bedeutet, dass der Konzernlagebericht die Einschätzungen und Beurteilungen der Konzernleitung zum Ausdruck bringen soll (Tz. 31).
- Der **Grundsatz der Wesentlichkeit** fordert, dass der Konzernlagebericht sich auf wesentliche Informationen konzentrieren muss, d. h., dass Informationen über das Konzernumfeld nur in dem Maße aufgenommen werden, wie dies zum Verständnis des Geschäftsverlaufs, der Lage und der voraussichtlichen Entwicklung des Konzerns erforderlich ist (Tz. 117).

Der Risikobericht ist in deutscher Sprache abzufassen. Bei quantitativen Angaben sollten entsprechende **Vorjahreszahlen** mit angegeben werden. Zahlenangaben sind in **Euro** zu machen.

4.2 Form der Risikoberichterstattung

Im Folgenden werden zur Erläuterung der Anforderungen an die Risikoberichterstattung die Risikoberichte solcher Unternehmen aus dem Kreis der DAX-30-Unternehmen, der Tech-DAX und der M-DAX-Unternehmen herangezogen, die anspruchsvolle und gesetzeskonforme Lageberichte erstellen.

Im Laufe der Jahre wurde das Risikomanagementsystem immer besser in das gesamte Unternehmensführungs- und -steuerungssystem der Kapitalgesellschaften integriert. Dabei wurde deutlich, dass je nach Art des Unternehmens und der Branche die Unternehmenssteuerung und damit auch die Einbeziehung des Instrumentes Risikomanagement auf recht unterschiedliche Weise stattfindet.

Die Lageberichterstattung und damit auch die externe Risikoberichterstattung hat sich dabei immer mehr von einer Art Einheitsberichterstattung zu einer unternehmensindividuellen Berichterstattung entwickelt. Diesen Anforderungen der Unternehmenspraxis wird durch den Deutschen Rechnungslegungs Standard Nr. 20 (DRS 20) Rechnung getragen.

Zur **Form der Prognose-, Risiko-, und Chancenberichterstattung** bietet der DRS folgende Alternativen (DRS 20, Tz. 117):

1. Die Berichterstattung über Risiken (Risikobericht) kann getrennt von oder gemeinsam mit der Berichterstattung über Chancen (Chancenbericht) im Konzernlagebericht erfolgen.
2. Unabhängig davon können beide Berichte, der Chancenbericht und der Risikobericht,
    2.1 in die Berichterstattung zur voraussichtlichen Entwicklung (Prognosebericht) integriert werden oder
    2.2 getrennt von der Berichterstattung zur voraussichtlichen Entwicklung (Prognosebericht) erfolgen.
3. Unabhängig davon kann der gemeinsame Chancen-/Risikobericht
    3.1 in die Berichterstattung zur voraussichtlichen Entwicklung (Prognosebericht) integriert oder
    3.2 von der Berichterstattung zur voraussichtlichen Entwicklung (Prognosebericht) getrennt erfolgen.

„Bei einer getrennten Berichterstattung ist im Prognosebericht auf die Chancen und Risiken inhaltlich Bezug zu nehmen, sofern die Zusammenhänge für den verständigen Adressaten nicht offensichtlich sind."

Zur näheren Erläuterung der verschiedenen Formen der Berichterstattung werden im folgenden Kapitel Beispiele aus den Lageberichten bekannter Unternehmen gebracht.

4.3 Angaben zum Risikomanagementsystem und seinen Merkmalen

Im Konzernlagebericht sind die Merkmale des konzernweiten Risikomanagementsystems darzustellen. Hierbei ist auf die Ziele und die Strategie sowie auf die Strukturen und Prozesse des Risikomanagements einzugehen (DRS 20, K 137). Die Organisationsstruktur eines in die Unternehmenssteuerung integrierten Risikomanagementsystems lässt sich wie folgt darstellen: (siehe Abbildung 6).

Komponenten des Risikomanagements
Für eine integrierte Unternehmenssteuerung ist es Voraussetzung, dass die Struktur des Risikomanagementsystems der Organisationsstruktur des Unternehmens entspricht (Abb. 6). Diese besteht aus der
- **Aufbauorganisation** als der hierarchischen Strukturkomponente,
- **Ablauforganisation** als der prozessorientierten Komponente,
- **Projektorganisation** als der entwicklungsorientierten Komponente,
- **Kommunikationsorganisation** als informations-, berichts- und besprechungsorientierten Komponente.

Ein in sich geschlossenes Risikomanagementsystem als Teil des Managementsystems liegt vor, wenn es vollständig an die Organisationsstruktur des Konzerns und seiner Unternehmen angepasst und in dessen Funktionen integriert ist. Erst dann wird es möglich, mit den vier Systemkomponenten weitgehend lückenlos die Früherkennung und das Management sämtlicher wesentlicher Risiken des Konzerns zu bewältigen.

Dann erübrigen sich auch die immer wieder auftauchenden Forderungen nach neuen gesetzlichen Regelungen und Prüfungen, wenn es aufgrund eines mangelhaften Risikomanagementsystems und einer nicht gesetzeskonformen Berichterstattung – verursacht u. a. durch das gesetzwidrige Regelwerk des Deutschen Corporate Governance Kodex – einmal wieder zu einem großen Betrugsskandal eines bei der Deutsche Börse AG in Frankfurt notierten Index-Konzerns, zuletzt bei der Wirecard AG, kommt.

Aufbauorganisation
= hierarchische RMS-Komponente

Administrative Unternehmensfunktionen mit
Chancen- und Risikomanagement

Unternehmens-Ziele

Unternehmens-Strategie

Risikomanagement

- kontrollierter Umgang mit Risiken
- Risikoidentifikation, Risikoerfassung
- Risikoanalyse
- Risikobewertung
- Risikokommunikation
- Risikobewältigung bzw. -akzeptanz
- Feststellen, Bewerten und Nutzen von Chancen
- Entwicklung von Frühindikatoren
- Risikoberichterstattung Kontrolle und Prüfung des Risikomanangementsystems und des Risikomanagements auf Vollständigkeit und Wirksamkeit

- Risikopolitische Grundsätze
- Führungsgrundsätze
- Risikoinventur
- Risikoportfolio
- Risikoaggregation
- Risikobilanz- u. -erfolgsrechnung
- Handbuch Risikomanagement (Erläuterung des RMS, Regelungen u. Maßnahmen zum Umgang mit Risiken)
- Self-Audit-Checklisten

Controlling

- Planung
- Berichterstattung
- Kontrolle
- Steuerung

- Strategische u. operationale Planung
- Budgetierung
- Managementinformationssystem
- Soll-Ist-Analysen
- Balanced Scorecard
- Strategische Analysen, Szenarien
- Machbarkeitsanalysen
- Investitionsrechnungen

Rechnungswesen

- Berichterstattung u. Vergangenheitszahlen
- Kosten- u. Leistungsrechnung
- Kennzahlen

- Geschäftsberichte
- Vergangenheitsanalysen
- Benchmarking

Buchhaltung

- Betriebsbuchhaltung
- Finanzbuchhaltung
- Anlagenbuchhaltung
- Bilanz

- Aktiva - Passiva
- Aufwand - Ertrag
- Bewertung, Gewinn/Verlust
- Zwischenergebnisse

Ablauforganisation
= prozessorientierte RMS-Komponente

Projektorganisation
= entwicklungsorientierte RMS-Komponente

Kommunikationsorganisation
= informations-, berichts- und besprechungsorientierte RMS-Komponente

Abbildung 5 Komponenten des Risikomanagements

Diese detailliert ausgeführten Forderungen zeigen, dass eine recht große Zahl Vertreter ihres Standes – ob Wirtschaftsprüfer, Vertreter der Börsenkonzerne oder Amtsinhaber staatlicher Institutionen sowie Politiker – das System des Risikomanagements nicht recht verstanden haben und nicht wissen, welche enorme Wirksamkeit es im Hinblick auf eine wissensorientierte, zeitgemäße Unternehmensführung ausübt. Es ist betriebswirtschaftlich hoch entwickelt und funktioniert dazu auch noch „demokratisch". Es wird mit Recht als das fortschrittlichste Instrument der Unternehmensführung bezeichnet.

„Das Risikomanagementsystem ist ein einzigartig wirksames Instrument der Unternehmensführung. Jeder Mitarbeiter ist als Risikoverantwortlicher für sein Arbeitsgebiet zur Wahrnehmung der Chancen sowie zur Bewältigung der Risiken in das System mit eingebunden."
Dr. K. Möckelmann

Praxisbeispiel – IDW Positionspapier
Das IDW POSITIONSPAPIER vom 15.07.2020 –FORTENTWICKLUNG DER UNTERNEHMENSFÜHRUNG UND -KONTROLLE, ERSTE LEHREN AUS DEM FALL WIRECARD

2.2.5 IT-Risiken
„Die Widerstandsfähigkeit von Unternehmen kann auch durch IT-Risiken, zum Beispiel Cyberangriffe, eingeschränkt sein. Das IDW regt daher an, gesetzlich klarzustellen, dass das Risikomanagementsystem des Unternehmens auch IT-Risiken zu umfassen hat. Auch die vorstehend angezeigte Erklärung zur Fortführung der Unternehmenstätigkeit soll Maßnahmen gegen mögliche existenzbedrohende IT-Risiken umfassen."
https://www.idw.de/idw/idw-aktuell/idw-positionspapier--fortentwicklung-der-unternehmensfuehrung-und--kontrolle--erste-lehren-aus-dem-fall-wirecard/124566

Mit dem Vorschlag, dass durch neue gesetzliche Vorschriften klargestellt werden solle, dass **auch IT-Risiken vom Risikomanagementsystem zu**

erfassen sind, bestätigt das Institut der Wirtschaftsprüfer das Urteil, dass man dort die Grundlagen des Risikomanagements nicht beherrscht.
Siehe die Veröffentlichungen von Dr. Carl Ehlers in RiskNet:

- **Erste Lehren aus dem Fall Wirecard**
  https://www.risknet.de/themen/risknews/erste-lehren-aus-dem-fall-wirecard/
- **Ursachen für funktionsunfähige Risikofrüherkennungssysteme** vermeiden. Neuer Prüfungsstandard IDW PS 340
  https://www.risknet.de/themen/risknews/ursachen-fuer-funktionsunfaehige-risikofrueherkennungssysteme-vermeiden/
- **Der unaufhaltsame Abstieg der Wirtschaftsprüfer. Illusionen des Prüfungs- und Kontrollwesens**
  https://www.risknet.de/themen/risknews/der-unaufhaltsame-abstieg-der-rechnungspruefer/

Die Veröffentlichungen des IDW beweisen, dass die Wirtschaftsprüfer auf dem Gebiet Risikomanagement generell kein ausreichendes Fachwissen haben. Obwohl das Risikomanagementsystem Bestandteil des Lernstoffs und der Prüfungsordnung für Wirtschaftsprüfer ist zeigt es sich, dass das Wissen aus der Wirtschaftsprüferausbildung nicht reicht. Es sind hohe Anforderungen, die das Risikomanagement auch an die Unternehmensführung stellt. Das gilt auch für deren Prüfer.

Neben fortgeschrittenem betriebswirtschaftlichem und mathematischem Wissen für die Risikobewertung sind auch Kenntnisse in Führungsmethoden und in der Führungspsychologie Voraussetzung. So ist beispielsweise die Prüfung einer risikobasierten Erfolgsrechnung ohne gutes mathematisches Wissen nicht möglich.

Es wäre wünschenswert, wenn jeder Wirtschaftsprüfer, der die Abschlussprüfung des Risikomanagementsystems in einem Konzern übernimmt, vorher an einer speziellen Fortbildungsveranstaltung teilnimmt.

Denn von Wirtschaftsprüfern erwartet man,

- dass sie wissen, dass IT-Risiken wie jedes andere Risiko seit 1998 Bestandteil des gesetzlich vorgeschriebenen betrieblichen Risikofrüherkennungs- und Risikomanagementsystems sind,
- dass es um sämtliche nur denkbaren Risiken geht, die von allen Mitarbeitern eines Konzerns als Risikoverantwortlichen ihres Aufgabengebietes regelmäßig erfasst und weitergeleitet werden,
- dass mithilfe des Risikoinventars und der Aggregation der Risiken die Unternehmensführung sowohl über die finanziellen Auswirkungen als auch über mögliche Maßnahmen zur Beherrschung der Risiken informiert ist,
- dass nur bei einem funktionierenden Risikomanagementsystem, basierend auf dem Wissen aller Mitarbeiter, der vollständige Überblick über die Risiken und Chancen des Unternehmens vorhanden ist.

Um in der Berichterstattung des Unternehmens die **Merkmale eines Risikomanagementsystems** verständlich zu beschreiben, sind viele Angaben zu machen. Was im Einzelnen angegeben wird, wie das System beschrieben und in welcher der möglichen Formen es dargestellt wird, ist dem Unternehmen überlassen. Denn die Merkmale sind genauso unterschiedlich, wie sich Ziele und Strukturen von Unternehmen unterscheiden.

Im Deutschen Rechnungslegungs Standard DRS Nr. 20 findet man unter K 137 schlagwortartig einige Hinweise darauf, welche Informationen über das Risikomanagementsystem im Bericht anzugeben sind:

- Ziele
- Strategie
- Strukturen
- Prozesse

Im Rahmen der **Ziele** und der **Strategie** des Risikomanagements ist darzustellen, ob und gegebenenfalls welche Risiken grundsätzlich nicht erfasst bzw. vermieden werden (K 140).

In diesem Zusammenhang kann auch auf **Grundsätze, Verhaltensregeln und Richtlinien zum Risikomanagement** im Konzern sowie auf die **Risikotragfähigkeit** des Konzerns eingegangen werden (K 141).

Bei der Darstellung der **Struktur des Risikomanagementsystems** sollte berücksichtigt werden, dass es nicht nur die **hierarchische** Komponente gibt, auf die sich vorwiegend die Risikoberichterstattung bezieht. Genauso wichtig ist die **ablaufbezogene**, die **kommunikationsbezogene** und die **projektbezogene** Komponente im Risikomanagementsystem. Jede dieser Komponenten unterscheidet sich erheblich in der Anforderung an das Risikomanagement. Wegen der unterschiedlichen Prozesse bei den Komponenten der Unternehmensorganisation bedarf es jeweils anderer spezifischer Instrumente.

Die Erläuterung der **risikopolitischen Grundsätze** des Risikomanagements und **der Risikokultur** sollen dem Leser vermitteln, welche Ausrichtung das jeweilige Risikomanagementsystem hat. Ob es sich lediglich um die Erfüllung der gesetzlichen Anforderung an ein System zur Früherkennung bestandsgefährdender Risiken oder um ein vollständiges, unternehmensweit strategisch ausgerichtetes Risikomanagementsystem handelt.

Zweckmäßigerweise wird in diesem Zusammenhang vom Unternehmen seine Definition der Begriffe „Risiko" und „Chance" vorgenommen. Auch ist anzugeben, ob das Risikomanagementsystem lediglich die Risiken oder auch die Chancen erfasst.

Oft beginnt der Risikobericht mit dem Hinweis darauf, dass mit den unternehmerischen Aktivitäten zwangsläufig auch das Eingehen von Risiken verbunden ist.

Praxisbeispiel adidas AG – Risiko- und Chancenbericht

Der Vorstand der **adidas AG** schreibt zur Einführung in den Risiko- und Chancenbericht:

„Um wettbewerbsfähig zu bleiben und nachhaltig erfolgreich zu sein, geht adidas gewisse Risiken bewusst ein. Dabei versuchen wir stets, sich bietende Chancen frühzeitig zu erkennen und zu ergreifen. Unsere Grundsätze und unser System für das Risiko- und Chancenmanagement stellen sicher, dass wir unsere Geschäftätigkeit in einem gut kontrollierten Unternehmensumfeld ausüben können."
(adidas AG, Geschäftsbericht 2017, S. 142)

 Praxisbeispiel Daimler-Konzern – Risiko- und Chancenbericht

Beim **Daimler-Konzern** beginnt der Risiko- und Chancenbericht seit Jahren mit folgenden Ausführungen:

„Der Daimler-Konzern ist einer Vielzahl von Risiken ausgesetzt, die mit dem unternehmerischen Handeln der Geschäftsfelder verbunden sind oder sich aus externen Einflüssen ergeben. Unter einem Risiko wird die Gefahr verstanden, dass Ereignisse, Entwicklungen oder Handlungen den Konzern oder eines der Geschäftsfelder daran hindern, seine Ziele zu erreichen. Gleichzeitig ist es für den Daimler-Konzern wichtig, Chancen für das Unternehmen zu identifizieren, um diese im Zuge des unternehmerischen Handelns zu nutzen und so die Wettbewerbsfähigkeit des Daimler-Konzerns zu sichern und auszubauen. Eine Chance bezeichnet die Möglichkeit, aufgrund von Ereignissen, Entwicklungen oder Handlungen die geplanten Ziele des Konzerns oder eines Geschäftsfelds zu sichern oder zu übertreffen. Die direkte Verantwortung, unternehmerische Risiken und Chancen frühzeitig zu erkennen und zu steuern, liegt bei den Geschäftsfeldern. Im Rahmen des Strategieprozesses werden Risiken, die mit der geplanten längerfristigen Entwicklung verbunden sind, und Chancen für weiteres profitables Wachstum ermittelt und in den Entscheidungsprozess eingebracht. Um unternehmerische Risiken und Chancen frühzeitig zu erkennen, zu *bewerten und konsequent zu handhaben, werden wirksame Steuerungs- und Kontrollsysteme eingesetzt, die jeweils in einem Risiko- und Chancenmanagementsystem gebündelt sind."*

Daimler AG, Geschäftsbericht 2017, S. 155

In den folgenden Beispielen werden unterschiedliche Formen der Berichterstattung gezeigt und auf verschiedene Aspekte sowie Besonderheiten bei der Beschreibung des Risikomanagementsystems hingewiesen.

 Praxisbeispiel Thyssen Krupp AG –Strategische Chancen

Thyssen Krupp AG wählt einen zusammengefassten Prognose-, Chancen- und Risikobericht. Bemerkenswert ist die Aussage des Vorstands zum größten strategischen Risiko des Konzerns, das als Chance eingestuft wird. Der Bericht besteht aus den Teilen „Prognose 2018/2019" und „Chancen- und Risikobericht". Die Prognose umfasst auf fünf Seiten eine gründliche strategische Analyse aller Geschäftsbereiche.

Im **Chancen- und Risikobericht** befasst sich der Vorstand intensiv zuerst mit den Chancen (vier Seiten) und dann mit den Risiken (fünfzehn Seiten). Im Abschnitt „Strategische Chancen des Konzerns" wird ausgeführt:

„Als Konzern sehen wir Chancen insbesondere in der Umsetzung der beschlossenen Teilung des Konzerns. Neben einer Reduktion der Komplexität des Unternehmens erlaubt die Teilung beiden Unternehmen, unabhängig voneinander, schneller und zielgerichteter sowohl auf die jeweiligen Kunden und Märkte zu reagieren als auch Investoren mit unterschiedlicher Ausrichtung anzusprechen. **Thyssenkrupp Industrials** *wird als reines Industriegüter-Unternehmen mit global aufgestellten Geschäften attraktives Wachstumspotenzial durch mega Trends wie Urbanisierung, Globalisierung und Digitalisierung haben.* **Thyssenkrupp Materials** *wird mit seinen Werkstoffgeschäften über eine führende Marktposition in Europa verfügen und aus einer Position der Stärke heraus Konsolidierungs-Chancen nutzen können."*

Praxisbeispiel Allianz Deutschland AG – Aufteilung der Berichterstattung

Die **Allianz Deutschland AG** wählt die Form der Aufteilung in einen Risikobericht sowie einen Prognose- und Chancenbericht. Im Risikobericht erläutert der Vorstand seine **Risikostrategie** und seine Auffassung zur Risikoakzeptanz. Ausführlich geht er auf die Elemente und Prinzipien des Konzern-Risikomanagements ein.

„Das Risikomanagement der Allianz Deutschland AG ist auf Wertschöpfung ausgerichtet. Zur Erzielung von Ertrag für die Kunden und den Aktionär sind die Versicherungsunternehmen der Allianz Deutschland AG bei kalkuliertem Risiko bereit, Risiken in ihren Kerngeschäften einzugehen und zu akzeptieren.

Vor diesem Hintergrund hat sich der Vorstand der Allianz Deutschland AG unter Berücksichtigung der regulatorischen Vorgaben sowie der Vorgaben der Allianz SE mit den jeweiligen Gesellschaften auf eine grundsätzlich konservative Risikoneigung verständigt.

Prinzipien des Risikomanagements
Als Finanzdienstleistungsunternehmen erachten die Allianz Deutschland AG und ihre Versicherungsunternehmen das Risikomanagement als eine ihrer Kernkompetenzen. Es ist daher ein wesentlicher Bestandteil der Geschäftsprozesse. Das Risikomanagementsystem deckt mit seinem risikoorientierten Ansatz alle Risikodimensionen ab. Elemente des Risikomanagementsystems sind:

- *Förderung einer starken Risikomanagementkultur, die von einer angemessenen Risikoorganisation und effektiven Risikoprinzipien (Risk Governance) getragen wird.*
- *Durchführung einer umfassenden Berechnung der Solvabilitätskapitalanforderung, um die Kapitalbasis zu schützen und ein effektives Kapitalmanagement zu unterstützen.*
- *Implementierung und Koordination notwendiger Kontrollen sowie deren*

Dokumentation für risikorelevante Prozesse und darin enthaltene relevante Risiken.
- Einbeziehung von Risikoerwägungen und Kapitalbedarf in den Entscheidungs- und Managementprozess.

„Dieser umfassende Ansatz stellt sicher, dass Risiken der Allianz Deutschland AG sowie Risiken der zur Allianz Deutschland AG gehörenden Versicherungsgesellschaften angemessen identifiziert, analysiert, bewertet und gesteuert werden. In den Risikostrategien der zur Allianz Deutschland AG gehörenden Versicherungsgesellschaften werden der Risikoappetit sowie ein Limitsystem definiert. Es erfolgt eine strenge Risikoüberwachung und die entsprechende Risikoberichterstattung."

Einen vom Risikobericht getrennten Chancenbericht findet man bei **Infineon.** Er umfasst zwei Seiten und gibt u. a. einen Hinweis auf die Art der Risikobewertung in fünf finanziellen Stufen und beginnt wie folgt:

Praxisbeispiel Infineon – Chancenbericht

„Chancen

Im Folgenden beschreiben wir unsere bedeutendsten Chancen. Diese stellen jedoch nur einen Ausschnitt der sich uns bietenden Möglichkeiten dar. Unsere Bewertung der Chancen ist zudem fortlaufenden Änderungen unterworfen, da sich unser Unternehmen, unsere Märkte und die Technologien kontinuierlich weiterentwickeln. Aus diesen Entwicklungen können sich neue Chancen ergeben, bereits existierende können an Relevanz verlieren oder die Bedeutung einer Chance kann sich für uns verändern. Gemäß dem potenziellen Grad der Auswirkung und der geschätzten Eintrittswahrscheinlichkeit wird für jede dieser Chancen in Klammern die Chancenklasse (CK) analog zur Risikoklasse (zum Beispiel „CK: Mittel") angegeben."

Infineon Geschäftsbericht 2018, S. 90

Eine prägnante Darstellung eines ganzheitlichen Risikomanagementsystems gibt der Vorstand der **DMG MORI AG**.

 Praxisbeispiel DMG MORI AG –Strategie der Früherkennung

„Die Strategie des bestehenden Risikofrüherkennungssystems besteht in einer konzernweiten, systematischen Identifikation, Bewertung, Aggregation, Überwachung und Meldung der bestehenden Risiken und der zugehörigen Maßnahmen zur Risikominderung bzw. -eliminierung. Diese Risiken werden in einem standardisierten Prozess in den einzelnen Unternehmensbereichen jeweils vierteljährlich identifiziert. Die ermittelten Risikopotenziale werden in einer Bruttobetrachtung unter Berücksichtigung der Maximalrisiken und Eintrittswahrscheinlichkeiten analysiert und bewertet, um anschließend die Maßnahmen zur Risikominderung bzw. -eliminierung zu koordinieren oder ergänzend zu erarbeiten. Auf der Basis der bestehenden Nettorisiken nach Maßnahmen erfolgt eine Berichterstattung aus den Konzerngesellschaften an das Konzernrisikomanagement."

DMG MORI AG, Geschäftsbericht 2017, S. 66

Die Darstellung des Risikomanagementsystems hat wie bereits erwähnt folgende weitere Informationen zu enthalten:

- Die Angabe der **Art des Systems,** wenn das Risikomanagementsystem auf einem **allgemein anerkannten Rahmenkonzept** beruht.
- Es kann dabei auch auf **Grundsätze, Verhaltensregeln und Richtlinien** zum Risikomanagement im Konzern sowie auf die Risikotragfähigkeit des Konzerns eingegangen werden.
- Im Rahmen der Ziele und der Strategie des Risikomanagements kann auch angegeben werden, ob und gegebenenfalls **welche Risiken grundsätzlich nicht erfasst bzw. vermieden werden.**

Der **SAP Konzern** erteilt im Abschnitt „Risikomanagement und Risiken" des Lageberichts detailliert Auskunft darüber, welche allgemein anerkannten

Rahmenkonzepte und Standards in seinem Risikomanagementsystem Berücksichtigung finden.

 Praxisbeispiel SAP SE - Basis des unternehmensweiten RMS

Internes Kontroll- und Risikomanagement-System

„Unser unternehmensweites Risikomanagement-System entspricht dem 2017 überarbeiteten COSO-Rahmenwerk (Committee of Sponsoring Organizations of the Treadway Commission, COSO) „Enterprise Risk Management – Integrating with Strategy and Performance" und fußt auf drei Grundpfeilern: einer speziellen Risikomanagement-Richtlinie, einer standardisierten Methodik für das Risikomanagement und einer globalen Risikomanagement-Organisation. Unser internes Kontrollsystem beinhaltet zum einen das interne Kontroll- und Risikomanagement-System für die Rechnungslegung (IKRMS), dient zum anderen aber auch der Steuerung allgemeiner Unternehmensrisiken. 2017 haben wir bestehende Steuerungskonzepte angepasst, um dem veränderten Risikoumfeld angemessen Rechnung zu tragen. Wir haben außerdem in ausgewählten Geschäftsbereichen unsere internen Kontrollen mithilfe von Mechanismen zur kontinuierlichen Überwachung und Prüfung des internen Kontrollsystems weiter automatisiert.

Anhand des aktuellen COSO-Rahmenwerks von 2013 „Internal Control-Integrated Framework" haben wir interne Kontrollen entlang der gesamten Wertschöpfungskette auf Prozess- und Teilprozessebene definiert und eingeführt. Damit wird gewährleistet, dass die Geschäftsziele im Einklang mit den strategischen, operativen und finanziellen Zielen des Unternehmens stehen und die Einhaltung von Vorschriften (Compliance) sichergestellt wird. Ein Governance-Modell, das sowohl das Risikomanagement-System als auch das interne Kontrollsystem abdeckt, gewährleistet darüber hinaus die Effektivität dieser beiden Systeme. Sämtliche risikorelevanten Informationen werden außerdem in einem zentralen Softwaresystem erfasst sowie aktualisiert und bilden die Grundlage für die Risikoberichterstattung."

Der **Risikomanagementprozess** ist ein wichtiger Bestandteil des Risikomanagementsystems, der zu erläutern ist. Dabei handelt es sich um die Identifikation, Bewertung, Steuerung und Kontrolle der Risiken sowie um die interne Überwachung dieser Abläufe. Hier findet sich im Abschnitt „Risikomanagement und Risiken" bei SAP eine vorbildliche Beschreibung.

SAP SE Geschäftsbericht 2017, S. 129 – 131

Die **Struktur und der Prozess des Risikomanagements** werden gut durch eine Grafik im Geschäftsbericht von ThyssenKrupp wiedergegeben.

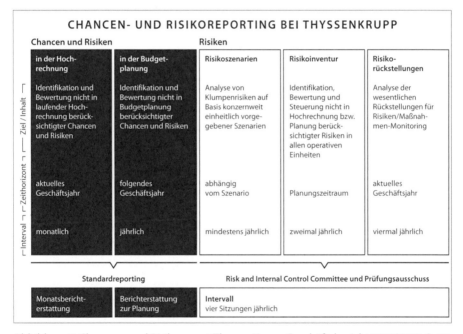

Abbildung 6: Chancen- und Risikoreport ThyssenKrupp Geschäftsbericht 2017/2018, S. 111

Im Rahmen der Beschreibung des Risikomanagementsystems zeigt ProSiebenSat.1 Media SE in einer Grafik den **Ablauf des Risikomanagementprozesses.** Der Darstellung ist zu entnehmen, welche Aufgaben die dezentralen

Risikomanager, die Group Risk Officer sowie der Vorstand und der Aufsichtsrat in diesem Prozess haben.

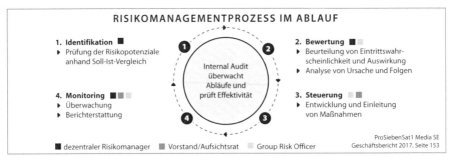

Abbildung 7: Geschäftsbericht 2017 ProSieben Sat 1Media SE, S. 108

Dabei wird die **Aufgabenverteilung im Risikomanagement** zwischen Funktionsträgern grafisch dargestellt.

Entscheidend für die betriebliche Praxis und die Funktionsfähigkeit eines Risikomanagementsystems ist die interne Festlegung der materiellen und personellen **Verantwortung für die risikobehafteten Vorgänge im Unternehmen**. Die jeweilige Verantwortung und Mitverantwortung wird i. d. R. anhand des Risikobestandes, des Risikoinventars festgelegt.

Die Festlegung der Verantwortung für die jeweiligen Risiken scheitert bei einigen Unternehmen auf oberster Ebene an einzelnen Vorstandsmitgliedern. Denn **den** vom Gesetzgeber zur Schaffung eines Früherkennungssystems von Risiken verpflichteten Vorstand gibt es nicht. Der Unternehmensvorstand setzt sich ebenso wie der Aufsichtsrat aus mehreren Personen zusammen. Dabei handelt es sich um führungsstarke Persönlichkeiten. Häufig sind es Menschen vom Persönlichkeitstyp des Entrepreneurs. Diese neigen stark dazu, sich nur nach ihren eigenen Regeln richten zu wollen. Daher bedarf es i. d. R. qualifizierter externer Unterstützung durch erfahrene Wirtschaftsprüfer oder Berater, um alle Mitglieder in der Unternehmensführung vom Nutzen eines Risikomanagementsystems und der dafür notwendigen klaren Abgrenzung ihrer Vorstandsbereiche zu überzeugen.

Das bedeutet, dass die Grenzen der eigenen Kompetenzen und Verantwortung sowie die der Mitarbeiter eindeutig festgelegt werden müssen. Dieser Prozess wird oft nicht konsequent genug durchgeführt. Das wirkt sich u. a. negativ auf die vorgeschriebene Quantifizierung der Risiken aus. Denn ein Risiko wird am besten auf der für die jeweilige betriebliche Maßnahme zuständigen, verantwortlichen Hierarchiestufe erfasst und dort beurteilt, bewertet und quantifiziert.

Die Zusammenhänge des Risikomanagements mit der betrieblichen Steuerung zeigt eine Grafik aus dem BMW AG-Geschäftsbericht 2017, Seite 96.

 Praxisbeispiel –Risikomanagement in der BMW-Group

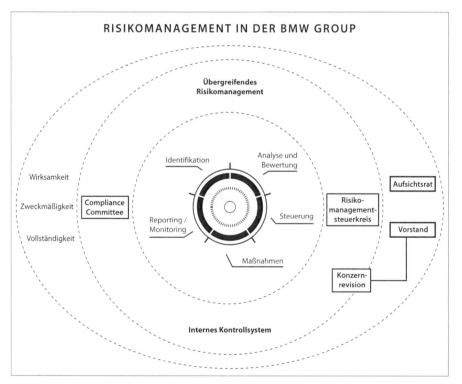

Abbildung 8: BMW AG, Geschäftsbericht 2017, S. 96

4.4 Angaben zu den Risiken

4.4.1 Form der Darstellung und Gruppierung der Einzelrisiken

Es stellt sich die Frage, in welcher Form die Risiken dargestellt werden sollen, damit der Risikobericht klar und übersichtlich wird. Hierfür werden folgende Möglichkeiten vorgeschlagen:

1. Man kann die **Risiken in eine Rangfolge** bringen. Durch die Bildung einer Rangordnung werden die Risiken entsprechend ihrer relativen Bedeutung dargestellt. Ihre Bedeutung ermittelt sich dabei aus der Eintrittswahrscheinlichkeit und der möglichen Auswirkung auf die Erreichung der Prognosen bzw. der angestrebten Ziele.
Dabei gibt es die Möglichkeit, die Risiken **insgesamt in einer Rangfolge** anzuordnen oder **in Klassen** entsprechend ihrer Bedeutung zusammenzufassen (in A-, B- und C-Risiken/DRS 20, Tz. 163).
Die **Rangfolge** der Risiken, z. B. nach der Wertigkeit, wird für die Ordnung der Risiken bei der Einzeldarstellung seltener angewandt. Man verwendet diese Gruppierung eher dann, wenn es um Fragen der Bedeutung und der Bewertung von Risiken geht (siehe Kapitel 4.4.3).

2. Man fasst **gleichartige Risiken zu Kategorien** zusammen. Auf diese Weise kann eine für Zwecke des internen Risikomanagements vorgenommene Kategorisierung auch bei der externen Risikoberichterstattung verwendet werden. Folgende Kategorisierung wird angegeben, die in dieser oder abgewandelter Form häufig in der Praxis verwendet wird:

   ▶ Umfeldrisiken,
   ▶ Branchenrisiken,
   ▶ leistungswirtschaftliche Risiken,
   ▶ finanzwirtschaftliche Risiken und
   ▶ sonstige Risiken (DRS 20, Tz. 164).

3. Man kann die Berichterstattung zu den **Risiken** auch **segmentspezifisch** vornehmen (DRS 20, Tz. 162).

„Umfasst der Konzernabschluss eine Segmentberichterstattung, sind bei der Darstellung der Risiken die von den Risiken betroffenen Segmente anzugeben, sofern sie nicht offensichtlich sind." (DRS 20, Tz. 151)

In aller Regel nehmen die Unternehmen die **Gliederung der Einzelrisiken durch Kategorisierung** vor. Dabei macht man von der Möglichkeit Gebrauch, für Zwecke der Risikoberichterstattung – abgesehen von den bestandsgefährdenden Risiken – dies in einer Zusammenfassung vorzunehmen. Die gewählten Gruppierungen sind in Unternehmen derselben Branche verständlicherweise recht ähnlich. Oft erfolgt diese Darstellung der Risiken und ihre Bewertung in einer Tabelle.

 Praxisbeispiel SAP SE –Kategorisierung der Risiken

Bei der SAP SE erfolgt die Kategorisierung in 6 Hauptgruppen, darunter 22 Untergruppen:

1. Ökonomische, politische, gesellschaftliche und regulatorische Risiken
2. Corporate-Governance- und Compliance-Risiken
3. Finanzrisiken
4. Personalrisiken
5. Operative Geschäftsrisiken
6. Strategische Risiken

4.4.2 Informationen zu den einzelnen Risiken

Ein Risiko, dessen Eintritt den Bestand des Konzerns oder eines wesentlichen Konzernunternehmens voraussichtlich gefährden würde, ist als solches zu bezeichnen (DRS 20, Tz. 148).

Aus der Darstellung der Risiken muss deren Bedeutung für den Konzern oder für wesentliche in den Konzernabschluss einbezogene Unternehmen erkennbar werden (DRS 20, Tz. 150).

Die wesentlichen Risiken sind einzeln darzustellen. Die bei ihrem Eintritt zu erwartenden Konsequenzen sind zu analysieren und zu beurteilen (DRS 20, Tz. 149).

Die Auswirkung der Risiken kann vor den ergriffenen Maßnahmen zur Risikobegrenzung (Bruttobetrachtung) oder nach Umsetzung von Risikobegrenzungsmaßnahmen (Nettobetrachtung) dargestellt und beurteilt werden (DRS 20, Tz. 157).

Wesentliche Veränderungen der Risiken gegenüber dem Vorjahr sind darzustellen und zu erläutern (DRS 20, Tz. 159).

4.4.3 Risikobeurteilung, Risikobewertung und Risikoquantifizierung

Bei der Risikobeurteilung gibt es die **Möglichkeit der qualitativen oder der quantitativen Beurteilung.** Für die qualitative Beurteilung eines Risikos wählt man eine Größenbezeichnung, wie z. B. „gering" oder „kritisch". Jedoch ist diese Form der Beurteilung aus Gründen der fehlenden Aggregationsmöglichkeit für Zwecke der Bewertung von Risiken und damit für das Risikomanagement eines Unternehmens nicht ausreichend.

Nach § 91 Abs. 2 AktG besteht für den Vorstand die Pflicht zur Einrichtung eines Risikofrüherkennungssystems, mit dem festgestellt werden soll, ob es für das Unternehmen existenzbedrohende Risiken gibt. Bei einem Risiko handelt es sich um einen „ungewissen, zukünftigen und negativen Wert".

Das ist bei Wirtschaftsunternehmen immer ein finanzieller Wert. Das bedeutet, dass die Risiken in finanziellen Größen zu bewerten sind. Es besteht die **Pflicht zur Quantifizierung der Risiken.** Aber auch die qualitative Bewertung von Risiken zur Beurteilung von Risiken hat an bestimmten Stellen der Darstellung ihre Berechtigung. Man macht z. B. in grafischen Übersichten davon Gebrauch. Bei einer größeren Anzahl von Einzelrisiken lässt sich hiermit beispielsweise die Eintrittswahrscheinlichkeit und das Schadensausmaß der Risiken sehr anschaulich darstellen, wenn man sie in eine Rangfolge bringt und damit ihre unterschiedliche Wertigkeit zeigt.

Das zeigt eine Grafik im Geschäftsbericht 2019 der **HeidelbergerCement AG** auf Seite 63:

 Praxisbeispiel HeidelbergerCement AG – Risikobewertung

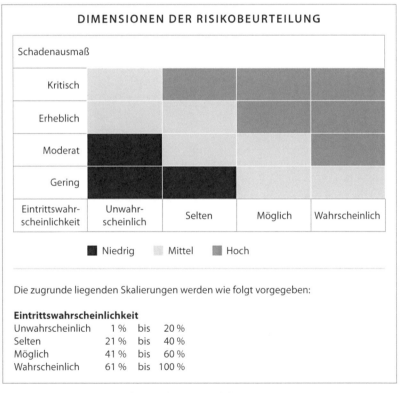

Abbildung 9: Geschäftsbericht der Heidelberger Cement AG 2019, S.63

In der Darstellung der Bewertungskategorien der **adidas AG** wird eine Klassifizierung der Risiken sowohl in ihren finanziellen als auch qualitativen Äquivalenten vorgenommen.

BEWERTUNGSKATEGORIEN DER RISIKEN

Eintrittswahrscheinlichkeit						
Nahezu sicher	> 85 %					Wesentliche Risiken
Sehr wahrscheinlich	50 % – 85 %					
Wahrscheinlich	30 % – 50 %					
Möglich	15 % – 30 %					
Unwahrscheinlich	< 15 %					
		Sehr niedrig	Niedrig	Mitel	Hoch	Sehr hoch
Finanzielle Äquivalente*		≤ 5 Mio. €	5–20 Mio. €	20–50 Mio. €	50–100 Mio. €	≥ 100 Mio. €
Qualitative Äquivalente		Nahezu keine Medienberichterstattung.	Begrenzte lokale Medienberichterstattung.	Lokale und begrenzte nationale Medienberichterstattung.	Nationale und begrenzte internationale Medienberichterstattung.	Umfangreiche internationale Medienberichterstattung.
		Geringfügige Verletzungen bei Mitarbeitern oder Dritten, wie z. B. Kunden, Lieferanten, Athleten, die keine medizinische Behandlung erfordern.	Geringfügige Verletzungen bei Mitarbeitern oder Dritten, wie z. B. Kunden, Lieferanten, Athleten, die keine medizinische Behandlung erfordern.	Verletzungen bei Mitarbeitern oder Dritten, wie z. B. Kunden, Lieferanten, Athleten, die eine stationäre medizinische Behandlung erfordern.	Schwere Verletzungen ggf. mit bleibenden Schäden bei Mitarbeitern oder Dritten, wie z. B. Kunden, Lieferanten, Athleten.	Todesfälle bei Mitarbeitern oder Dritten, wie z. B. Kunden, Lieferanten, Athleten.

———— Mögliche Auswirkungen ————

Risikoklassifizierung: ☐ Marginal ☐ Gering ☐ Moderat ☐ Signifikant ■ Groß

* Basierend auf Betriebsergebnis, Finanzergebnis oder Steueraufwand.

Abbildung 10: adidas AG, Geschäftsbericht 2017, Seite 143

Die Quantifizierung der Risiken ist sowohl für die Wirksamkeit des Risikomanagements als auch für die Beurteilung der Risiken des Unternehmens durch seine Interessenten unabdingbar. Die dargestellten Risiken sind zu quantifizieren, wenn dies auch zur internen Steuerung erfolgt und die quantitativen Angaben für den verständigen Adressaten wesentlich sind. In diesem Fall sind die intern ermittelten Werte anzugeben sowie die verwendeten Modelle und deren Annahme darzustellen und zu erläutern (DRS 20, Tz. 152).

Die Quantifizierung der wesentlichen Risiken ist ein Stiefkind bei der externen Risikoberichterstattung der Unternehmen. Es ist auch im Interesse des Unternehmens bedauerlich, dass an dieser Stelle in vielen Fällen die Vorgaben des Gesetzgebers einfach nicht beachtet werden. Denn für jeden Verantwortlichen im Unternehmen und für jeden Interessenten des Unternehmens ist es wesentlich zu wissen, welche finanzielle Belastung bestimmte Risiken für das Unternehmen bedeuten können. Es liegt sicherlich auch mit an einer Formulierung im DRS 20: „Die dargestellten Risiken sind zu quantifizieren, wenn dies auch zur internen Steuerung erfolgt und die quantitativen Angaben für den verständigen Adressaten wesentlich sind."

Wenn man in der Lageberichterstattung keine bewerteten Risiken findet, kann man nur Folgendes daraus schließen:

- Die für den Risikobericht persönlich verantwortliche Geschäftsführung beachtet nicht die gesetzlichen Vorschriften,
- oder der Konzern nimmt keine Bewertung und damit keine Aggregation seiner Risiken vor. Er bewegt sich im Blindflug in die Zukunft.

Beim größten deutschen privaten Konzern sind bis heute beide Annahmen zutreffend:

- Weder hatte der VW-Vorstand bisher ein durchgängiges und funktionierendes Konzern-Risikomanagementsystem eingerichtet
- noch beachtete er seit der Einführung des KonTraG 1998 die gesetzlichen Vorschriften zur Risikoberichterstattung.

Es stellte sich die Frage, welche Anforderungen des Deutschen Rechnungslegungs Standards DRS 20 im Lagebericht des VW-Konzerns erfüllt wurden. Das geschah für die Jahre vor und nach Aufdeckung des Diesel-Skandals und wieder anhand des Geschäftsberichts 2019. Die Risikoberichterstattung des VW-Konzerns entsprach niemals und entspricht auch heute noch nicht den gesetzlichen Vorschriften.

"Die überwiegende Mehrzahl der Vorschriften (87 %) für eine ordnungsmäßige Risikoberichterstattung (ordnungsmäßige Buchführung) wurde vom VW-Konzern nicht eingehalten."
Dr. K. Möckelmann 19.10.2017

Siehe Anlage 2 Prüfung VW-Risikoberichterstattung 2014 nach DRS 20 und Anlage 1 Prüfung VW-Risikomanagementsystem nach IDW PS 340.

Diese Tatsache ist der Grund dafür, dass der Volkswagen-Konzern alle paar Jahre von selbstverschuldeten Krisen heimgesucht wird. Die letzte wurde verursacht durch die Tochtergesellschaft AUDI AG, deren Motorenentwicklung mit der gesetzwidrigen Abschaltautomatik im Jahr 2007 begann. Die verantwortlichen ehemaligen oder noch im Amt befindlichen Vorstände und Aufsichtsräte versuchen sich damit zu exkulpieren, dass dies im Alleingang einiger technischer Spezialisten geschehen sei und sie nichts davon gewusst hätten.

Dabei muss ihnen bewusst sein, dass das Risiko des nächsten rufschädigenden Unternehmensskandals schon seit vielen Jahren besteht. Er wurde nur noch nicht aufgedeckt, weil die darin verwickelten Personen und staatlichen Institutionen bis hin zur Bundesregierung mit allen Mitteln dafür sorgen, dass diese Tatsache nicht an die Öffentlichkeit kommt. Es ist der „Volkswagen-Bilanzskandal".

Die Bundesregierung hat bis heute durch das rechtswidrige Verhalten des Bundesverkehrsministers die entsprechende EU-Verordnung nicht in deutsches Recht umgesetzt. Damit konnte sie den Volkswagen-Konzern von der Unternehmenshaftung für den Dieselmotorbetrug freihalten.

Außerdem sorgt sie mit jährlicher Genehmigung des rechtswidrigen Deutschen Corporate Governance Kodex durch das Ministerium der Justiz und für den Verbraucherschutz, durch die Untätigkeit der DPR, die dem Wirtschaftsministerium unterstellt ist, sowie der BaFin, die dem Finanzministerium untersteht, dafür, dass keine Maßnahmen der Unternehmensaufsicht für die bei der Deutschen Börse AG in Frankfurt notierten Konzerne durchgeführt werden.

Die vom Bundestag gerügte Nichtbefolgung einer EU-Verordnung durch die Bundesregierung (siehe Kapitel 1.2.2.3 „Indirekte Risikoberichterstattung mit Vertraulichkeit bzw. Geheimhaltungspflicht") beweist dies.

Bei dieser Konstellation wagt es selbst die Whistleblower-Presse, die hierüber informiert ist, nicht zu berichten. Dasselbe gilt bei der derzeitigen Berichterstattung der Presse über die staatsanwaltlichen Prozessvorbereitungen und Klagen gegen die ehemalige VW-, Audi- und Porsche-Führung. Man rätselt scheinheilig in der Presse, wann genau im Jahr 2015 die Vorstandsmitglieder von VW und Audi von der Motorenmanipulation erfahren haben könnten. Dabei kann jeder in den Geschäftsberichten nachlesen, wer bei der Motorenentwicklung mit der Abschaltautomatik um 2007 bei Audi im Vorstand und später bei Bekanntwerden des Dieselskandals Vorstandsvorsitzender und Aufsichtsratsvorsitzender beim VW-Konzern war. Es sind dieselben Personen. Es wäre Aufgabe der Presse, ihr Wissen über die Entstehung, Duldung und Unterstützung des Dieselbetrugs zu veröffentlichen.

Durch dieses schlechte Beispiel wird bei manchen Unternehmensführungen der falsche Eindruck erweckt, man könne ab einer gewissen Größe ungestraft und ohne Schaden für das Unternehmen z. B. auf die Nennung von quantifizierten Risiken im Lagebericht verzichten oder man könne gar auf die Risikoquantifizierung selbst verzichten. Die Kompliziertheit einiger Methoden zur Risikoquantifizierung stellt zwar gelegentlich ein Hemmnis dar. Aber solche Probleme sind i. d. R. mithilfe des Risikobeauftragten und mit den Experten des Controlling-Bereichs zu lösen.

Ein Unternehmen, das die Risikoquantifizierung gut vornimmt, ist der BMW-Konzern. Dort ist die Mitwirkung der einzelnen Arbeitnehmer gegeben. Das geht nur, wenn beim Risikomanagementsystem die entsprechende Kompetenzaufteilung stattgefunden hat und die Verantwortung für die

Risiken auch fester Bestandteil der Funktion jedes einzelnen Mitarbeiters ist. Denn hier an der Basis erfolgt die Bewertung der Risiken, die dann quantifiziert über die Hierarchiestufen nach oben aggregiert werden.

Praxisbeispiel BMW AG –Verantwortlichkeiten
Verantwortlichkeiten im Risikomanagementsystem

„Risikomanagementsystem

Ziel des Risikomanagementsystems und zentrale Aufgabe der Risikoberichterstattung ist es, sowohl interne als auch externe Risiken, die die Erreichung der Unternehmensziele gefährden könnten, zu identifizieren, zu erfassen und aktiv zu beeinflussen. Gegenstand des Risikomanagementsystems ist die Gesamtheit aller für den Konzern wesentlichen und bestandsgefährdenden Risiken. Das Konzernrisikomanagement orientiert sich an den Kriterien Wirksamkeit, Zweckmäßigkeit und Vollständigkeit. Die Verantwortung für die Risikoberichterstattung liegt nicht bei einem Zentralbereich, sondern ist nach individueller Funktion Teil der Aufgabe des einzelnen Mitarbeiters und der einzelnen Führungskraft. Basierend auf einen konzernweit gültigen Grund-Satz ist jeder Mitarbeiter und jede Führungskraft verpflichtet, Risiken über die vorgesehenen Berichtswege zu melden.

Das Konzernrisikomanagement ist in einem dezentralen unternehmensweiten Netzwerk formal organisiert und wird durch eine zentrale Risikomanagementfunktion gesteuert. Jedes Ressort der BMW Group ist über Netzwerkbeauftragte in der Risikomanagementorganisation repräsentiert. Die formale Verankerung stärkt die Sichtbarkeit des Netzwerks und unterstreicht die Bedeutung des Risikomanagements im Unternehmen. Zuständigkeiten, Verantwortlichkeiten und Aufgaben der zentralen Steuerstelle sowie der Netzwerkbeauftragten sind klar beschrieben, dokumentiert und angenommen. Vor dem Hintergrund der dynamischen Geschäftsentwicklung und des zunehmend volatilen Umfelds überprüft die BMW Group ihr Risikomanagement regelmäßig auf Wirksamkeit und Angemessenheit. Das übergreifende Risikomanagement umfasst neben dem Risikomanagement-

steuerkreis das Compliance Committee, das Interne Kontrollsystem und die Konzernrevision."

(BMW AG, Geschäftsbericht 2017, S. 96/97)

 Praxisbeispiel Allianz Deutschland AG –Risikobewertung

„Die Risikokategorien werden bei der Allianz Deutschland AG anhand von Szenarioanalysen qualitativ und quantitativ bewertet. Das interne Modell beziehungsweise die Standardformel zur Berechnung der Solvabilitätskapitalanforderung bilden das zentrale Element zur Quantifizierung der Risiken. Das Liquiditätsrisiko, das Reputationsrisiko und das strategische Risiko werden ausschließlich qualitativ bewertet. Das Konzentrationsrisiko und Emerging Risks (neue Risiken) werden nicht als separate Risikokategorien verstanden, sondern als Querschnittsthemen im Rahmen aller Kategorien betrachtet."

(Allianz Deutschland AG, Lagebericht 2017, S. 14)

Die **Deutsche Telekom AG** quantifiziert ihre Risiken, indem sie diese in vier Klassen für die Eintrittswahrscheinlichkeit
- sehr gering,
- gering,
- mittel,
- hoch

und in vier Klassen für das **Risikoausmaß (Schadensausmaß)** einteilt
- sehr gering,
- mittel,
- hoch,
- sehr hoch.

Diese Klassen werden jeweils einem **finanziellen Schätzbereich** zugeordnet und es kommt auf diese Weise zu einer **Risikoquantifizierung der einzelnen Risiken.**

Praxisbeispiel Deutsche Telekom AG – Bewertungsmethodik

BEWERTUNGSMETHODIK	
Für die Bewertung der Risiken werden die Ausprägungen „Eintrittswahrscheinlichkeit" und „Risikoausmaß" herangezogen. Dabei gelten folgende Beurteilungsmaßstäbe:	
Eintrittswahrscheinlichkeit	Beschreibung
< 5 %	sehr gering
> 5 bis 25 %	gering
> 25 bis 50 %	mittel
> 50 %	hoch

Risikoausmaß	Beschreibung
gering	Begrenzte negative Auswirkungen auf Geschäftstätigkeit, Vermögens-, Finanz- & Ertragslage, Reputation, < 100 Mio. € EBITDA-Einzelrisiko
mittel	Einige negative Auswirkungen auf Geschäftstätigkeit, Vermögens-, Finanz- & Ertragslage, Reputation, > 100 Mio. € EBITDA-Einzelrisiko
hoch	Beträchtliche Auswirkungen auf Geschäftstätigkeit, Vermögens-, Finanz- & Ertragslage, Reputation, > 250 Mio. € EBITDA-Einzelrisiko, betrifft ggf. mehr als eine Konzerneinheit
sehr hoch	Schädigende negative Auswirkungen auf Geschäftstätigkeit, Vermögens-, Finanz- & Ertragslage, Reputation, > 500 Mio. € EBITDA-Einzelrisiko, betrifft ggf. mehr als eine Konzerneinheit

Abbildung 11: Deutsche Telekom, Geschäftsbericht 2017. Seite 114

Der DRS 20 schreibt vor, dass wesentliche Veränderungen der Risiken gegenüber dem Vorjahr darzustellen und zu erläutern sind (DRS 20 Tz. 158).

Die **Deutsche Telekom AG** hat hierfür eine tabellarische Übersicht der Unternehmensrisiken auf Seite 119 des Geschäftsberichts 2019 mit Angabe der Veränderungen zum Vorjahr und der Bedeutung der Risiken.

Unternehmensrisiken

	Eintritts-wahrschein-lichkeit	Risiko-ausmaß	Risikobe-deutung	Veränderung gegenüber Vorjahr
BRANCHE, WETTBEWERB UND STRATEGIE				
Konjunkturelle Risiken Deutschland	gering	gering	gering	unverändert
Konjunkturelle Risiken USA	gering	mittel	gering	unverändert
Konjunkturelle Risiken Europa	gering	mittel	gering	unverändert
Risiken aus Markt und Umfeld Deutschland	hoch	gering	mittel	unverändert
Risiken aus Markt und Umfeld USA	mittel	hoch	mittel	unverändert
Risiken aus Markt und Umfeld Europa	mittel	mittel	mittel	unverändert
Risiken aus Innovationen (Substrtuaon)	mittel	mittel	mittel	unverändert
Risiken aus strategischer Transformation und Integration	mittel	sehr hoch	hoch	unverändert
REGULIERUNG (Siehe dazu Risiken und Chancen aus Regulierung)				
OPERATIVE RISIKEN				
Mitarbeiter	mittel	gering	gering	unverändert
Risiken aus IT-/NT-Netzbetrieb Deutschland	mittel	hoch	mittel	unverändert
Risiken aus IT-/NT-Netbbetrieb USA	sehr gering	hoch	gering	unverändert
Risiken aus IT-/NT-Netzbetrieb Europa	sehr gering	hoch	gering	unverändert
Risiken aus bestehender IT-Architektur USA	mittel	mittel	mittel	unverändert
Zukunftsfähigkeit der IT-Architektur USA	mittel	hoch	mittel	unverändert
Einkauf	gering	gering	gering	unverändert
Datenschutz und Datensicherheit	hoch	mittel	mittel	unverändert
MARKE, KOMMUNIKATION UND REPUTATION				
Marke und Reputation (mediale Berichterstattung)	gering	gering	gering	unverändert
Nachhaltigkeitsnsiken	gering	mittel	gering	unverändert
Gesundheit und Umwelt	gering	mittel	gering	unverändert
RECHTS- UND KARTELLVERFAHREN (Siehe dazu Rechtsverfahren)				
FINANZWIRTSCHAFTLICHE RISIKEN				
Liquiditäts-, Ausfall-, Währungs- und Zinsrisiken	mittel	mittel	mittel	verschlechtert
Steuerrisiken (Siehe dazu Steuerrisiken)				
Sonstige finanzwirtschaftliche Risiken (Siehe dazu Sonstige finanzwirtschaftliche Risiken)				

Abbildung 12: Unternehmensrisiken

Angewandt auf die Risiken der Risikoberichterstattung entsteht so eine aussagekräftige Übersicht, die nicht nur das Ausmaß, sondern auch die Entwicklung der Risiken im vergangenen Jahr wiedergibt.

Die **Quantifizierung** ist Kernbaustein des Risikomanagements. Nur wenn man die finanziellen Auswirkungen von eintretenden Risiken abschätzen kann, ist man in der Lage, die bestandsgefährdenden Entwicklungen für das Unternehmen im Sinne von § 91 Abs. 2 Aktiengesetz zu erkennen. Deshalb gibt es auch das Quantifizierungsgebot des DRS 20 und dieselbe Anforderung im IDW Prüfungsstandard 340 (IDW PS 340) und im DIIR Revisionsstandard Nr. 2 zum Risikomanagement.

Die **Risikoquantifizierung** bei der DMG Mori AG bezieht sich im Risikobericht auf die gebildeten Risikokategorien.

Praxisbeispiel DMG MORI AG - Risikoquantifizierung
DMG MORI AG – Risikoquantifizierung des Beschaffungs- und Einkaufsrisikos

„Beschaffungs- und Einkaufsrisiken sind wir insbesondere aufgrund von Preiserhöhungen bei Materialien im Werkzeugmaschinengeschäft ausgesetzt. Weitere Risiken bestehen in möglichen Lieferantenausfällen und Qualitätsproblemen. Diesen begegnen wir mit der Standardisierung von Bauteilen und Komponenten sowie einem internationalem Sourcing mit mindestens zwei Lieferanten für die wesentlichen Materialien. Potenzielle Schadenrisiken aus dem Beschaffungs- und Einkaufsrisiko beziffern wir aus den Aktivitäten des konzernweit übergreifend tätigen Zentraleinkaufs auf rund 7, 7 Mio. € bei einer geringen Eintrittswahrscheinlichkeit."

(DMG MORI AG, Geschäftsbericht 2017, S. 20)

Die **ProSiebenSat.1 Media SE** informiert in ihrem Risikobericht 2018 über die quantifizierten Risiken in Form einer Risikomatrix. Voraussetzung für diese Zusammenfassung in Gruppen ist die Risikoaggregation.

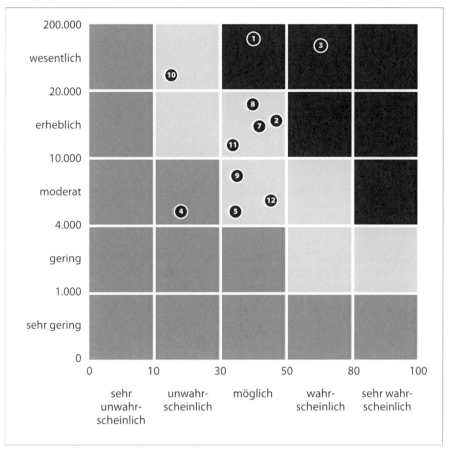

Abbildung 13: Risikomatrix ProSieben Sat.1 Media SE 2018

4.4.4 Risikoaggregation

Um die finanzielle Gesamtauswirkung der Risiken zu ermitteln, benötigt man die Risikoaggregation. Ziel der Risikoaggregation ist die auf der Risikoanalyse aufbauende Bestimmung des quantitativen Gesamtrisikoumfangs. Das Eigenkapital und die Liquiditätsreserven sind das Risiko-Deckungspotenzial eines Unternehmens, das sämtliche risikobedingten Verluste zu tragen hat.

Die Risikoaggregation erlaubt die Berechnung von Kennzahlen für den Gesamtrisikoumfang (Value-at-Risk oder Eigenkapitalbedarf) und daraus ableitbaren Größen wie die Insolvenzwahrscheinlichkeit. Einzelrisiken sind nicht addierbar. Aber insbesondere durch die Monte-Carlo-Simulation ist es möglich, unterschiedliche Risikotypen, gekennzeichnet durch unterschiedliche Wahrscheinlichkeitsverteilungen, bezogen auf die Unternehmensplanung zu aggregieren.

4.4.5 Zusammenfassende Darstellung der Risikolage

Die dargestellten Risiken sind zu einem Gesamtbild der Risikolage des Konzerns zusammenzuführen (DRS 20, Tz. 160). Hierbei kann auf die Risikotragfähigkeit des Konzerns eingegangen werden (DRS 20, Tz. 161).

Praxisbeispiel SAP –Zusammenfassung der Risikolage

„Gesamtrisikoprofil

Im Zuge unserer Weiterentwicklung zum Cloud-Unternehmen powered by SAP HANA haben wir die Struktur unseres Risikoberichts überarbeitet, um die Risiken mit unserem angepassten Risikoprofil besser darstellen zu können.

Wir konsolidieren und aggregieren die von den verschiedenen Unternehmensbereichen und -funktionen identifizierten relevanten Risiken gemäß der Risikomanagement-Richtlinie, die von einer konzernweiten Risikomanagementsteuerungsfunktion überwacht wird.

Aufgrund dieser Aggregierung haben wir 2017 nur geringfügige prozentuale Veränderungen der in unserer Risikomatrix als „hoch" oder „mittel" eingestuften Risiken festgestellt. In Bezug auf die Gesamtzahl aller im Abschnitt Risikofaktoren dargestellten Risiken lagen die Risiken des Bereichs „hohes Risiko" bei 17 % (2016: 11 %) und die Risiken des Bereichs „mittleres Risiko" bei 52 % (2016: 67%).

Nach unserer Überzeugung weisen die in unserem aggregierten Risikobericht beschriebenen Risiken in Anbetracht ihrer Eintrittswahrscheinlichkeit und ihrer

*Auswirkungen weder einzeln noch in ihrer Gesamtheit bestandsgefährden-
den Charakter auf. Die Unternehmensleitung bleibt zuversichtlich, dass die
Ertragskraft unseres Konzerns eine solide Basis für unsere künftige Geschäftsentwicklung bildet und für die nötigen Ressourcen sorgt, um die dem Konzern
zur Verfügung stehenden Chancen zu verfolgen. Angesichts unserer führenden
Stellung im Markt, unserer technologischen Innovationskraft, unserer enga-
gierten Mitarbeiter sowie unserer strukturierten Prozesse zur Risikofrüherkennung sind wir zuversichtlich, den Herausforderungen, die sich aus unserem
Risikoprofil ergeben, auch 2018 erfolgreich begegnen zu können."*

Eine äußerst kurze, zusammenfassende Berichterstattung über die Risikolage findet man bei der Infineon Technologies AG.

Praxisbeispiel Infineon –Zusammenfassung der Risikolage

*„Gesamtaussage zur Risikosituation des Konzerns durch die Unternehmens-
leitung.*

*Die Einschätzung der gesamten Risikosituation ist das Ergebnis der konsolidier-
ten Betrachtung aller wesentlichen Einzelrisiken. Risiken, die den Fortbestand
des Unternehmens gefährden können, sind uns derzeit nicht bekannt."*

Infineon, Geschäftsbericht 2018, S. 84

Zum Berichtspunkt **Risikotragfähigkeit** äußert sich die DMG MORI AG
wie folgt.

Praxisbeispiel DMG MORI AG –Risikotragfähigkeit

*„Der Vorstand stuft die bestehenden Risiken als beherrschbar ein und sieht den
Fortbestand des Konzerns aus heutiger Sicht nicht als gefährdet an. Gegenüber der Berichterstattung im Geschäftsbericht 2016 sind die Risiken insgesamt
leicht gestiegen. Der Vorstand begegnet der Risikoentwicklung durch eine stete
aktuelle Begleitung der Geschäftsentwicklung und regelmäßig abgehaltene*

Vorstands- und Statussitzungen. Auf der Basis des ermittelten kumulierten Gesamtrisikoerwartungswerts wird die Risikotragfähigkeit des Eigenkapitals errechnet. Das Eigenkapital des Konzerns übersteigt den ermittelten Gesamtrisikoerwartungswert dabei deutlich."

5. BESONDERE KOMPONENTEN DES RISIKOBERICHTS

5.1 Internes Kontroll- und Risikomanagementsystem im Hinblick auf den Rechnungslegungsprozess

5.1.1 Grundlagen

Nachdem durch das Gesetz zur Kontrolle und Transparenz im Unternehmensbereich (KonTraG) 1998 die Einführung eines Risikofrüherkennungssystems in den Unternehmen zur Pflicht gemacht worden war, kamen durch eine Vielzahl neuer Gesetze immer wieder zusätzliche Anforderungen an die Risikoberichterstattung im Lagebericht hinzu. Eines der frühen Gesetze war das Bilanzrechtsmodernisierungsgesetz des Jahres 2009. Es führte zu einem neuen § 289 Abs. 4 HGB. Der schreibt vor, dass kapitalmarktorientierte Kapitalgesellschaften im Lagebericht die wesentlichen Merkmale des internen Kontroll- und Risikomanagementsystems im Hinblick auf den Rechnungslegungsprozess zu beschreiben haben.

Die detaillierten Anforderungen an die Darstellung und Erläuterung des **rechnungslegungsbezogenen internen Kontrollsystems und Risikomanagementsystems** sind im DRS 20 unter den Textziffern K 168 bis K 178 zu finden.

Die Bezeichnung lautet sehr umständlich, da der Gesetzgeber die Vorschriften über die Beschreibung zweier unterschiedlicher betriebswirtschaftlicher Systeme unter einer Überschrift wie folgt zusammengefasst hat:

Kontrolle des Konzernrechnungslegungssystems durch das
1. Interne Kontrollsystem
2. Risikomanagementsystem

Grundsatz 1 für die Berichterstattung
Sofern das Mutterunternehmen oder eines der in den Konzernabschluss einbezogenen Tochterunternehmen kapitalmarktorientiert ist, sind im Konzernlagebericht die wesentlichen Merkmale des internen Kontroll- und Risikomanagementsystems im Hinblick auf den Konzernrechnungslegungsprozess darzustellen und zu erläutern. Die Ausführungen sollen den verständigen Adressaten in die Lage versetzen, die mit dem Konzernrechnungslegungsprozess verbundenen Risiken besser einschätzen zu können (K 168).

Grundsatz 2 für die Berichterstattung
Ausführungen zur Effektivität und zur Effizienz des internen Kontroll- und Risikomanagementsystems bezogen auf den Konzernrechnungslegungsprozess sind nicht erforderlich.

Sofern kein internes Kontroll- oder Risikomanagementsystem im Hinblick auf den Konzernrechnungslegungsprozess besteht, ist dies im Konzernlagebericht anzugeben (K 178).

5.1.2 Allgemeine, sowohl für das interne Kontroll- als auch für das Risikomanagementsystem geltende Vorschriften

1. Die Ausführungen können mit den Ausführungen zum allgemeinen konzernweiten Rechnungslegungssystem zusammengefasst und somit **innerhalb des Risikoberichts gegeben** werden, statt gesondert im Anhang des Geschäftsberichts untergebracht zu werden (K 171).
2. Die Berichtspflicht erstreckt sich auf die **Teile des internen Kontroll- und Risikomanagementsystems,** die den Konzernabschluss und Konzernlagebericht wesentlich beeinflussen. Hierbei ist auf die **Strukturen und Prozesse** einzugehen (K 170).
3. Beruht das System auf einem allgemein anerkannten **Rahmenkonzept,** ist dies anzugeben (K 172).

Die Berichterstattung soll sich beziehen
4. auf die **wesentlichen Merkmale** der für den Konzernabschluss und Konzernlagebericht relevanten Rechnungslegungsprozesse **der einbezogenen Unternehmen** und
5. auf die für den Konzernabschluss wesentlichen **Merkmale der Konsolidierungsprozesse** (K 173).

5.1.3 Spezielle Berichtsvorschriften zur Kontrolle des Konzernrechnungslegungssystems durch das interne Kontrollsystem

Es ist über Folgendes zu berichten (K 174):
a) über die Grundsätze und Verfahren zur Sicherung der Wirksamkeit der Kontrollen im Konzernrechnungslegungsprozess. Unter Wirksamkeit als Kontrollziel ist die Sicherstellung der Normenkonformität des Konzernabschlusses und des Konzernlageberichts zu verstehen. Sofern die Konzernleitung spezielle Verfahren zur Sicherstellung der Wirtschaftlichkeit der Kontrollen im Konzernrechnungslegungsprozess implementiert hat, nutzt und diese im Hinblick auf das Kontrollziel wesentlich sind, sind diese ebenfalls darzustellen,
b) über das interne Revisionssystem, soweit es Maßnahmen in Bezug auf das Kontrollziel betrifft.

Im DRS 20 werden **Beispiele** für die geforderten Ausführungen zum **internen Kontrollsystem bezogen auf die Rechnungslegungsprozesse** der einbezogenen Unternehmen gegeben (K 175). Es sind Informationen

a) über die **Bilanzierungsrichtlinien** (z. B. zur Vorratsbewertung, zur Darstellung von Steuersachverhalten, Kontierungsanweisungen),
b) über die **Organisation und Kontrolle der Buchhaltung** und den Ablauf der **Abschlusserstellung**,
c) über **Grundzüge der Funktionstrennung** zwischen den Abteilungen,
d) über die **Aufgabenzuordnung bei der Erstellung der Abschlüsse** (z. B.

Abstimmung von Forderungen und Verbindlichkeiten durch Saldenbestätigungen),
e) über die **Mitwirkung externer Dienstleister** am Abschlusserstellungsprozess,
f) über **Zugriffsregelungen im EDV-System** (z. B. Schreib- und Leseberechtigung),
g) über **Aufgaben** im Zusammenhang mit der Rechnungslegung, die vom Bereich »**Interne Revision**« wahrgenommen werden und
h) über **Kontrollprozesse hinsichtlich der Rechnungslegung** (Vier-Augen-Prinzip).

Auch zu den Ausführungen zum **internen Kontrollsystem bezogen auf die Konsolidierung** bringt der DRS 20 Beispiele (K 176). Im Bericht kann eingegangen werden auf

a) **konzerninterne Richtlinien** zur Abstimmung konzerninterner Liefer- und Leistungsbeziehungen, beispielsweise für Zwecke der Verrechnung,
b) **Aufgabenzuordnung** bei der Erstellung der Konzernabschlüsse, z. B. Abstimmung konzerninterner Salden, Kapitalkonsolidierung, Überwachung der Berichtsfristen und der Berichtsqualität in Bezug auf die Daten der einbezogenen Unternehmen, **Tätigkeiten** im Rahmen der Konzernabschlusserstellung, die von **externen Dienstleistern** wahrgenommen werden,
c) **Expertenstellungnahmen,** die Eingang in die Konzernrechnungslegungsprozeduren finden,
d) **Zugriffsvorschriften im Konsolidierungs-EDV-System** (z. B. Schreib- und Leseberechtigungen auf Ebene von einbezogenen Unternehmen oder auf Ebene des Konzerns oder Teilkonzernen/Segmenten),
e) **Aufgaben** im Zusammenhang mit der Konzernrechnungslegung, die vom Bereich **Interne Revision** wahrgenommen werden und
f) **Kontrollprozesse hinsichtlich der Konzernrechnungslegung** (z. B. Vier-Augen-Prinzip).

5.1.4 Spezielle Berichtsvorschriften zur Kontrolle des Konzernrechnungslegungssystems durch das Risikomanagementsystem

Die Ausführungen in Bezug auf das Risikomanagementsystem im Hinblick auf den **Konzernrechnungslegungsprozess** sollen umfassen (K 177):

a) Maßnahmen zur Identifizierung und Bewertung von Risiken, die dem Ziel der Normenkonformität des Konzernabschlusses und des Konzernlageberichts entgegenstehen könnten,
b) Maßnahmen zur Begrenzung erkannter Risiken,
c) Maßnahmen im Zusammenhang mit der Überprüfung erkannter Risiken hinsichtlich ihres Einflusses auf den Konzernabschluss und die entsprechende Abbildung dieser Risiken.

Es handelt sich bei den Berichtsvorschriften zur Kontrolle des Rechnungslegungssystems durch das Risikomanagementsystem um einen umfangreichen Teil der Risikoberichterstattung mit sehr vielen Einzelheiten. Daher wird als Praxisbeispiel nur die Einleitung zum **internen Kontroll- und Risikomanagementsystem im Hinblick auf den Rechnungslegungsprozess** der **ProSiebenSat.1 Media** SE wiedergegeben.

Praxisbeispiel ProSiebenSAT.1 Media SE – Internes Kontroll- und Risikomanagementsystem

„Das Interne Kontroll- und Risikomanagementsytem im Hinblick auf den (Konzern-) Rechnungslegungsprozess soll sicherstellen, dass Geschäftsvorfälle im Konzernabschluss der ProSiebenSat.1 Media SE (aufgestellt nach den in der EU übernommenen International Financial Reporting Standards, IFRS) bilanziell richtig abgebildet und die Vermögenswerte und Schulden damit hinsichtlich Ansatz, Bewertung und Ausweis zutreffend erfasst sind. Die konzernweite Einhaltung gesetzlicher und unternehmensinterner Vorschriften ist Voraussetzung hierfür. Umfang und Ausrichtung der implementierten Systeme wurden vom Vorstand anhand der für die ProSiebenSat.1 Group spezifischen Anforderungen

ausgestaltet. Diese werden regelmäßig überprüft und gegebenenfalls aktualisiert. Trotz angemessener und funktionsfähiger Systeme kann eine absolute Sicherheit zur vollständigen Identifizierung und Steuerung der Risiken nicht gewährleistet werden. Die unternehmensspezifischen Grundsätze und Verfahren zur Sicherung der Wirksamkeit und Ordnungsmäßigkeit der (Konzern-) Rechnungslegung werden im Folgenden erläutert."

(ProSiebenSat.1 Media SE, Geschäftsbericht 2019, Seite 116)
https://geschaeftsbericht2019.prosiebensat1.com/

Praxisbeispiel Allianz AG –Abweichung vom DRS 20

Die Allianz AG veröffentlicht eine für die meisten Unternehmen anderer Branchen ungewöhnliche Erläuterung in Form eines einseitigen Berichts mit der Bezeichnung **„Integriertes Risiko- und Kontrollsystem der Finanzberichterstattung".** Es ist nicht das, was der DRS 20 fordert. Das hat u. E. aber gute Gründe:

1. Die Allianz AG hält die Berichtsvorschriften des DRS 20 nicht ganz passend für das Risikomanagementsystem ihres Unternehmens. Er wird im Gegensatz zum DRS 17 deshalb auch nicht im Geschäftsbericht erwähnt. Das Risikomanagement der Allianz ist branchenbedingt schon seit vielen Jahren sehr professionell ausgebaut und voll in die anderen Unternehmenssteuerungssysteme integriert.
Dies wird aus dem anschließenden Praxisbeispiel deutlich, der Einleitung des Allianz-Berichtes „Integriertes Risiko- und Kontrollsystem der Finanzberichterstattung".
2. Die übrige Risikoberichterstattung ist mit 20 Seiten sehr umfangreich, aussagekräftig und vorbildlich, auch was die Risikoquantifizierung anbelangt.

(Allianz Geschäftsbericht 2019, S. 77-96)

Praxisbeispiel Allianz AG –RMS der Finanzberichterstattung
**INTEGRIERTES RISIKO- UND KONTROLLSYSTEM DER FINANZBERICHT-
ERSTATTUNG**

„Die folgenden Angaben werden gemäß § 289 Absatz 4 und § 315 Absatz 4 des Handelsgesetzbuchs (HGB) vorgenommen.

Im Rahmen unseres Risikomanagements und im Einklang mit den gesetzlichen Anforderungen haben wir ein Rahmenwerk und Prozesse entwickelt, um Risiken für wesentliche Fehler beim Konzernabschluss zu identifizieren und zu verringern (auch für die Marktwertbilanz und die Berechnung des Risikokapitals). Das integrierte Risiko- und Kontrollsystem wird regelmäßig überprüft und aktualisiert. Das integrierte Risiko- und Kontrollsystem (IRCS) deckt folgende drei Risikokategorien ab: Risiken der Finanzberichterstattung, Compliance Risiken und andere operationelle Risiken (inklusive IT-Risiken). Die IT-Kontrollen basieren auf COBIT 5 und beinhalten beispielsweise Kontrollen zur Überwachung von Zugriffsrechten, Projekt- und Change Management. Zusätzlich beinhaltet unser Entity Level Control Assessment (ELCA) Rahmenwerk Kontrollen, um die Effektivität des Governance-Systems zu überwachen."

(Allianz AG, Geschäftsbericht 2019, S. 96)

5.2 Risikoberichterstattung bezogen auf Finanzinstrumente

Zur Risikoberichterstattung eines Unternehmens gehört nach den Vorschriften des Handelsgesetzbuches auch die **Risikoberichterstattung in Bezug auf die Verwendung von Finanzinstrumenten** (§ 289 Abs. 2 bzw. § 315 Abs. 2 Ziff. 1 HGB).

 **Gesetzestext**
§ 315 Abs. 2 Ziff. 1 HGB, Inhalt des Konzernlageberichts

> (2) Im Konzernlagebericht ist auch einzugehen auf:
> 1.a) die Risikomanagementziele und -methoden des Konzerns einschließlich seiner Methoden zur Absicherung aller wichtigen Arten von Transaktionen, die im Rahmen der Bilanzierung von Sicherungsgeschäften erfasst werden, sowie
> 1.b) die Preisänderungs-, Ausfall- und Liquiditätsrisiken sowie die Risiken aus Zahlungsstromschwankungen, denen der Konzern ausgesetzt ist, jeweils in Bezug auf die Verwendung von Finanzinstrumenten durch den Konzern und sofern dies für die Beurteilung der Lage oder der voraussichtlichen Entwicklung von Belang ist;

Der Anlass, eine **gesonderte Finanzrisikoberichterstattung** vorzuschreiben, liegt in der zunehmenden Bedeutung der Finanzinstrumente für die finanzielle Lage und Entwicklung des Unternehmens. Auf Grundlage des Finanzrisikoberichts soll es den Lageberichtsadressaten ermöglicht werden, sich ein zutreffendes Urteil über Art und Ausmaß der finanziellen Risiken des berichtenden Unternehmens zu bilden.

Die Finanzrisikoberichterstattung ist im Lagebericht **gesondert** darzustellen, sofern es für die Beurteilung der Lage oder der voraussichtlichen Entwicklung des Konzerns wesentlich ist **(DRS 20**, Tz. 179).

Wenn es die Klarheit und Übersichtlichkeit des Konzernlageberichts nicht beeinträchtigt, kann die Berichterstattung über Risiken aus der Verwendung von Finanzinstrumenten in den allgemeinen **Chancen-/Risikobericht integriert** werden (DRS 20, Tz. 180).

Gesondert einzugehen ist nach DRS 20, Tz. 181 auf
1. die **Risikoarten und deren jeweiliges Ausmaß,** denen der Konzern bei der Verwendung von Finanzinstrumenten ausgesetzt ist (Marktpreisrisiken, Ausfallrisiken und Liquiditätsrisiken),

2. die **Risikomanagementziele** für die einzelnen Arten von Risiken,
3. die **Risikomanagementmethoden** bezüglich der Risiken.

Zu 1. Risikoarten
- Art und Ausmaß der Risiken können z. B. durch **Sensitivitätsanalysen** oder Kennzahlen wie **Value at Risk** beschrieben werden (DRS 20, Tz. 183).
- Die Angabepflicht zum Ausmaß der Risiken erstreckt sich **nur auf offene Risikopositionen** und nicht auf durch konkrete Sicherungsgeschäfte gedeckte **Marktpreisrisiken, Ausfallrisiken** bzw. **Liquiditätsrisiken.** Bei Letzteren ist daher nur das Restrisiko nach Liquiditätszusagen und eingeräumten Kreditlinien darzustellen (DRS 20, Tz. 182).
- Es ist anzugeben, ob ökonomische Sicherungsbeziehungen als bilanzielle Sicherungsbeziehungen **im Konzernabschluss abgebildet werden.**

Zu 2. Risikomanagementziele
- Umfang und Detaillierungsgrad der Ausführungen zu Marktpreis-, Ausfall- und Liquiditätsrisiken richten sich nach dem Ausmaß der mit den Finanzinstrumenten verbundenen Risiken – je Kategorie und Bedeutung der risikobehafteten Finanzinstrumente – jeweils in Bezug auf die Vermögens-, Finanz- und Ertragslage des Unternehmens. Die Berichtspflicht besteht unabhängig davon, ob die Finanzinstrumente im Abschluss bilanziert werden oder nicht (DRS 20, Tz. 187).
- Im Rahmen der Berichterstattung über die Risikomanagementziele ist darzustellen,
- ob ökonomische Sicherungsbeziehungen als bilanzielle Sicherungsbeziehungen **im Konzernabschluss abgebildet werden**
- ob der Konzern bestimmte Risiken in Bezug auf die Verwendung von Finanzinstrumenten **grundsätzlich vermeidet** oder
- ob und in welchem **Umfang der Konzern bereit** oder gezwungen ist, solche Risiken einzugehen (DRS 20, Tz. 184).

Zu 3. Risikomanagementmethoden
Hinsichtlich der Risikomanagementmethoden ist darzustellen und zu

erläutern, wie der Konzern eingegangene Risiken in Bezug auf die Verwendung von Finanzinstrumenten steuert. Dies beinhaltet

- Ausführungen zu Maßnahmen der Risikoreduktion und Risikoüberwälzung,
- Ausführungen über die Systematik des Risikomanagements und
- Ausführungen über die Art und Kategorien der vom Unternehmen eingegangenen Sicherungsgeschäfte, sofern diese bestimmten risikoverursachenden Geschäften nachweislich zuordenbar sind.

Unabhängig davon, ob die Finanzinstrumente Teil einer Sicherungsbeziehung sind oder isoliert behandelt werden, ist einzugehen auf

a) die Art der Risiken, die gesichert werden,
b) die Art der Sicherungsbeziehung (hierbei ist zu unterscheiden zwischen der Absicherung von einzelnen Posten und Postengruppen sowie der Absicherung von Nettopositionen),
c) die Maßnahmen zur Sicherstellung der beabsichtigten Effektivität der Risikoabsicherungen – darunter sind z. B. die kontinuierliche Beobachtung von Risikolimits und ggf. Anpassungen des Sicherungsumfangs zu verstehen – und
d) die antizipativen Sicherungsbeziehungen (DRS 20, Tz. 185).

Für die praktische Handhabung bei der Gestaltung der Risikoberichterstattung in Bezug auf die Verwendung von Finanzinstrumenten lassen sich keine allgemeingültigen oder standardisierten Hinweise geben. Die geforderten Informationen sind vorstehend in Anlehnung an die Vorschriften des DRS 20 detailliert dargestellt worden.

Wie und wo die Darstellung im Geschäftsbericht erfolgt, ist von verschiedenen Faktoren abhängig. Das Unternehmen wählt danach zwischen

1. Darstellung im **Anhang zum Geschäftsbericht** oder

2. Integration in den Risiko- und Chancenbericht im Rahmen des **Lageberichts**.

Zur Darstellung im Geschäftsbericht

Außer der Berichterstattung über die **Risikoarten** wird auch die Beschreibung der **Risikomanagementziele** und der **Risikomanagementmethoden** gefordert. Dabei lassen sich Wiederholungen aus der vorhergehenden Risikoberichterstattung im Lagebericht nicht vermeiden, wenn sämtliche Informationen zu diesen einzelnen Risikoarten noch einmal wiedergegeben werden. Denn grundsätzlich wird sich im Konzern das Risikomanagement „in Bezug auf die Verwendung von Finanzinstrumenten" nicht vom übrigen Risikomanagement unterscheiden. Für diese Situation muss das Unternehmen eine Lösung finden.

Im folgenden Praxisbeispiel wird die **Risikoberichterstattung in Bezug auf die Verwendung von Finanzinstrumenten** von einem Industrieunternehmen gezeigt.

Die **DMG Mori AG** richtet sich in ihrem Jahresabschluss als Tochtergesellschaft eines japanischen Unternehmens nach den IFRS und nicht dem deutschen Handelsgesetz. Auf sie treffen daher nicht die Vorschriften des DRS 20 zu. Das spielt in diesem Zusammenhang jedoch keine Rolle, da sie einen anerkannt aussagekräftigen Chancen- und Risikobericht mit vielen Informationen für ihre Stakeholder erstellt.

Es gibt zwar ein IFSR-Leitliniendokument zur Lageberichterstattung, das seit Jahren in Überarbeitung ist. Bisher hat die Risikoberichterstattung nach dem deutschen Aktien- und Handelsrecht und dem DRS 20 die Anforderungen des International Financial Reporting Standards für die Lageberichterstattung immer erfüllt.

Die DMG Mori AG wählt für die Risikoberichterstattung in Bezug auf die Verwendung von Finanzinstrumenten die Darstellung der **Risikobericht-**

erstattung im Anhang zum Geschäftsbericht, unter Ziffer 39. Dabei gibt sie die Erläuterungen zu vier Risikoarten:

Währungsrisiken, Zinsrisiken, Liquiditätsrisiken und Kreditrisiken.

Um nicht alles über ihre Risikomanagementmethoden usw. wiederholen zu müssen, verweist sie am Ende der Ausführungen über die Kreditrisiken auf den „Chancen- und Risikobericht" im Lagebericht.

 Praxisbeispiel DMG Mori AG –Risiken aus Finanzinstrumenten Anhang zum Geschäftsbericht

„39. RISIKEN AUS FINANZINSTRUMENTEN

Risiken aus Finanzinstrumenten
Preisschwankungen von Währungen und Zinsen können signifikante Gewinn- und Cashflow-Risiken zur Folge haben. Daher zentralisiert der DMG MORI-Konzern diese Risiken soweit wie möglich und steuert diese dann vorausschauend, auch durch Nutzung von derivativen Finanzinstrumenten. Die Steuerung der Risiken basiert auf konzernweit gültigen Richtlinien, in denen Ziele, Grundsätze, Verantwortlichkeiten und Kompetenzen festgelegt sind. Weitere Angaben zum Risikomanagementsystem sind im Lagebericht auf den Seiten 64 ff. im Chancen- und Risikobericht erläutert.

Währungsrisiken
Der DMG MORI-Konzern ist im Rahmen seiner globalen Geschäftstätigkeit Währungsrisiken ausgesetzt. Das Transaktionsrisiko entsteht durch Wertänderungen zukünftiger Fremdwährungszahlungen aufgrund von Wechselkursschwankungen im Einzelabschluss. Im DMG MORI-Konzern werden sowohl Einkäufe als auch Verkäufe in Fremdwährungen getätigt. Zur Absicherung von Währungsrisiken aus diesen Aktivitäten im DMG MORI-Konzern werden Devisentermingeschäfte eingesetzt. Abschluss und Abwicklung von derivativen Finanzinstrumenten erfolgen nach internen Richtlinien, die den

Handlungsrahmen, die Verantwortlichkeiten sowie die Berichterstattung und die Kontrollen verbindlich festlegen.

Der Konzern sichert mindestens 90 % seiner geschätzten Fremdwährungsrisiken aus kontrahierten Auftragseingängen, erwarteten Veräußerungs- und Erwerbsgeschäften überwiegend über die nächsten 12 Monate ab. Zur Sicherung des Fremdwährungsrisikos werden Devisentermingeschäfte meist unter einem Jahr ab dem Abschlussstichtag genutzt. Der Abschluss von Sicherungsgeschäften darf nur mit festgelegten Kontrahenten erfolgen.

Die Fremdwährungssensitivität ermittelt der DMG MORI-Konzern durch Aggregation aller Fremdwährungspositionen, die nicht in der funktionalen Währung der jeweiligen Gesellschaft abgebildet werden, und stellt diese den Sicherungsgeschäften gegenüber. Die Marktwerte der einbezogenen Grundpositionen und Sicherungsgeschäfte werden einmal zu Ist-Wechselkursen und einmal mit Sensitivitätskursen bewertet. Die Differenz zwischen beiden Bewertungen stellt die Auswirkungen auf Eigenkapital und Ergebnis dar.

Das transaktionsbezogene Nettofremdwährungsrisiko in T € für die wichtigsten Währungen zum 31. Dezember 2017 und 2016 ist in Tabelle C.74 dargestellt.

In der folgenden Tabelle sind die für möglich gehaltenen Auswirkungen aus Finanzinstrumenten auf die Rücklage für Derivate bzw. die anderen Rücklagen im Eigenkapital sowie die Ergebnisauswirkung zum 31. Dezember 2017 bzw. 31. Dezember 2016 dargestellt. Für den Fall, dass der Euro gegenüber den wesentlichen Währungen USD, JPY, GBP und RUB jeweils um 10 % aufgewertet (abgewertet) gewesen wäre, wären die Rücklage für Derivate bzw. die anderen Rücklagen im Eigenkapital und der beizulegende Zeitwert der Devisentermingeschäfte mit Hedge-Beziehung insgesamt um 477 T € höher (niedriger) gewesen (Vorjahr: 211 T € höher (niedriger)). Das Ergebnis und der beizulegende Zeitwert der Devisentermingeschäfte ohne Hedge-Beziehung wäre um 9.852 T € höher (niedriger) (Vorjahr: 768 T € niedriger (höher)) gewesen (C.75).

Zinsrisiken

Das Zinsrisiko umfasst jeglichen potenziell positiven oder negativen Einfluss von Veränderungen der Zinsen auf das Ergebnis, das Eigenkapital oder den Cashflow der aktuellen oder zukünftigen Berichtsperiode. Zinsrisiken stehen beim DMG MORI-Konzern im Wesentlichen im Zusammenhang mit Finanzaktiva und Finanzschulden. Ob Zinsänderungsrisiken mittels Zinssicherungsinstrumenten gesichert werden, wird im Einzelfall auf der Basis eines vom Finanzvorstand ausgearbeiteten Vorschlags durch den gesamten Vorstand entschieden.

Zum 31. Dezember 2017 hat der DMG MORI-Konzern keine Nettoverschuldung, sodass Zinserhöhungen eine Chance auf einen höheren Zinsertrag darstellen würden. Bei einer Erhöhung des Zinsniveaus um 1 % auf den Bestand zum Bilanzstichtag würden sich die Zinserträge analog zum Vorjahr um 2,5 Mio. € erhöhen. Bei einem weiteren Absinken des Zinsniveaus erwarten wir lediglich eine Auswirkung von fünf Basispunkten auf den Bestand zum Bilanzstichtag; die Zinserträge würden dann um 106 T€ (Vorjahr: 186 T €) sinken. Auswirkungen auf das Eigenkapital würden analog zum Vorjahr nicht entstehen. In der folgenden Tabelle sind die Nominalvolumina der fest und variabel verzinslichen Finanzinstrumente dargestellt:

Liquiditätsrisiken

Das Liquiditätsrisiko ist das Risiko, dass der DMG MORI-Konzern seinen finanziellen Verpflichtungen nicht nachkommen kann. Mittelabflüsse resultieren im Wesentlichen aus der Finanzierung des Working Capital, der Investitionen und der Deckung des Finanzbedarfs zur Absatzfinanzierung. Das Management wird regelmäßig über Mittelzu- und -abflüsse sowie Finanzierungsquellen informiert. Das Liquiditätsrisiko wird durch Schaffung der notwendigen finanziellen Flexibilität im Rahmen der bestehenden Finanzierungen und durch effektives Cash-Management begrenzt. Das Liquiditätsrisiko wird beim DMG MORI-Konzern durch eine Finanzplanung über zwölf Monate gesteuert. Diese ermöglicht es, prognostizierbare Defizite unter normalen Marktbedingungen zu marktüblichen Konditionen zu finanzieren. Auf Basis der aktuellen Liquiditätsplanung sind Liquiditätsrisiken derzeit nicht erkennbar. Zur

Liquiditätsvorsorge bestehen eine syndizierte Kreditfazilität in Höhe von 500,0 Mio. € mit diversen Banken sowie bilaterale Kreditzusagen in Höhe von 43,1 Mio. € (Vorjahr: 52,3 Mio. €) Die syndizierte Kreditlinie wurde im Februar 2016 mit einer Laufzeit von fünf Jahren abgeschlossen. Im Januar 2018 wurde die Laufzeit der syndizierten Kreditlinie bis Februar 2022 verlängert. Weder im Geschäftsjahr 2017 noch im Vorjahr sind Darlehensverbindlichkeiten ausgefallen. Die Finanzierungsverträge im Rahmen des syndizierten Kredits verpflichten den DMG MORI-Konzern zur Einhaltung eines marktüblichen Covenants. Der Covenant wurde zum 31. Dezember 2017 eingehalten.

Dem DMG MORI-Konzern stehen zum 31. Dezember 2017 Zahlungsmittel und Zahlungsmitteläquivalente in Höhe von 363,4 Mio. (Vorjahr: 396,7 Mio. €) sowie freie Barlinien in Höhe von 206,5 Mio. (Vorjahr: 207,2 Mio. €) und weitere freie Linien (Avale, Wechsel und Factoring) in Höhe von 230,9 Mio. (Vorjahr: 234,6 Mio. €) zur Verfügung.

In der folgenden Tabelle sind die vertraglich vereinbarten (undiskontierten) Zins- und Tilgungszahlungen der originären finanziellen Verbindlichkeiten sowie der derivativen Finanzinstrumente mit negativem beizulegendem Zeitwert dargestellt (C.78).

Einbezogen wurden alle Instrumente, die am 31. Dezember 2017 bzw. am 31. Dezember 2016 im Bestand waren und für die bereits Zahlungen vertraglich vereinbart waren. Planzahlen für zukünftige neue Verbindlichkeiten gehen nicht ein. Fremdwährungsbeträge wurden jeweils zum Stichtagskurs umgerechnet. Die variablen Zinszahlungen aus den Finanzinstrumenten wurden unter Zugrundelegung der zuletzt vor dem 31. Dezember 2017 bzw. 31. Dezember 2016 fixierten Zinssätze ermittelt. Jederzeit rückzahlbare finanzielle Verbindlichkeiten sind immer dem frühesten Zeitpunkt zugeordnet. Für den Teil der finanziellen Vermögenswerte aus Derivaten in Höhe von 110 T € (Vorjahr: 285 T €) sowie den Teil der Verbindlichkeiten aus Derivaten in Höhe von 342 T (Vorjahr: 242 T €), die als Cashflow Hedges klassifiziert wurden, ist für den wesentlichen Teil davon auszugehen, dass diese in den nächsten zwölf Monaten ergebniswirksam in der Gewinn- und Verlustrechnung erfasst werden (C.79).

Kreditrisiken

Ein Kreditrisiko ist der unerwartete Verlust an Zahlungsmitteln oder Erträgen. Das Kreditrisiko tritt ein, wenn der Kunde nicht in der Lage ist, seinen Verpflichtungen innerhalb der Fälligkeiten nachzukommen. Ziel ist es, diese Kreditrisiken zu minimieren bzw. zu vermeiden. Ein Forderungsmanagement mit weltweit gültigen Richtlinien sowie eine regelmäßige Analyse der Altersstruktur der Forderungen aus Lieferungen und Leistungen sorgen für eine permanente Überwachung und Begrenzung der Risiken und minimieren auf diese Weise die Forderungsverluste.

Aufgrund der breit angelegten Geschäftsstruktur im DMG MORI- Konzern bestehen weder hinsichtlich der Kunden noch für einzelne Länder besondere Konzentrationen von Kreditrisiken. Grundsätzlich trägt der DMG MORI-Konzern Forderungsausfallrisiken, durch die es zu Wertberichtigungen oder in Einzelfällen sogar zum Ausfall von Forderungen kommen kann. Die Forderungsausfälle im Konzern betragen historisch im Verhältnis zum Forderungsbestand ca. 1 %. Im Geschäftsjahr sind Aufwendungen für die vollständige Ausbuchung von Forderungen in Höhe von 4.075 T€ (Vorjahr: 3.112 T€) enthalten. Weitere Angaben zu der Einschätzung der finanzwirtschaftlichen Risiken stehen im „Chancen- und Risikobericht" im Lagebericht.

Geldanlagen werden im DMG MORI-Konzern zentral von der DMG MORI AKTIENGESELLSCHAFT gesteuert und koordiniert. Finanzkontrakte werden nur mit Banken abgeschlossen, die wir sorgfältig ausgewählt haben. Es findet ein regelmäßiges Monitoring der Bonität (externes Rating) statt; die Geldanlagen werden bei verschiedenen Kreditinstituten, im Wesentlichen unseren Konsortialbanken, gestreut. Bei derivativen Finanzinstrumenten ist der DMG MORI-Konzern einem Kreditrisiko ausgesetzt, das durch die Nichterfüllung der vertraglichen Vereinbarungen seitens der Vertragspartner entsteht. Dieses Kreditrisiko wird dadurch minimiert, dass Geschäfte nur mit Vertragspartnern guter Bonität abgeschlossen werden. Die Buchwerte der finanziellen Vermögenswerte stellen gemäß IFRS 7.36 das maximale Kreditrisiko dar. Das maximale Kreditrisiko zum Bilanzstichtag beträgt 903.690 T € (Vorjahr: 855.450 T €). Weder im Geschäftsjahr noch im Vorjahr existierten erhaltene Sicherheiten oder andere Kreditverbesserungen."

Die Risikoberichterstattung in Bezug auf die Verwendung von Finanzinstrumenten ist nach § 289 Abs. 2 Nr. 2 bzw. 315 Abs. 2 Nr. 2 HGB ein Pflichtbestandteil des Lageberichts bzw. Konzernlageberichts. Dieser sogenannte Finanzrisikobericht wurde im Rahmen des Bilanzrichtlinie Umsetzungsgesetzes (BilRUG) der europäischen Fair-Value-Richtlinie im Jahr 2015 im deutschen Handelsrecht verankert.

Ziel der Berichterstattung ist es zum einen den Informationsgehalt des Lageberichts zu erhöhen und zum anderen die Vergleichbarkeit des deutschen Bilanzrechts mit den internationalen Rechnungslegungsnormen zu verbessern. Der Hintergrund für diese Berichtspflicht ist vor allem in der zunehmenden Internationalisierung der Geschäftstätigkeit von Unternehmen zu sehen.

Die Erfüllung dieser Berichtspflicht hat zur Voraussetzung, dass im Unternehmen ein sachgerechtes Risikomanagementsystem und Risikocontrolling implementiert ist. Denn die Marktwerte von Bilanzposten, schwebender Geschäfte oder geplanter Transaktionen und ebenso die Zu- und Abflüsse von Zahlungen sind teilweise in einem nicht unerheblichen Umfang von Wechselkursen und Zinssätzen und ggf. weiterer Marktpreisänderungen abhängig. Somit ist der Zweck der Finanzrisikoberichterstattung für die Lageberichtsadressaten vor allem in der Herausstellung der Bedeutung der Finanzinstrumente für die finanzielle Lage und Entwicklung des Unternehmens zu sehen. Auf Grundlage des Finanzrisikoberichts soll es ermöglicht werden, dass die Interessenten sich ein zutreffendes Urteil über Art und Ausmaß der finanziellen Risiken des berichtenden Unternehmens bilden können.

Das „Practice Statement and Management Commentary", herausgegeben vom International Accounting Standards Board (IASB), stellt keinen IFRS Standard dar. Das bedeutet, dass für deutsche kapitalmarktorientierte Unternehmen und Kapitalgesellschaften weiterhin die handelsrechtlichen Vorschriften zur Lageberichterstattung gelten. Für den Konzernabschluss ist der DRS 15 zusätzlich zu beachten.

Der hohe Grad an Mindestangaben des DRS 20 bewirkt, dass der deutsche Konzernlagebericht fast immer auch den Anforderungen des „Management Commentary" gerecht wird.

5.3 Risikoberichterstattung im Rahmen der nichtfinanziellen Konzernerklärung

5.3.1 Gesellschaftliche Entwicklung und Gesetzgebung zur Corporate Social Responsibility (CSR)

Die gesellschaftlichen Anforderungen an nachhaltiges, verantwortungsbewusstes unternehmerisches Handeln und Wirtschaften (Corporate Social Responsibility, CSR) sind im letzten Jahrzehnt zusehends gestiegen. Ein wichtiger Schritt auf dem Weg zu einer besseren, zeitgemäßen Unternehmensführung in einigen großen Konzernen war die „Richtlinie 2014/95/EU des Europäischen Parlaments und des Rates vom 22. Oktober 2014 zur Änderung der Richtlinie 2013/34/EU im Hinblick auf die Angabe nichtfinanzieller und die Diversität betreffender Informationen durch bestimmte große Unternehmen und Gruppen" (CSR-Richtlinie).

https://eur-lex.europa.eu/legal-content/DE/TXT/PDF/?uri=CELEX:32014L0095

Nach der Umsetzung der CSR-Richtlinie in nationales Recht wurden zwei neue Themenkreise Bestandteil der externen Berichterstattung bestimmter Unternehmen und Konzerne. Der erste Themenkreis betrifft nichtfinanzielle Themen wie Umwelt, Mitarbeiter, Soziales, Menschenrechte, Anti-Korruption und Bestechung (**Fragenkreis „nichtfinanzielle Erklärung"**). Der zweite Themenkreis betrifft die Diversität (**Fragenkreis „Diversität"**).

Das CSR-Richtlinien-Umsetzungsgesetz ist am 19.04.2017 in Kraft getreten. Die neuen Vorschriften zur Ausweitung der nichtfinanziellen Unternehmensberichterstattung sind im HGB bei den Vorschriften zur

Lageberichterstattung zu finden. Es ergeben sich vielfältige Fragestellungen, die nachfolgend aufgegriffen werden.

Das CSR-Richtlinie-Umsetzungsgesetz von 2017 führte zu umfangreichen neuen Berichterstattungspflichten in Deutschland.

In einer Broschüre der Wirtschaftsprüfungsgesellschaft Deloitte wird dies übersichtlich in grafischer Form dargestellt.

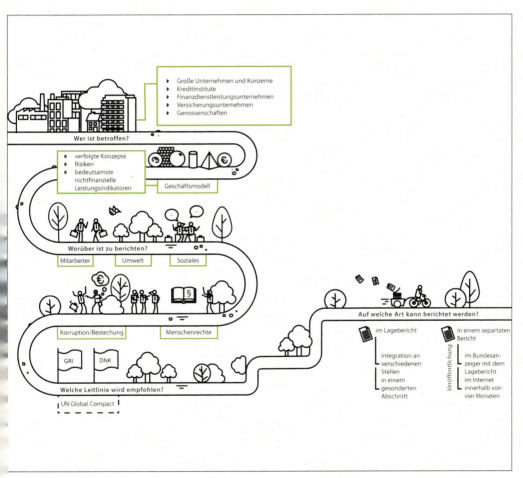

Abbildung 14: CSR Richtlinie Umsetzungsgesetz

"Der Begriff **Corporate Social Responsibility (CSR)** oder **Unternehmerische Gesellschaftsverantwortung** (oft auch als *Unternehmerische Sozialverantwortung* bezeichnet) umschreibt den freiwilligen Beitrag der Wirtschaft zu einer *nachhaltigen Entwicklung,* der über die gesetzlichen Forderungen hinausgeht. CSR steht für verantwortliches unternehmerisches Handeln in der eigentlichen Geschäftstätigkeit (Markt), über ökologisch relevante Aspekte (Umwelt) bis hin zu den Beziehungen mit Mitarbeitern (Arbeitsplatz) und dem Austausch mit den relevanten Anspruchs- bzw. Interessengruppen *(Stakeholdern)*."

https://de.wikipedia.org/wiki/Corporate_Social_Responsibility

Es gibt verschiedene Modelle zur Beschreibung der CSR. Eines der Modelle stammt von Archie B. Carroll und Mark S. Schwartz.

https://philpapers.org/rec/SCHCSR-7

Hierbei wird die CSR in drei Kernbereiche unterteilt: Die ökonomische, die ethische und die legale Verantwortung. Diese Kernbereiche bilden miteinander Schnittmengen, sodass sich sieben mögliche Kategorien von CSR ergeben (siehe Abbildung). Die ökologische Dimension wird dabei in die ethische eingeordnet.

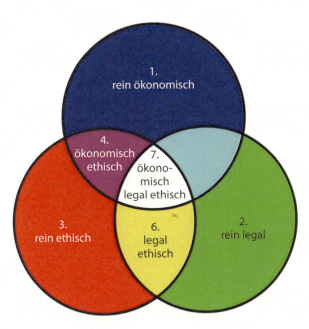

Abbildung 15: Kernbereiche von CSR nach Schwartz und Carroll

Mit der Umsetzung der sog. CSR-Richtlinie in nationales Recht werden bestimmte große Kapitalgesellschaften und Konzerne verpflichtet, im Rahmen des Lageberichts bzw. Konzernlageberichts weitere Informationen zu geben. Das erfolgt in einer Erklärung über diverse **nichtfinanzielle Aspekte** sowie über die um Angaben zum **Diversitätskonzept erweiterte Erklärung zur Unternehmensführung.** Die Regelungen sind für die Geschäftsjahre zu beachten, die nach dem 31. Dezember 2016 begannen (siehe DRS 20 „Konzernerklärung zur Unternehmensführung K 224 – K 231l" mit „Um Angaben zum Diversitätskonzept erweiterte Konzernerklärung zur Unternehmensführung K 231d – K 231l").

Im Rahmen der **nichtfinanziellen Konzernerklärung** sind Informationen über eine Reihe von zusätzlichen Berichtspunkten auf dem Gebiet des **Umweltschutzes** sowie des **Sozialverhaltens** zu geben. Wie auch auf den anderen Gebieten der Geschäftstätigkeit ist hier im Geschäftsbericht über

Chancen und Risiken zu informieren (siehe DRS „Nichtfinanzielle Konzernerklärung K 232 – K 305").

Sowohl das CRS-Richtlinie-Umsetzungsgesetz als auch EU-Hinweise vom 05.07.2017 und der DRS 20 nennen hierfür als Beispiele Themen, über die zu berichten ist. Das zeigt die **Abbildung 16: „Neue Berichterstattungspflichten" (nach Ebner-Stolz)** auf der übernächsten Seite.

Bevor man mit der Bearbeitung der Berichtspunkte im Geschäftsbericht unter Anwendung des DRS 20 beginnt, ist es zweckmäßig, sich den Hintergrund der Regelungen vor Augen zu führen, um zu wissen, zu welchem Zweck, in welcher Form und in welchem Umfang die Angaben gefordert werden.

Hintergrund : Am 9. März 2017 wurde das Gesetz zur Stärkung der nichtfinanziellen Berichterstattung der Unternehmen in ihren Lage- und Konzernlageberichten (CSR-Richtlinien-Umsetzungsgesetz) vom deutschen Bundestag beschlossen. Damit ist die EU-Richtlinie 2014/95/EU (sogenannte CSR-Richtlinie zur Offenlegung nichtfinanzieller und die Diversität betreffender Informationen durch bestimmte große Gesellschaften und Konzerne) in deutsches Recht umgesetzt worden.

Die CSR-Richtlinie verfolgt das Ziel, das Vertrauen von Investoren sowie von Verbrauchern in die Unternehmen zu stärken, indem von großen Unternehmen mehr als bisher über nichtfinanzielle Aspekte ihrer Tätigkeit zu berichten ist. Die Offenlegung von Informationen zu sozialen und umweltbezogenen Faktoren durch die Unternehmen soll verstärkt eventuelle Risiken für die Nachhaltigkeit aufzeigen.

Große Kapitalgesellschaften bzw. Konzerne sind verpflichtet, im (Konzern-)Lagebericht über wesentliche nichtfinanzielle Leistungsindikatoren zu berichten, sofern diese für das Verständnis oder die Lage des Unternehmens bzw. des Konzerns von Bedeutung sind. Einige Unternehmen berichteten darüber hinaus bereits früher freiwillig umfassend über das Thema Nachhaltigkeit in einem gesonderten Nachhaltigkeitsbericht.

Kernelemente des Umsetzungsgesetzes sind:
- die neue nichtfinanzielle (Konzern-)Erklärung, in welcher über diverse nichtfinanzielle Aspekte zu berichten ist,
- eine Erweiterung der (Konzern-)Erklärung zur Unternehmensführung um Angaben zum Diversitätskonzept.

5.3.2 Die nichtfinanzielle Erklärung

Betroffene Unternehmen

Eine nichtfinanzielle Erklärung haben nach § 289b Abs. 1 HGB diejenigen Unternehmen zu erstellen, die

- große Kapitalgesellschaften im Sinne des § 267 HGB sind (Bilanzsumme von mindestens 20 Mio. € oder Umsatzerlöse von 40 Mio. €), die kapitalmarktorientiert im Sinne des § 264d HGB sind und die

- im Jahresdurchschnitt mehr als 500 Arbeitnehmer beschäftigen.

Haftungsbeschränkte Personenhandelsgesellschaften, wie bspw. eine GmbH & Co. KG, haben die Vorschriften entsprechend anzuwenden, sofern sie kapitalmarktorientiert sind. Darüber hinaus sind Kreditinstitute und Versicherungsunternehmen, unabhängig davon, ob sie kapitalmarktorientiert sind, von der Neuregelung betroffen, sofern sie große Gesellschaften im Sinne des § 267 HGB sind und mehr als 500 Arbeitnehmer beschäftigen.

Die Regelung ist analog anzuwenden auf die Konzernabschlüsse, sofern nachfolgende Schwellenwerte überschritten werden:

KONZERNABSCHLUSS

Schwellenwert gemäß § 315b Abs. 1 HGB	Bilanzsumme (Mio. EUR)	Umsatzerlöse (Mio. EUR)	Arbeitnehmerzahl konzernweit
Bruttomethode	24	48	500
Nettomethode	20	40	500

Abbildung 16: Neue Berichterstattungspflichten durch das CSR-Richtlinie-Umsetzungsgesetz 2017, (nach Ebner-Stolz),

Inhalte der Neuregelung

Den nach § 289c HGB erforderlichen Mindestinhalt der nichtfinanziellen Erklärung zeigt die folgende Abbildung von Ebner-Stolz:

Inhalte der Neuregelung
Der nach §289c HGB erforderliche Mindestinhalt der nichtfinanziellen Erklärung umfasst:

BESCHREIBUNG DES GESCHÄFTSMODELLS

Nichtfinanzielle Aspekte	Erläuternde Angaben zu den jeweiligen Aspekten
Umweltbelange (z. B. Treibhausgasemissionen, Wasserverbrauch, Luftverschmutzung, Nutzung erneuerbarer und nichterneuerbarer Energien, Schutz biologischer Vielfalt)	**Beschreibung** der verfolgten **Konzepte**
	Beschreibung der angewandten **Due-Dilligance-Prozesse**
Arbeitnehmerbelange (z. B. Geschlechtergleichstellung, Arbeitsbedingungen, Umsetzung der grundlegenden Übereinkommen der internationalen Arbeitsorganisation, Rechte der Arbeitnehmer und Gewerkschaften, Gesundheitsschutz, Sicherheit am Arbeitsplatz, sozialer Dialog)	**Ergebnisse** der verfolgten **Konzepte**
	Wesentliche **Risiken** aus der **eigenen Geschäftstätigkeit**
Sozialbelange z. B. Dialog auf kommunaler oder regionaler Ebene, Schutz und Entwicklung lokaler Gemeinschaften)	Wesentliche **Risiken** aus Geschäftsbeziehungen, Produkten und Dienstleistungen
Achtung der Menschenrechte (z. B. Verhinderung von Menschenrechtsverletzungen)	Wichtigste **nichtfinanzielle Leistungsindikatoren**
Bekämpfung von Korruption und Bestechung (z. B. Instrumente zur Bekämpfung von Korruption und Bestechung)	Für das Verständnis erforderliche **Hinweise** und Erläuterungen zu den im Jahresabschluss ausgewiesenen Beträgen

Abbildung 17: Mindestinhalt der nichtfinanziellen Erklärung nach Ebner-Stolz,

Der erforderliche Mindestinhalt umfasst Umweltbelange, Arbeitnehmerbelange, Sozialbelange, Achtung der Menschenrechte, Bekämpfung von Korruption und Bestechung.

Die erläuternden Angaben zu den einzelnen nichtfinanziellen Belangen sind jedoch nur erforderlich, wenn und soweit sie für das Verständnis

- des Geschäftsverlaufs, des Geschäftsergebnisses und der Lage des Unternehmens sowie
- der Auswirkungen der Unternehmenstätigkeit auf die einzelnen nichtfinanziellen Belange (wie Umwelt, Arbeitnehmer etc.) erforderlich sind.

Im Kontext der bisherigen Berichtspraxis nach DRS 20 sind die geforderten Mindestangaben dem Grunde nach nicht ganz unbekannt. Vielmehr wird durch das CSR-Richtlinie-Umsetzungsgesetz die Berichtspraxis nach DRS 20 im Handelsgesetzbuch klarstellend geregelt und erhält dadurch eine höhere Relevanz. Die inhaltliche Berichterstattung über Themen wie die Achtung von Menschenrechten, Korruption und Bestechung sowie die Risiken für die Unternehmensumwelt dürfte allerdings für viele Unternehmen Neuland darstellen. Die bisher geltende gesetzliche Verpflichtung zur Analyse nichtfinanzieller Leistungsindikatoren im (Konzern-)Lagebericht bleibt unabhängig von der beschriebenen Neuregelung unverändert bestehen und ist somit auch von der Prüfungspflicht umfasst.

Um die Angabe nichtfinanzieller Informationen durch die Unternehmen zu erleichtern, veröffentlichte die Europäische Kommission im Juli 2017 unverbindliche Leitlinien einschließlich der wichtigsten allgemeinen und sektorspezifischen nichtfinanziellen Leistungsindikatoren.

https://op.europa.eu/de/publication-detail/-/publication/845ab879-6182-11e7-9dbe-01aa75ed71a1/language-de/format-PDFA1A

Sofern das Unternehmen zu den einzelnen Aspekten kein Konzept verfolgt, ist dies in der nichtfinanziellen Erklärung klar und begründet zu erläutern (comply or explain).

Bestimmte Informationen können nach Paragraf 289e in Ausnahmefällen aufgrund ansonsten drohender erheblicher Nachteile von der Berichterstattung ausgenommen werden. Dadurch darf allerdings ein den tatsächlichen Verhältnissen entsprechendes und ausgewogenes Verständnis des

Geschäftsverlaufs, des Geschäftsergebnisses, der Lage des Unternehmens und der Auswirkungen seiner Tätigkeit nicht verhindert werden.

Für die nichtfinanzielle Konzernerklärung gelten nach § 315c HGB die Vorschriften analog zur nichtfinanziellen Erklärung. Bezogen auf den Inhalt bedeutet dies, dass Angaben zu machen sind, die für das Verständnis des Geschäftsverlaufs, des Geschäftsergebnisses, der Lage des Konzerns sowie der Auswirkungen seiner Tätigkeit erforderlich sind.

Nach welchem Standard (nationale, europäische oder internationale Rahmenwerke) die Berichterstattung (§ 289d HGB) erfolgen sollte, ist nicht vorgeschrieben, allerdings ist das verwendete Rahmenwerk zu benennen bzw. sofern kein Rahmenwerk verwendet wird, ist dies zu begründen. In der Begründung zum Referentenentwurf wird bspw. auf die Leitlinien der OECD für multinationale Unternehmen, die Global Reporting Initiative mit G4, den Deutschen Nachhaltigkeitskodex oder das Umweltmanagement- und Umweltbetriebsprüfungssystem EMAS verwiesen. Dabei wird ausdrücklich darauf hingewiesen, dass diese Rahmenwerke lediglich Teilaspekte der von § 289c HGB geforderten Mindestangaben abdecken. Daher haben die betroffenen Gesellschaften bei Rückgriff auf solche Rahmenwerke sicherzustellen, dass sie in der Berichterstattung alle geforderten Mindestangaben abdecken. Diese Beurteilung kann jeweils nur auf Basis der Wesentlichkeit der einzelnen Aspekte für das einzelne Unternehmen erfolgen.

 Praxishinweis

Bei den Beispielen zu den angegebenen Mindestinhalten der nichtfinanziellen Erklärung handelt es sich um exemplarische Aufzählungen. Die betroffenen Unternehmen haben daher festzustellen, über welche nichtfinanziellen Aspekte unter Berücksichtigung der Wesentlichkeit sie zu berichten haben. Dies sollte in Abhängigkeit vom Geschäftsmodell, der Märkte und Länder, in denen die Unternehmensgruppe tätig ist, beurteilt werden. Dabei werden u. U. Lücken in der Informationsbeschaffung erkannt, die durch Handlungsanweisungen, Richtlinien sowie durch Definition von Kennzahlen und Schwellenwerten geschlossen werden können.

Obwohl die Regelungen direkt nur für große Unternehmen von öffentlichem Interesse sowie für Kreditinstitute und Versicherungsunternehmen gelten, beziehen sich die Angaben in der nichtfinanziellen Konzernerklärung auf die ganze Unternehmensgruppe. D. h. die Berichtspflicht erstreckt sich grundsätzlich auch auf nationale und internationale Standorte und Tochtergesellschaften innerhalb und außerhalb der EU. Konzernobergesellschaften müssen daher sicherstellen, dass ihre interne Berichterstattung alle wesentlichen Aspekte konzernweit abdeckt, indem die Daten zu den wichtigsten nichtfinanziellen Leistungsindikatoren an die Konzernobergesellschaft gemeldet werden. Dabei sollte das interne Berichts- und Kontrollsystem für die Erstellung der nichtfinanziellen Erklärung – analog zum rechnungslegungsbezogenen internen Kontrollsystem – integrierter Bestandteil des gesamten Risikomanagement- und Risikoberichtssystems sein.

Definition:
Unternehmen von öffentlichem Interesse sind derzeit nach EU-Recht wie folgt definiert:
- ▶ Unternehmen, deren übertragbare Wertpapiere zum Handel auf einem geregelten Markt zugelassen sind,
- ▶ Kreditinstitute,
- ▶ Versicherungsunternehmen und
- ▶ Unternehmen, die von den Mitgliedsstaaten als Unternehmen von öffentlichem Interesse bestimmt werden.

Die Mitgliedsstaaten der EU haben also die Möglichkeit, Unternehmen zu Unternehmen öffentlichen Interesses zu erklären, die aufgrund der Art ihrer Tätigkeit, ihrer Größe oder der Zahl ihrer Mitarbeiter von erheblicher öffentlicher Bedeutung sind, und so die Anzahl der Unternehmen zu vergrößern, die unter die Bilanzrichtlinie und die Abschlussprüferrichtlinie fallen.

Alternativen bei der Erstellung und Offenlegung
Gemäß § 289b HGB bestehen nachfolgende Alternativen bei der Erstellung und Offenlegung:

1. Besonderer Abschnitt im (Konzern-)Lagebericht,
2. gesonderter nichtfinanzieller Bericht außerhalb des (Konzern-)Lageberichts, der die geforderten Mindestangaben enthält und zusammen mit dem (Konzern-)Lagebericht nach § 325 HGB offengelegt wird,
3. gesonderter nichtfinanzieller Bericht außerhalb des (Konzern-) Lageberichts, der die geforderten Mindestangaben enthält sowie auf der Internetseite des Unternehmens spätestens vier Monate nach dem Abschlussstichtag für mindestens zehn Jahre veröffentlicht wird, wobei im (Konzern-)Lagebericht darauf Bezug genommen wird.

Aufgrund der erweiterten Berichterstattung kann es zu einer teilweisen Doppelung von Berichtspflichten insbesondere im Hinblick auf Risiken und nichtfinanzielle Leistungsindikatoren kommen. So sind Aussagen zu wesentlichen bedeutsamen Risiken und deren Handhabung durch die Gesellschaft sowie zu den wichtigsten nichtfinanziellen Leistungsindikatoren, die für die Geschäftstätigkeit von Bedeutung sind, sowohl in der nichtfinanziellen Erklärung als auch allgemein im Lagebericht erforderlich.

Falls bisher schon ein freiwilliger Nachhaltigkeitsbericht erstellt wurde, kann die Berichterstattung über die Mindestinhalte der nichtfinanziellen Erklärung im gesonderten Nachhaltigkeitsbericht eine sinnvolle Alternative darstellen. In diesem Fall ist sicherzustellen, dass die Veröffentlichung auf der Internetseite der Gesellschaft innerhalb der Vier-Monats-Frist erfolgt, was bei der Planung des Berichtserstellungsprozesses zu beachten ist. Darüber hinaus muss geprüft werden, inwieweit die vorher freiwillige Berichterstattung im Nachhaltigkeitsbericht zu ergänzen ist, um den gesetzlichen Anforderungen zu entsprechen.

Umfang der Prüfungspflicht
Der Abschlussprüfer muss prüfen, ob die nichtfinanzielle Erklärung oder der

gesonderte nichtfinanzielle Bericht vorgelegt wurde. Eine inhaltliche Prüfung der Angaben ist nicht Pflicht. Diese Regelung, dass Teile der gesetzlichen vorgeschriebenen Lageberichterstattung aus der Prüfung durch die Wirtschaftsprüfer ausgenommen werden können, ist nicht unumstritten. Sie wird sich vermutlich ändern. Noch erfolgt sie freiwillig. Wird eine freiwillige Prüfung durchgeführt, hat das Unternehmen das Prüfungsergebnis zu veröffentlichen.

Dabei sieht § 289b Abs. 4 HGB in diesem Fall vor, dass die Veröffentlichung des Prüfungsurteils in gleicher Weise wie die nichtfinanzielle Erklärung oder der gesonderte nichtfinanzielle Bericht erfolgt. Diese Veröffentlichungspflicht galt erstmalig für die Geschäftsjahre, die nach dem 31. Dezember 2018 begonnen haben.

Sofern die nichtfinanzielle (Konzern-)Erklärung in einem gesonderten nichtfinanziellen Bericht außerhalb des (Konzern-)Lageberichts erstellt und nicht spätestens vier Monate nach dem Abschlussstichtag auf der Internetseite des Unternehmens veröffentlicht wird, hat der Abschlussprüfer eine ergänzende Prüfung (Nachtragsprüfung) – und entsprechend § 316 Abs. 3 Satz 2 HGB eine Ergänzung des Bestätigungsvermerks – vorzunehmen, ob der Bezug im (Konzern-)Lagebericht hinsichtlich der Nichtveröffentlichung des gesonderten nichtfinanziellen Berichts innerhalb der Vier-Monatsfrist zutreffend erfolgt ist.

 Praxishinweis

Der Aufsichtsrat hat die nichtfinanzielle (Konzern-)Erklärung gemäß § 171 Abs. 1 AktG unabhängig von der Aufstellungs- und Offenlegungsvariante auch inhaltlich zu prüfen, wodurch eine Einbeziehung in das Corporate Governance System des Unternehmens erfolgt. Für die Gesellschaften mit beschränkter Haftung gilt dies nach § 52 Abs. 1 GmbHG entsprechend, wenn sie einen Aufsichtsrat haben. Der Inhalt der nichtfinanziellen (Konzern-)Erklärung kann freiwillig durch den Abschlussprüfer geprüft werden, wodurch der Aufsichtsrat in seiner Kontrollfunktion unterstützt wird.

Dadurch kann die Qualität der Informationen gegenüber den Adressaten hervorgehoben werden.

Befreiungstatbestände
Ein Unternehmen wird nach § 289b Abs. 2 HGB von der Aufstellung und Offenlegung einer nichtfinanziellen Erklärung befreit, wenn das Unternehmen in den im Einklang mit dem nationalen Recht eines EU-Mitglieds oder -Vertragsstaats und der EU-Bilanzrichtlinie 2013/34/EU erstellten Konzernlagebericht einbezogen ist und dieser Konzernlagebericht eine nichtfinanzielle Erklärung enthält.

Falls das Mutterunternehmen stattdessen einen gesonderten nichtfinanziellen Konzernbericht nach diesen Grundsätzen erstellt und veröffentlicht, genügt auch die Einbeziehung des Tochterunternehmens in diesen Bericht. Die Befreiung gilt nach § 315b Abs. 2 HGB auch für die nichtfinanzielle Konzernerklärung eines Mutterunternehmens, das selbst wiederum in einen nach diesen Grundsätzen erstellten Konzernlagebericht bzw. gesonderten nichtfinanziellen Konzernbericht eines Mutterunternehmens einbezogen wird.

 Praxishinweis

> Bei Inanspruchnahme der Konzernbefreiung durch ein Tochterunternehmen hat dieses in seinem (Konzern-)Lagebericht auf die Befreiung hinzuweisen und anzugeben, welches Mutterunternehmen den Bericht erstellt hat und wo dieser Bericht in deutscher oder englischer Sprache veröffentlicht wird.

DIVERSITÄTSKONZEPT
Aufgrund des Gesetzes zur gleichberechtigten Teilhabe von Frauen und Männern in der Privatwirtschaft und im öffentlichen Dienst vom 24. April 2015 ist in der (Konzern-)Erklärung zur Unternehmensführung über die Festlegungen bzw. gesetzlichen Mindestanteile der Frauen und Männer im Aufsichtsrat, in der Geschäftsleitung und in den beiden Ebenen darunter zu berichten.

https://www.dejure.org/gesetze/HGB/289f.html

Börsennotierte Aktiengesellschaften (§ 289a Abs. 1 HGB) sowie bestimmte andere Aktiengesellschaften mit Kapitalmarktzugang müssen nach § 289f, § 315d HGB darüber hinaus ab dem Geschäftsjahr, das nach dem 31.12.2016 begonnen hat, erstmalig ihre Erklärung zur Unternehmensführung durch eine Beschreibung des Diversitätskonzepts unter Angabe der Zusammensetzung des vertretungsberechtigten Organs und des Aufsichtsrats ergänzen.

Dabei muss nicht nur auf die Verteilung der Geschlechter, sondern auch auf andere Aspekte wie Alter, Bildungs- und Berufshintergrund sowie auf die Ziele des Diversitätskonzepts eingegangen werden und die im Geschäftsjahr erreichten Ergebnisse sind darzustellen. Hiermit soll die Transparenz der verfolgten Diversitätskonzepte erhöht werden. Sofern die Gesellschaft kein Diversitätskonzept verfolgt, hat sie dies zu erläutern (comply or explain-Prinzip).

Unverändert zur bisherigen Regelung sind die Inhalte der Erklärung zur Unternehmensführung nicht Gegenstand der Abschlussprüfung. (umstritten). Allerdings besteht neben der Überprüfung der formellen Bestandteile der Erklärung eine kritische Lesepflicht durch den Abschlussprüfer und bei festgestellten Unstimmigkeiten eine Redepflicht gegenüber dem Aufsichtsrat.

Im Unterschied zur nichtfinanziellen Erklärung haben die börsennotierten Aktiengesellschaften (bzw. respektive Kommanditgesellschaften auf Aktien und Europäischen Gesellschaften SE) eine Beschreibung des Diversitätskonzepts vorzunehmen, unabhängig von der Mitarbeiterzahl.

5.4 Nachhaltigkeitsbericht

Der Nachhaltigkeitsbericht ist im Geschäftsbericht ein wichtiger Bestandteil der Informationspolitik des Unternehmens. Er ist zudem auch ein Instrument des Nachhaltigkeitsmanagements und ein Element des Marketings. Der Nachhaltigkeitsbericht ist kein gesetzlich festgelegtes Instrument, sondern eine Weiterentwicklung der Umweltberichte, die in den neunziger Jahren des letzten Jahrhunderts von Unternehmen, aber auch von öffentlichen Einrichtungen publiziert wurden.

Seit der Verabschiedung des Deutschen Rechnungslegungs Standards Nr. 20 (DRS 20) im Jahr 2012 bestand für die Unternehmen bei der Berichterstattung nach dem alten § 315 Abs. 5, S. 2 HGB die Pflicht zu einer Berichterstattung und Darstellung im Zusammenhang für die Nachhaltigkeit, wenn nichtfinanzielle Leistungsindikatoren für die Steuerung und Entwicklung intern unter dem Aspekt der Nachhaltigkeit verwendet wurden.

Form und Art der Berichterstattung ist nicht vorgegeben. Unternehmen können nationale oder internationale Leitlinien verwenden.

Für die Gestaltung des Nachhaltigkeitsberichtes gibt es viele Möglichkeiten. Ein großer Teil der Unternehmen orientiert sich an den Richtlinien der Global Reporting Initiative (GRI).

https://www.globalreporting.org/

Global Reporting Initiative (GRI)

Abbildung 18

Daneben gibt es noch die Prinzipien der United Nations Global Compact (Globaler Pakt der Vereinten Nationen), der zwischen Unternehmen und der UNO geschlossen wird, um die Globalisierung sozialer und ökologischer zu gestalten.

Außerdem gibt es
- **den Standard ISO 26000 – Social Responsibility**
  https://www.iso.org/iso-26000-social-responsibility.html
- das **Eco Management and Audit Scheme (EMAS)** der Europäischen Union.
  www.emas.de
- den **Deutschen Nachhaltigkeitskodex (DNK)**
  www.deutscher-nachhaltigkeitskodex.de

▶ „**future e. V. – verantwortung unternehmen**" ist eine Initiative nachhaltig wirtschaftender Unternehmen, die das Ziel verfolgt, nachhaltige und zukunftsfähige Strukturen auszubauen und unternehmerisches Denken mit den Anforderungen nachhaltigen Wirtschaftens zu vereinen. *www.future-ev.de*

Anspruchsgruppen tragen an ein Unternehmen unterschiedliche Informationsbedürfnisse heran. Um diesen Informationsbedürfnissen gerecht zu werden, wird die nachhaltigkeitsbezogene Leistung des Unternehmens regelmäßig gemessen und anhand eines Berichtes dokumentiert. Dabei kann ein qualitativ hochstehender Nachhaltigkeitsbericht das Image eines Unternehmens verbessern. Wichtiger ist jedoch, dass die Erstellung eines Nachhaltigkeitsberichtes zu einer intensiven Betrachtung interner Prozesse führt.

Das **Institut für ökologische Wirtschaftsforschung (IÖW)** ist ein führendes wissenschaftliches Institut auf dem Gebiet der praxisorientierten Nachhaltigkeitsforschung. Es führt ein **Ranking** der Nachhaltigkeitsberichte durch.

www.ranking-nachhaltigkeitsberichte.de/das-ranking.html

Die Unternehmen, die im Jahr 2018 den Platz 1 im Ranking erhielten, waren **REWE** bei den Großunternehmen und **VAUDE** bei den KMU.

https://www.ranking-nachhaltigkeitsberichte.de/die-besten-berichte.html.
https://nachhaltigkeitsbericht.vaude.com/

Der DRS 20 schreibt zum Nachhaltigkeitsbericht:

„Finanzielle und nichtfinanzielle Leistungsindikatoren können auch als Kennzahlen im Rahmen der Nachhaltigkeitsberichterstattung dienen. Vor diesem Hintergrund hat das DRSC diskutiert, ob DRS 20 konkrete Vorgaben zu einer Nachhaltigkeitsberichterstattung machen soll. Vor allem da sich Unternehmen

in den letzten Jahren vermehrt an internationalen Standards zur Nachhaltigkeitsberichterstattung orientieren, hat das DRSC hiervon abgesehen."

Die Vorschriften in DRS 20.111 – 113 verlangen von den Unternehmen
- die Darstellung des Zusammenhangs zwischen Leistungsindikatoren und Nachhaltigkeit, wenn berichtete finanzielle und nichtfinanzielle Leistungsindikatoren intern unter dem Aspekt der Nachhaltigkeit verwendet werden;
- die Angabe verwendeter Leitlinien, wenn vom Unternehmen allgemein anerkannte Standards der Nachhaltigkeitsberichterstattung herangezogen werden.

Das Deutsche Rechnungslegungs Standard Committee (DRSC) hielt es für angebracht, als Hilfe zur Verfassung des Nachhaltigkeitsberichts den Begriff der Nachhaltigkeit zu definieren:

„*Nachhaltigkeit: Konzept, das eine ganzheitliche dauerhaft zukunftsfähige Entwicklung der ökonomischen, ökologischen und sozialen Leistung eines Unternehmens oder Konzerns anstrebt.*"
(DRS 20.11)

Die verschiedenen Möglichkeiten, wie die nichtfinanzielle Erklärung und der Nachhaltigkeitsbericht im Geschäftsbericht dargestellt werden können, erschweren es, den Bericht des einen oder anderen Unternehmens als Beispiel aufzuführen. Um Beispiele einer guten Berichterstattung kennen zu lernen, wird die folgende Untersuchung der Arbeitsgemeinschaft „cometis AG und KOHORTEN Sozial- & Wirtschaftsforschung GmbH & C.KG" empfohlen:

„Ranking nichtfinanzielle Erklärungen und Nachhaltigkeitsberichte der DAX- und MDAX-Unternehmen 2018".

https://www.dgap.de/dgap/News/corporate/studie-esgberichterstattung-dax-und-mdax-noch-haeufig-mangelhaft/?newsID=1365073
https://www.cometis.de/de/esg-monitor-ergebnisse

5.5 Nachtragsbericht

Der Nachtragsbericht enthält nach § 285 Nr. 33 HGB Angaben zu den nach Abschluss des Geschäftsjahres eingetretenen Vorgängen von besonderer Bedeutung.

Gesetzestext
§ 285 HGB, Sonstige Pflichtangaben

> Ferner sind im Anhang anzugeben: 1.— 32.
> 33. Vorgänge von besonderer Bedeutung, die nach dem Schluss des Geschäftsjahrs eingetreten und weder in der Gewinn- und Verlustrechnung noch in der Bilanz berücksichtigt sind, unter Angabe ihrer Art und ihrer finanziellen Auswirkungen

Im Nachtragsbericht werden demnach die Vorgänge von besonderer Bedeutung, die nach dem Schluss des Geschäftsjahres eingetreten und weder in der GuV-Rechnung noch in der Bilanz berücksichtigt sind, unter Angabe ihrer Art und ihrer finanziellen Auswirkungen angegeben.

Mit der Novellierung des Handelsrechts durch das BilRUG im Jahr 2015 wurde die Nachtragsberichterstattung vom Lagebericht in den Anhang verlagert. Die in § 285 Nr. 33 HGB geforderten Anhangangaben betreffen nur mittelgroße und große Kapitalgesellschaften, einschließlich mittelgroßer und großer Kapitalgesellschaften & Co. Die kleinen Kapitalgesellschaften, einschließlich der kleinen Kapitalgesellschaften & Co., sind gemäß § 288 Abs. 1 Nr. 1 HGB von der Angabepflicht befreit.

Unter „Vorgängen von besonderer Bedeutung" sind solche Ereignisse zu verstehen, die im Hinblick auf die dauernde Existenzfähigkeit des Unternehmens und seiner Zukunftsaussichten von erheblicher Bedeutung sein können. Dazu gehören Änderungen in den rechtlichen Rahmenbedingungen für die Geschäftstätigkeit, wesentliche Veränderungen der Kapitalausstattung, der Beteiligungsverhältnisse, der Marktverhältnisse, wichtige

Verträge, der Ausgang wichtiger Prozesse, nicht erwartete Forderungsausfälle, größere neue Schadensersatzansprüche, drohende oder eingetretene Verluste, die am Abschlussstichtag noch nicht eingetreten waren, erhebliche Belegschaftsreduzierungen u. Ä. Die Berichtspflicht umfasst nicht nur negative, sondern auch wichtige positive Ereignisse.

„Sofern Vorgänge von besonderer Bedeutung, die nach dem Schluss des Berichtszeitraums eingetreten sind, Auswirkung auf die Darstellung eines den tatsächlichen Verhältnissen entsprechenden Bildes des Geschäftsverlaufs, des Geschäftsergebnisses, der Lage und der voraussichtlichen Entwicklung des Konzerns haben, wird empfohlen, einen Verweis auf die entsprechenden Anhangangaben in den Konzernlagebericht aufzunehmen. Wenn solche Vorgänge nicht eingetreten sind, wird empfohlen, dies im Konzernlagebericht anzugeben."

(Siehe DRS 20, Tz. 114 Nachtragsbericht)

Mit dem BilRUG wurden die Angaben zu Vorgängen von besonderer Bedeutung, die nach dem Schluss des Konzerngeschäftsjahrs eingetreten sind (Nachtragsbericht), in den Anhang verlagert. Daraus folgt, dass im Lagebericht über wichtige Ereignisse nach dem Schluss des Geschäftsjahres nicht mehr berichtet werden muss, obgleich diese sich auf die zukünftige Entwicklung des Unternehmens und damit auch auf die Prognosen auswirken können.

Den Adressaten fehlen damit ggf. Informationen im Lagebericht, um die angegebenen Prognosen zu verstehen und richtig zu würdigen. Damit die Adressaten diese Informationen erhalten, jedoch Doppelangaben vermieden werden, empfiehlt es sich, einen Verweis auf den Nachtragsbericht im Anhang aufzunehmen. Gleichfalls wird empfohlen, einen Hinweis über ein Fehlen eines Nachtragsberichts in den Lagebericht aufzunehmen. Durch diese Negativerklärung besteht für den Leser des Konzernlageberichts nicht mehr die Notwendigkeit, das Vorhandensein eines Nachtragsberichts extra im Anhang zu prüfen.

Die Notwendigkeit, über entsprechende Sachverhalte unter den prognosebezogenen Annahmen zu berichten, sofern sie für das Verständnis der Prognosen von wesentlicher Bedeutung sind, bleibt davon unberührt. (DRS 20, B27, Nachtragsbericht).

Der Zeitraum, bis zu dem die besonderen Vorgänge nach dem Abschlussstichtag im Lagebericht zu berücksichtigen sind, ist nicht eindeutig festgelegt. Jedoch ist es nach herrschender Meinung wohl der Berichtszeitraum von Beginn des neuen Geschäftsjahres bis zum Zeitpunkt der Berichterstellung. Im Interesse einer aktuellen Berichterstattung müssen wesentliche Vorgänge aber auch noch später bis zur Vorlage des Jahresabschlusses an die Hauptversammlung berücksichtigt werden. Vor allem bei wesentlichen Verlusten, über die bisher nicht berichtet wurde, muss der Bericht noch bis zum Gewinnverteilungsbeschluss bzw. bis zur Ergebnisverwendung geändert werden. Das kann zum Beispiel durch ein Einlageblatt im Geschäftsbericht erfolgen.

5.6 Entsprechenserklärung zum Deutschen Corporate Governance Kodex

Mit dem sogenannten Deutschen Corporate Governance Kodex haben sich die börsennotierten Unternehmen im Jahr 2001 private Regeln zur Unternehmensführung geschaffen (siehe Kapitel 2.2.3.2). Für diese ist insofern eine gesetzliche Legitimation geschaffen worden, als die Unternehmen nach § 161 Aktiengesetz (AktG) eine Entsprechenserklärung zum Deutschen Corporate Governance Kodex abzugeben haben.

Andere gesetzliche Initiativen mit Bezug zur Unternehmensführung (Corporate Governance) sind das Gesetz zur Kontrolle und Transparenz im Unternehmensbereich (KonTraG, 1998), das Gesetz zur weiteren Reform des Aktien- und Bilanzrechts, zur Transparenz und Publizität (TransPuG, 2002), das Bilanzrechtsreformgesetz (BilReG, 2004) und das Vorstandsvergütungs-Offenlegungsgesetz (VorstOG, 2005).

Die inhaltliche Ausgestaltung des Berichtes richtet sich nach dem jeweiligen bekannt gemachten Deutschen Corporate Governance Kodex und dem Unternehmensinteresse. Dabei bilden die Interessen der Anteilseigner und Arbeitnehmer die Mindestinteressen, die zur Definition des Unternehmensinteresses heranzuziehen sind. Nach geltender höchstrichterlicher Rechtsprechung begrenzt das Unternehmensinteresse die Ermessensausübung des Vorstandes nach § 76 Abs. 1 AktG.

Bei der Suche nach den Gründen für die großen Unternehmensskandale von börsennotierten Konzernen in den vergangenen beiden Jahrzehnten kam Dr. Carl Ehlers zu dem Ergebnis, dass die Ursache hierfür primär beim Deutschen Corporate Governance Kodex liegt.

https://www.3grc.de/corporate-governance/der-grund-fuer-den-wirecard-skandal-der-deutsche-corporate-governance-kodex/

Bei dem Kodex handelt es sich nicht um ein Gesetz, sondern um Regeln der in Frankfurt notierten Börsenunternehmen, die unabhängig vom Handels- und Aktienrecht jährlich geändert werden. Die **Zahl der gesetzwidrigen Empfehlungen** hat sich seit dem Jahr 2001 so sehr vermehrt, dass die Unternehmen –abgesehen von den Skandalunternehmen –der Forderung des § 161 Aktiengesetz, alle Abweichungen vom Kodex zu begründen, aufgrund der Logik und der Vielzahl der gesetzwidrigen Regeln nicht nachkommen können. Die Unternehmen erfüllen diese unlösbare Aufgabe, jedes auf seine Weise.

Im sog. Deutschen Corporate Governance Kodex des Jahres 2020 befindet sich erstmals der Hinweis, man könne die **Entsprechenserklärung mit der Erklärung zur Unternehmensführung des Handelsgesetzbuches kombinieren.**

Die Dürrkopp-Adler AG machte davon Gebrauch und gab einen kombinierten Bericht zur Unternehmensführung ab. In ihm begründete man zwar einige Abweichungen vom Kodex. Die große Mehrzahl der Abweichungen, wo man den gesetzlichen Vorschriften und nicht dem Kodex gefolgt war, ließ man einfach unerwähnt.

https://www.adlermode-unternehmen.com/fileadmin/2020/IR/Erklaerung_zur_Unternehmensfuehrung/ADLER_2019_Erklaaerung_zur_Unternehmensfuehrung.pdf

Einen anderen Weg, um formell der Vorschrift des § 161 Abs. 2 zu folgen, wählte die Allianz AG im Geschäftsbericht 2019. Sie beschrieb ihr Unternehmensführungssystem. Dem fügte sie eine umfangreiche Tabelle mit einer Stellungnahme zu den einzelnen Kodex-Empfehlungen bei. Diese enthält der Reihe nach aufsteigend mit 65 Nummern versehen die Kodex-Vorschriften:

▶ In der ersten Spalte wurde hinter der Nummer vermerkt: „**Gesetz**".
▶ In der zweiten Spalte wurde hinter der Nummer vermerkt: „**Kodex**", in dem Fall, wo ausnahmsweise einer Empfehlung des Kodex gefolgt worden war.

Im Jahr 2020 ersann man bei der Allianz eine andere Lösung für das Problem der Entsprechenserklärung nach § 161 AktG. Wie im Vorjahr beschrieb man das eigene Unternehmensführungssystem und erklärte, alle gesetzlichen Vorschriften zu berücksichtigen. Anschließend begründete man nicht –wie vom Gesetz vorgeschrieben –die Abweichungen vom Kodex. Stattdessen fügte man eine mehrseitige Tabelle mit sämtlichen Empfehlungen, Grundsätzen und Anregungen des DCGK bei. Sie erhielt die Überschrift **„Die Erfüllung der Kodex-Vorgaben im Detail"**. Und hinter jede dieser insgesamt 75 Vorgaben schrieb man dann: **„Ja"**.

https://www.allianz.com/content/dam/onemarketing/azcom/Allianz_com/investor-relations/en/corporate-governance/declaration-of-conformity/de-2020-Kodexsynopse.pdf

Der Deutsche Corporate Governance Kodex bei der Allianz SE:
Die Erfüllung der Kodex-Vorgaben im Detail

Hier finden Sie eine Zusammenstellung sämtlicher Inhalte des Deutschen Corporate Governance Kodex (Fassung vom 16. Dezember 2019) sowie Angaben zur Corporate-Governance-Praxis der Allianz SE hinsichtlich der einzelnen Kodex-Vorgaben.

Der Deutsche CorporateGovernance Kodex unterscheidet grundsätzlich drei Kategorien von Vorgaben: Die Grundsätze geben wesentliche rechtliche Vorgaben verantwortungsvoller Unternehmensführung wieder und dienen hier der Information der Anleger und weiterer Stakeholder. Empfehlungen des Kodex sind im Text durch die Verwendung des Wortes „soll" gekennzeichnet. Die Gesellschaften können hiervon abweichen, sind dann aber verpflichtet, dies jährlich offenzulegen und die Abweichungen zu begründen („comply or explain"). Dies ermöglicht den Gesellschaften, branchen- oder unternehmensspezifische Besonderheiten zu berücksichtigen. Eine gut begründete Abweichung von einer Kodexempfehlung kann im Interesse einer guten Unternehmensführung liegen. Schließlich enthält der Kodex Anregungen, von denen ohne Offenlegung abgewichen werden kann; hierfür verwendet der Kodex den Begriff „sollte".

Vorstand und Aufsichtsrat der Allianz SE haben zum Deutschen Corporate Governance Kodex am 10. Dezember 2020 die Entsprechenserklärung gem. § 161 AktG abgegeben. Über diese formale Entsprechenserklärung hinaus äußert sich die Allianz SE in der folgenden Auflistung im Detail zu allen Punkten des Kodex -einschließlich der Anregungen. Dies unterstreicht nachhaltig das umfassende Bekenntnis der Allianz zum Leitbild einer transparenten und verantwortungsvollen Unternehmensführung und -kontrolle.

Kategorie	Grundsätze, Empfehlungen, Anregungen	Erfüllt?
	A. Leitung und Überwachung	
	I. Geschäftsführungsaufgaben des Vorstands	
Grundsatz 1	Der Vorstand leitet das Unternehmen in eigener Verantwortung im Unternehmensinteresse. Die Mitglieder des Vorstands tragen gemeinsam die Verantwortung für die Unternehmensleitung. Der Vorstandsvorsitzende bzw. Sprecher des Vorstands koordiniert die Arbeit der Vorstandsmitglieder.	
Grundsatz 2	Der Vorstand entwickelt die strategische Ausrichtung des Unternehmens, stimmt sie mit dem Aufsichtsrat ab und sorgt für ihre Umsetzung.	
Grundsatz 3	Der Vorstand legt für den Frauenanteil in den beiden Führungsebenen unterhalb des Vorstands Zielgrößen fest.	
Empfehlung: A.1	Der Vorstand soll bei der Besetzung von Führungsfunktionen im Unternehmen auf Diversität achten.	Ja
Grundsatz 4	Für einen verantwortungsvollen Umgang mit den Risiken der Geschäftstätigkeit bedarf es eines geeigneten und wirksamen internen Kontroll- und Risikomanagementsystems.	
Grundsatz 5	Der Vorstand hat für die Einhaltung der gesetzlichen Bestimmungen und der internen Richtlinien zu sorgen und wirkt auf deren Beachtung im Unternehmen hin (Compliance).	
Empfehlungen und Anregung: A.2	Der Vorstand soll für ein an der Risikolage des Unternehmens ausgerichtetes Compliance Management System sorgen und dessen Grundzüge offenlegen. Beschäftigten soll auf geeignete Weise die Möglichkeit eingeräumt werden, geschützt Hinweise auf Rechtsverstöße im Unternehmen zu geben; auch Dritten sollte diese Möglichkeit eingeräumt werden.	Ja
	II. Überwachungsaufgaben des Aufsichtsrats	
Grundsatz 6	Der Aufsichtsrat bestellt und entlässt die Mitglieder des Vorstands, überwacht und berät den Vorstand bei der Leitung des Unternehmens und ist in Entscheidungen von grundlegender Bedeutung für das Unternehmen einzubinden.	

Kategorie	Grundsätze, Empfehlungen, Anregungen	Erfüllt?
	Für Geschäfte von grundlegender Bedeutung legen die Satzung und/oder der Aufsichtsrat Zustimmungsvorbehalte fest.	
	Geschäfte mit nahestehenden Personen bedürfen darüber hinaus unter Umständen von Gesetzes wegen der vorherigen Zustimmung des Aufsichtsrats.	
Grundsatz 7	Der Aufsichtsratsvorsitzende wird vom Aufsichtsrat aus seiner Mitte gewählt. Er koordiniert die Arbeit im Aufsichtsrat und nimmt die Belange des Aufsichtsrats nach außen wahr.	
Anregung:		
A.3	Der Aufsichtsratsvorsitzende sollte in angemessenem Rahmen bereit sein, mit Investoren über aufsichtsratsspezifische Themen Gespräche zu führen.	Ja
	III. Funktion der Hauptversammlung	
Grundsatz 8	Die Aktionäre üben ihre Mitgliedschaftsrechte regelmäßig in der Hauptversammlung aus. Die Hauptversammlung entscheidet insbesondere über die Gewinnverwendung sowie die Entlastung von Vorstand und Aufsichtsrat und wählt die Anteilseignervertreter in den Aufsichtsrat sowie den Abschlussprüfer. Daneben entscheidet die Hauptversammlung über rechtliche Grundlagen der Gesellschaft, wie insbesondere Änderungen der Satzung, Kapitalmaßnahmen, Unternehmensverträge und Umwandlungen. Die Hauptversammlung beschließt grundsätzlich mit beratendem Charakter über die Billigung des vom Aufsichtsrat vorgelegten Vergütungssystems für die Vorstandsmitglieder, über die konkrete Vergütung des Aufsichtsrats und mit empfehlendem Charakter über die Billigung des Vergütungsberichts für das vorausgegangene Geschäftsjahr.	

5.7 Erklärung zur Unternehmensführung

Die Erklärung zur Unternehmensführung ist in den Lagebericht aufzunehmen. Der Inhalt der Erklärung ist in den §§ 289f und 315d des Handelsgesetzbuches detailliert angegeben.

Nach dem Wortlaut des Gesetzes trifft die Verpflichtung zur Abgabe alle „börsennotierten Aktiengesellschaften sowie Aktiengesellschaften, die ausschließlich andere Wertpapiere als Aktien zum Handel an einem organisierten Markt im Sinn des § 2 Abs. 5 des Wertpapierhandelsgesetzes (WpHG) ausgegeben haben und deren ausgegebene Aktien auf eigene Veranlassung über ein multilaterales Handelssystem im Sinn des § 2 Abs. 3 Satz 1 Nr. 8 des Wertpapierhandelsgesetzes gehandelt werden".

Gesetzestext
§ 289f HGB, Erklärung zur Unternehmensführung
Fassung vom 12.12.2019, in Kraft getrreten am 01.10.2020

> Börsennotierte Aktiengesellschaften sowie Aktiengesellschaften, die ausschließlich andere Wertpapiere als Aktien zum Handel an einem organisierten Markt im Sinn des § 2 Abs. 11 des Wertpapierhandelsgesetzes ausgegeben haben und deren ausgegebene Aktien auf eigene Veranlassung über ein multilaterales Handelssystem im Sinn des § 2 Abs.8 Satz 1 Nr. 8 des Wertpapierhandelsgesetzes gehandelt werden, haben eine Erklärung zur Unternehmensführung in ihren Lagebericht aufzunehmen, die dort einen gesonderten Abschnitt bildet. Sie kann auch auf der Internetseite der Gesellschaft öffentlich zugänglich gemacht werden. In diesem Fall ist in den Lagebericht eine Bezugnahme aufzunehmen, welche die Angabe der Internetseite enthält.
>
> (2) In die Erklärung zur Unternehmensführung sind aufzunehmen
> 1. die Erklärung gemäß § 161 des Aktiengesetzes;
> 2. relevante Angaben zu Unternehmensführungspraktiken, die über

die gesetzlichen Anforderungen hinaus angewandt werden, nebst Hinweis, wo sie öffentlich zugänglich sind;
3. eine Beschreibung der Arbeitsweise von Vorstand und Aufsichtsrat sowie der Zusammensetzung und Arbeitsweise von deren Ausschüssen; sind die Informationen auf der Internetseite der Gesellschaft öffentlich zugänglich, kann darauf verwiesen werden;
4. bei börsennotierten Aktiengesellschaften die Festlegungen nach § 76 Abs. 4 und § 111 Abs. 5 des Aktiengesetzes und die Angabe, ob die festgelegten Zielgrößen während des Bezugszeitraums erreicht worden sind, und wenn nicht, Angaben zu den Gründen;
5. die Angabe, ob die Gesellschaft bei der Besetzung des Aufsichtsrats mit Frauen und Männern jeweils Mindestanteile im Bezugszeitraum eingehalten hat, und wenn nicht, Angaben zu den Gründen, sofern es sich um folgende Gesellschaften handelt:
    a) börsennotierte Aktiengesellschaften, die aufgrund von § 96 Abs. 2 und 3 des Aktiengesetzes Mindestanteile einzuhalten haben oder
    b) börsennotierte Europäische Gesellschaften (SE), die aufgrund von § 17 Abs. 2 oder § 24 Abs. 3 des SE-Ausführungsgesetzes Mindestanteile einzuhalten haben;
6. bei Aktiengesellschaften im Sinne des Absatzes 1, die nach § 267 Abs. 3 Satz 1 und Abs. 4 bis 5 große Kapitalgesellschaften sind, eine Beschreibung des Diversitätskonzepts, das im Hinblick auf die Zusammensetzung des vertretungsberechtigten Organs und des Aufsichtsrats in Bezug auf Aspekte wie beispielsweise Alter, Geschlecht, Bildungs- oder Berufshintergrund verfolgt wird, sowie der Ziele dieses Diversitätskonzepts, der Art und Weise seiner Umsetzung und der im Geschäftsjahr erreichten Ergebnisse.

(3) Auf börsennotierte Kommanditgesellschaften auf Aktien sind die Abs. 1 und 2 entsprechend anzuwenden.

(4) Andere Unternehmen, deren Vertretungsorgan und Aufsichtsrat nach § 36 oder § 52 des Gesetzes betreffend die Gesellschaften mit beschränkter Haftung oder nach § 76 Abs. 4 des Aktiengesetzes, auch in Verbindung mit § 34 Satz 2 und § 35 Abs. 3 Satz 1 des Versicherungsaufsichtsgesetzes, oder nach § 111 Abs. 5 des Aktiengesetzes, auch in

Verbindung mit § 35 Abs. 3 Satz 1 des Versicherungsaufsichtsgesetzes, verpflichtet sind, Zielgrößen für den Frauenanteil und Fristen für deren Erreichung festzulegen, haben in ihrem Lagebericht als gesonderten Abschnitt eine Erklärung zur Unternehmensführung mit den Festlegungen und Angaben nach Abs. 2 Nr. 4 aufzunehmen; Abs. 1 Satz 2 und 3 gilt entsprechend. Gesellschaften, die nicht zur Offenlegung eines Lageberichts verpflichtet sind, haben eine Erklärung mit den Festlegungen und Angaben nach Abs. 2 Nr. 4 zu erstellen und gemäß Abs. 1 Satz 2 zu veröffentlichen. Sie können diese Pflicht auch durch Offenlegung eines unter Berücksichtigung von Satz 1 erstellten Lageberichts erfüllen.

(5) Wenn eine Gesellschaft nach Abs. 2 Nr. 6, auch in Verbindung mit Abs. 3, kein verfolgt, hat sie dies in der Erklärung zur Unternehmensführung zu erläutern.

 Gesetzestext § 315d HGB,
Konzernerklärung zur Unternehmensführung

Ein Mutterunternehmen, das eine Gesellschaft im Sinne des § 289f Abs. 1 oder Abs. 3 ist, hat für den Konzern eine Erklärung zur Unternehmensführung zu erstellen und als gesonderten Abschnitt in den Konzernlagebericht aufzunehmen. § 289f ist entsprechend anzuwenden.

Als Beispiel für die beiden Berichte dient der Lagebericht 2018 **der Dürkopp Adler AG,** die von der Möglichkeit Gebrauch macht, die Konzernerklärung zur Unternehmensführung mit dem Corporate Governance Bericht zu kombinieren (siehe Kapitel 5.6, Seite 213).

6. RISIKOBERICHTERSTATTUNG IN ZWISCHENBERICHTEN UND AD-HOC-MITTEILUNGEN

6.1 Risikoberichterstattung in Zwischenberichten

Ein Zwischenbericht ist ein Finanzbericht, der einen vollständigen Abschluss oder einen verkürzten Abschluss für eine Zwischenberichtsperiode enthält. Eine Zwischenberichtsperiode ist dabei jede Periode, die kürzer als das gesamte Geschäftsjahr ist.

Zwischenlagebericht und Zwischenmitteilung

Der Zwischenabschluss ist gemäß § 115 WpHG Abs. 2 bzw. § 87 Abs. 1 BörsG um einen Zwischenlagebericht zu ergänzen. Es sind wesentliche Chancen und Risiken für die dem Berichtszeitraum folgenden sechs Monate des Geschäftsjahrs darzustellen. Aktienemittenten müssen zusätzlich wesentliche Geschäfte mit nahestehenden Personen angeben.

Der Lagebericht ist prinzipiell nach den allgemeinen Grundsätzen aufzustellen. Nach DRS 16 liegt jedoch der Schwerpunkt bei der Aktualisierung des Lageberichts des letzten Jahresabschlusses und der Prognose für das ausstehende Geschäftsjahr.

Frühestens zehn Wochen nach Beginn des Geschäftshalbjahres und sechs Wochen vor Ende des Geschäftshalbjahres müssen Aktienemittenten, die zur Zwischenberichterstattung verpflichtet sind und keine Quartalsabschlüsse aufstellen, eine Zwischenmitteilung veröffentlichen. Diese muss gemäß § 116 WpHG ausreichende Informationen zur Beurteilung der Geschäftstätigkeit des Emittenten in den drei Monaten vor Ablauf des Mitteilungszeitraums enthalten. Ferner sind wesentliche Ereignisse und Geschäfte des bisherigen Halbjahres und deren Auswirkung auf die

Finanzlage des Unternehmens darzustellen. Schließlich sind die Finanzlage und das Geschäftsergebnis des Emittenten im Mitteilungszeitraum zu beschreiben.

Zur Erstellung des Zwischenberichtes richtet man sich am besten nach den Vorschriften des **Deutschen Rechnungslegungs Standard Nr. 16 (DRS 16)**. Danach sind Risiken der künftigen Entwicklung in den Zwischenberichten nur insoweit und in zusammengefasster Form darzustellen, soweit seit Beginn des Geschäftsjahres wesentliche Änderungen eingetreten sind. Wesentliche Änderungen der Chancen und Risiken können sich durch wesentliche Änderungen bei den Eintrittswahrscheinlichkeiten, den positiven bzw. negativen Auswirkungen sowie aufgrund neuer oder weggefallener Risiken und Chancen ergeben.

Falls keine wesentlichen Änderungen eingetreten sind, sollte eine Negativfeststellung und ein Verweis auf den Risikobericht des letzten Lageberichts aufgenommen werden. Chancen und Risiken sowie deren positive und negative Veränderungen dürfen nicht gegeneinander aufgerechnet werden. Auf möglicherweise bestandsgefährdende Risiken, die als solche zu bezeichnen sind, ist besonders einzugehen; ein bloßer Verweis auf den letzten Konzernlagebericht ist nicht zulässig.

6.2 Ad-hoc-Mitteilungen

Als **Ad-hoc-Publizität** werden die Publizitätspflichten der Emittenten von Finanzinstrumenten bezeichnet. Die sich aus diesen Pflichten ergebenden Mitteilungen werden als Ad-hoc-Mitteilung, Börsenmitteilung oder oft auch als Pflichtmitteilung bezeichnet. Bis zum 3. Juli 2016 war die Ad-hoc-Publizität im deutschen **Wertpapierhandelsgesetz (WpHG)** geregelt. Seitdem ist sie EU-weit im Wesentlichen in der **Marktmissbrauchsverordnung (MMVO)** normiert. Hierbei handelt es sich um eine europäische Verordnung, die der Bekämpfung von Insidergeschäften und Marktmanipulationen auf dem Kapitalmarkt dient.

Die Pflicht zur Ad-hoc-Publizität fordert Unternehmen dazu auf, Insiderinformationen so schnell wie möglich zu veröffentlichen, damit sie von allen Teilnehmern des Kapitalmarkts zur Kenntnis genommen werden können. Hierdurch soll dem Insiderhandel vorgebeugt werden. Eng verwandt mit der Pflicht zur Veröffentlichung von Ad-hoc-Mitteilungen ist die Meldepflicht für Eigengeschäfte von Führungskräften nach Art. 19 MMVO.

Im Allgemeinen handelt es sich bei Ad-hoc-Mitteilungen um Nachrichten betreffend:

- Jahres- oder Quartalsergebnisse,
- Dividendenvorschlag,
- Veränderungen auf Managementebene,
- Kauf und Verkauf von Unternehmen oder Beteiligungen,
- Gründung von Gemeinschaftsunternehmen (Joint Ventures),
- neue oder beendete Geschäftsaktivitäten,
- Gewinn oder Verlust von wesentlichen Kunden,
- neue Projekte besonderer Art etc.

Die Pflicht zur Ad-hoc-Publizität soll dem Missbrauch von Insider-Kenntnissen entgegenwirken und die Markttransparenz erhöhen. Dabei ist **Insider eine Person, die aufgrund ihrer Position oder beruflichen Tätigkeit Zugang zu nichtöffentlichen Informationen über ein Unternehmen hat**.

Als Insider gilt
1. das Mitglied des Geschäftsführungs- oder Aufsichtsorgans,
2. der persönlich haftende Gesellschafter des Emittenten,
3. das Mitglied eines mit dem Emittenten verbundenen Unternehmens,
4. eine Person aufgrund einer Beteiligung am Kapital des Emittenten oder eines mit dem Emittenten verbundenen Unternehmens,
5. eine Person, die aufgrund des Berufs oder der Tätigkeit oder der Aufgabe bestimmungsgemäß Kenntnis von einer Insider-Tatsache hat.

Eine Insider-Tatsache ist jede nichtöffentlich bekannte Tatsache, die sich auf einen oder mehrere Emittenten von Insider-Papieren oder auf Insider-Papiere selbst bezieht und deren Veröffentlichung den Kurs der Insider-Papiere erheblich beeinflussen könnte. Durch missbräuchliche Nutzung des Informationsvorsprunges könnte sich der Insider Vorteile gegenüber anderen Marktteilnehmern verschaffen.

Deshalb gilt ein **Insider-Handelsverbot**. Ein Verstoß gegen dieses Verbot kann mit einer Haftstrafe von bis zu fünf Jahren oder einer Geldbuße geahndet werden.

Man unterscheidet zwischen Personen mit unmittelbarem Zugang zu Insider-Informationen (Primär-Insider) und Personen, die indirekt Kenntnis von Insider-Tatsachen erlangt haben (Sekundär-Insider).

Eine Insiderinformation betrifft den Emittenten unmittelbar, wenn sie sich auf Umstände bezieht, die in seinem Tätigkeitsbereich eingetreten sind.

Der Emittent haftet gegenüber Dritten bei Vorsatz oder grober Fahrlässigkeit wegen unterlassener unverzüglicher Veröffentlichung von Insider-Informationen. Er haftet auf Schadenersatz, wenn Dritte die betreffenden Finanzinstrumente nach dem Zeitpunkt der unterlassenen pflichtgemäßen Veröffentlichung erworben haben und bei Bekanntwerden der Insiderinformation noch Inhaber der Finanzinstrumente sind.

Dasselbe gilt, wenn Dritte die Finanzinstrumente vor dem Entstehen der Insiderinformation erworben haben und nach dem Zeitpunkt der unterlassenen pflichtgemäßen Veröffentlichung veräußern.

Der Emittent haftet außerdem bei Veröffentlichung unwahrer Insiderinformationen für den Schaden, der Dritten entsteht, die sich auf die Richtigkeit der Information verlassen haben.

Die Nachrichten sind vor der Veröffentlichung zuerst der **Bundesanstalt für Finanzdienstleistungsaufsicht (BaFin)** und den **Börsenführungen** bekannt zu geben. Diese entscheiden, ob der Aktienkurs ausgesetzt werden muss. Während die Bundesanstalt für Finanzdienstleistungsaufsicht (BaFin) prüft, ob die Emittenten ihrer Publizitätspflicht nachkommen, entscheidet die Börsengeschäftsführung darüber, ob die Veröffentlichung der kursbeeinflussenden Tatsache eine vorübergehende Kursaussetzung erfordert.

Die **Veröffentlichung der Gesellschaft** ist entweder in mindestens einem überregionalen Börsenpflichtblatt oder über ein elektronisch betriebenes, weit verbreitetes Informationsverbreitungssystem in deutscher Sprache vorzunehmen. In der Praxis erfolgt die Veröffentlichung über den Internetservice der Deutschen Gesellschaft für Ad-hoc-Publizität GmbH. Unternehmen im „Prime Standard" müssen Ad-hoc-Mitteilungen zusätzlich auch in englischer Sprache publizieren.

7. PRÜFUNG DER RISIKOBERICHTERSTATTUNG

7.1 Prüfung des Lageberichts durch den Abschlussprüfer

7.1.1 Die Pflichten der Wirtschaftsprüfer und die Qualität der Risikoberichterstattung deutscher Konzerne

Die fachlich professionelle und sorgfältige Arbeit des Wirtschaftsprüfers ist für die Qualität des Risikoberichts von entscheidender Bedeutung. Zwar wird durch die gesetzlichen Bestimmungen zur Risikoberichterstattung im Handelsgesetzbuch und Aktiengesetz, ergänzt durch die Vorschriften des DRS 20, festgelegt, welche Informationen in welcher Form der externe Risikobericht des Unternehmens zu enthalten hat. Aber ob dies auch der Fall ist und wie es erfolgt, ist eine wichtige Aufsichtsfunktion des Wirtschaftsprüfers.

Der Abschlussprüfer hat die gesetzliche Pflicht zu prüfen, ob alle Vorschriften auch eingehalten werden. Zur Erfüllung dieser Aufgabe gibt das Institut deutscher Wirtschaftsprüfer verschiedene Arten von Verlautbarungen an seine Mitglieder heraus. (siehe Kapitel 2.6).

Die für das Unternehmen wichtigsten sind die IDW Prüfungsstandards. Es sind der Prüfungsstandard IDW PS 340 zur Prüfung des Risikofrüherkennungssystems nach § 317 Abs. 4 HGB und der IDW PS 350 zur Prüfung der Lageberichterstattung. Die Wirtschaftsprüfer prüfen das gesamte Risikofrüherkennungssystem und im Rahmen der Lageberichtsprüfung auch die anderen Bereiche des Risikomanagements. Sie können daher am besten beurteilen, ob der Risikobericht alles und in der Form enthält, wie es die Gesetze, ergänzt durch den Deutschen Rechnungslegungs Standard DRS 20, vorschreiben.

In der Regel führen die Wirtschaftsprüfer die Abschlussprüfung ordnungsgemäß durch und unterstützen das Unternehmen durch ihre Kenntnisse aus dem ganzen Konzern bei der Verbesserung des Risikomanagementsystems.

Einige große Konzerne erstellen jedoch Risikoberichte, die nicht gesetzeskonform sind. Dort erfüllt auch das Risikomanagementsystem nicht die gesetzlichen Anforderungen. Solche Risikomanagementsysteme sind nicht vollständig, konzernweit nicht einheitlich und daher nicht ausreichend funktionsfähig. Primär ursächlich für eine solche Situation ist das Verhalten der Unternehmensvorstände. Sie haben nicht ihre Pflicht erfüllt, gemäß § 91 Abs. 2 AktG ein Überwachungssystem zur Risikofrüherkennung und hierfür ein vollständiges Risikomanagementsystem im Konzern einzurichten. Mitverantwortlich für die gefährliche Lücke in der Unternehmenssteuerung sind häufig die Aufsichtsräte, deren Aufgabe es ist, den Vorstand und das Risikomanagement zu kontrollieren.

In den letzten Jahren wurden die Voraussetzungen für eine ordnungsmäßige Abschlussprüfung zunehmend schlechter. Die großen Wirtschaftsprüfungsgesellschaften zeigten keine Bereitschaft, sich mit dem Vorstand mächtiger Konzerne und dem sie beauftragenden Aufsichtsrat wegen dieser fehlenden Risikovorsorge für das Unternehmen auseinanderzusetzen. Der Hauptgrund war die Befürchtung, das Prüfungsmandat und damit Umsatz zu verlieren, falls man sich nicht „genehm" gegenüber dem Vorstand und dem sie beauftragenden Aufsichtsrat verhielt. Bei den vier marktbeherrschenden Wirtschaftsprüfungsgesellschaften kam und kommt außerdem ihr Ziel der Gewinnmaximierung dazu. Sie unternehmen sehr viel, um Aufträge für ihre Unternehmensberatungsfirmen zu akquirieren, da diese besser als die Jahresabschlussprüfung bezahlt werden.

Dieses Verhalten wird durch falsche Leistungsanreize (Incentives) für die Vorstände einiger großer WP-Gesellschaften mit Beratungsfirmen hervorgerufen. Dort kann ein Teil des Jahreseinkommens aus einer Tantieme bestehen, die u. a. abhängig vom Umsatz mit den betreuten Mandanten ist. Damit ist die vorgeschriebene Unabhängigkeit des Abschlussprüfers gefährdet.

Durch eine Analyse der letzten Betrugsskandale von börsennotierten Unternehmen hat sich herausgestellt, dass der Deutsche Corporate Governance Kodex zusätzlich ein ganz entscheidender Faktor für schlechte Wirtschaftsprüferleistung ist (siehe Kapitel 2.2.3). Denn er gestattet es den an der Frankfurter Börse notierten Unternehmen, statt der gesetzlichen Vorschriften die gesetzwidrigen Empfehlungen und Anregungen des Kodex anzuwenden. Dass der Berufsverband der Wirtschaftsprüfer, die Wirtschaftspüferkammer und das Institut der Wirtschaftsprüfer (IDW) nichts dagegen unternommen haben, setzt sie zu Recht dem Vorwurf aus, bei Börsenkonzernen gelegentlich mangelhaft zu prüfen.

Nach den Regeln des Deutschen Corporate Governance Kodex ist Folgendes möglich:

▶ Der Aufsichtsrat kann den Abschlussprüfer von der Prüfung wichtiger Teile der Unternehmensberichterstattung ausschließen.
▶ Trotz Feststellung von rechtswidrigen Maßnahmen des Vorstands bei der Abschlussprüfung kann der Wirtschaftsprüfer dies nicht in seinem externen Prüfungsbericht erwähnen.
▶ Der Bestätigungsvermerk enthält nichts davon, wenn Mängel bei der Bilanzierung und Berichterstattung des Unternehmens festgestellt wurden. Der Abschlussprüfer hat nach dem Kodex immer einen uneingeschränkten Bestätigungsvermerk zu erteilen.

Neben diesen nachteiligen Auswirkungen einer mangelhaften Prüfung auf das Risikomanagement und die Risikoberichterstattung kommt noch die Tatsache hinzu, dass viele Abschlussprüfer kein ausreichendes Fachwissen auf dem Gebiet des Risikomanagements haben. Hierbei geht es um Kenntnisse der modernen Betriebswirtschaft und über zeitgemäße Unternehmensführung, die zur Beurteilung dieses recht komplizierten betriebswirtschaftlichen Steuerungssystems, des Risikomanagements, erforderlich sind. Hierfür werden u. a. auch mathematische Kenntnisse benötigt.

Zwar beinhaltet die Vorbereitung auf das Wirtschaftsprüferexamen und die Prüfung selbst diese Thematik. Auch gehören die Prüfung des Risikofrüherkennungssystems, neue Vorschriften zur Unternehmensführung, Vorstandsvergütung und Incentive-Modelle zum Studienstoff. Aus der Zusammenarbeit mit den meisten Wirtschaftsprüfungsgesellschaften ist aber bekannt, dass nur ein Teil der Wirtschaftsprüfer, die Abschlussprüfungen durchführen, sich ausreichend auf dem Gebiet auskennt, das ein ganz spezielles Wissen verlangt. Die großen Wirtschaftsprüferkonzerne lösen dieses Problem, indem sie einen Risikomanagement-Experten aus ihrem Unternehmensberatungsbereich die Prüfung durchführen lassen.

Das führt zur unbefriedigenden Situation, dass der Leiter der Konzern-Abschlussprüfung oft keine im Risikomanagement erfahrenen Fachkollegen in seiner Wirtschaftsprüfungsgesellschaft zur Verfügung hat. Das gilt für die wichtigen Gespräche mit der Unternehmensführung zur Vorbereitung der jährlichen Prüfung genauso wie bei der Prüfung des Risikomanagementsystems einzelner Konzerngesellschaften.

Praxisbeispiel – Empfehlung 2 für den Vorstand
Gespräche mit dem Konzernvorstand und den Unternehmensgeschäftsführern über die Bedeutung des Risikomanagementsystems als Steuerungsinstrument für eine wertorientierte Unternehmensführung

Der Vorstand eines Unternehmens besteht in der Regel aus mehreren Spitzenmanagern. Es ist nicht leicht, die Vorstände vom Nutzen des Risikomanagements zu überzeugen. Das wird zweckmäßigerweise vom Vorstand der Wirtschaftsprüfungsgesellschaft, der für die Prüfung des Konzernabschlusses verantwortlich ist, gemeinsam mit seinem Kollegen für die Prüfung des Risikomanagementsystems wahrgenommen. Das ist besonderes dann wichtig, wenn man aus vorhergehenden Prüfungen weiß, dass in einigen Bereichen des zu prüfenden Konzerns dem System nicht die notwendige Aufmerksamkeit geschenkt wird.

Die Ursache kann beispielsweise sein, dass einzelne Vorstandsmitglieder sich fachlich zu wenig mit dem Risikomanagement befassen. Es empfiehlt sich daher, sie in Vorgesprächen von der Bedeutung anhand von Beispielen aus ihrem eigenen Verantwortungsbereich zu überzeugen.

Wichtig hierfür ist, dass der verantwortliche Wirtschaftsprüfer über hohe fachliche Kompetenz im Risikomanagement, aber auch über genügend Erfahrung in Unternehmensführung verfügt, damit er vom Konzernvorstand als adäquater Gesprächspartner akzeptiert wird.

Mit den Vorbereitungsgesprächen beginnt man zweckmäßigerweise beim Finanzvorstand, der im Rahmen des Gesamtvorstands die Hauptverantwortung für das Risikomanagementsystem trägt.

Außerdem hält man auch Kontakt zum Leiter der Konzernrevision, der mit seinen Mitarbeitern intern die wichtigste Kontrollfunktion beim Risikomanagement hat.

Als weiteren Schritt sollte der Prüfungsleiter Risikomanagement im Laufe des Jahres mit den Geschäftsführern der Konzernfirmen eine Besprechung vereinbaren, um mit ihnen über die Anforderungen an das Risikomanagementsystem und derzeitige Schwachstellen zu sprechen. Dabei empfiehlt es sich anhand von Beispielen den Nutzen für das Unternehmen darzustellen.

Bewährt hat sich, wenn bei diesen Treffen der Risikobeauftragte des Unternehmens anhand des Risikoinventars einzelne für das Geschäft bedeutsame Risiken präsentiert und man gemeinsam über die Möglichkeiten diskutiert, wie mit diesen umgegangen werden kann. Dabei hat sich gezeigt, dass bei der Erörterung komplexer Probleme das Thema für viele Geschäftsführer erst interessant wird und aufgrund ihrer übergreifenden Unternehmenskenntnis ganz neue Lösungsansätze diskutiert werden.

Mit der gesetzlichen Erweiterung der Risikoberichterstattung um nichtfinanzielle Risiken und die Erklärung zur Unternehmensführung ist das Prüfungsgebiet deutlich umfangreicher geworden. Die Auswirkungen kann der Autor bei den Tagungen der Arbeitsgruppen der RMA Risk Management & Rating Association beobachten, wo die Arbeitstreffen derzeit per Video-Konferenz stattfinden. Vor der Corona-Krise fanden sie abwechselnd in den Konzernzentralen, Wirtschaftsprüfungsgesellschaften oder Unternehmensberatungsfirmen der Arbeitsgruppenmitglieder statt.

Dabei ist immer wieder festzustellen, dass von den Wirtschaftsprüfern, die den Jahresabschluss prüfen, fachlich noch zu wenige in der Lage sind, ohne Hilfe aus der Beratungssparte ihres Hauses die Prüfung des Risikomanagementsystems eines großen Konzernes zu leiten und mitprüfend vorzunehmen. Damit fehlt auch die Möglichkeit einer engen persönlichen Zusammenarbeit in jeder Phase der Prüfung des Finanz- oder Risikovorstands mit dem Prüfungsleiter Risikomanagement des Wirtschaftsprüfers. Das ist besonders wichtig nach der Auswertung der Prüfungsergebnisse des konzernweiten Risikomanagementsystems, um gemeinsam die Aufgaben für das kommende Jahr zur Verbesserung festzulegen.

Praxisbeispiel – Empfehlung 3 für den Vorstand
Auditors and Managers Conference zur Besprechung der Prüfungsergebnisse des Risikomanagementsystems und der Vorgaben für das nächste Geschäftsjahr

In einer vom Konzern-Finanzvorstand organisierten gemeinsamen Tagung der administrativen Leiter und der zuständigen Vorstände der Wirtschaftsprüfungsgesellschaften wird vom Prüfungsleiter Risikomanagement das Ergebnis der Prüfung des Risikomanagementsystems in den Konzerngesellschaften präsentiert. Es erfolgt für jede Konzerngesellschaft eine Bewertung der Qualität der Systembestandteile in Form einer Benotung und der Nennung der zu beseitigenden Lücken. Diese Bewertung wird vom Konzernvorstand an die Geschäftsführungen der Konzernfirmen geschickt.

Nach Diskussion der Ergebnisse durch die Konferenzteilnehmer wird die vorläufige Prüfungsplanung für den kommenden Jahresabschluss vorgestellt. In der Regel kommen hier noch Ergänzungswünsche seitens des Vorstands und einzelner Wirtschaftsprüfer hinzu.

In einem internen Papier wird vom Prüfungsleiter Risikomanagement auch die Qualität der Prüfung des Risikomanagementsystems durch die einzelnen Wirtschaftsprüfer beurteilt. Dies ist hilfreich, um bei der Besprechung von möglichen Verbesserungsmöglichkeiten in den einzelnen Konzerngesellschaften auch gleich dem dort für die Prüfung zuständigen Wirtschaftsprüfer nützliche Hinweise geben zu können. Auf diese Weise kann man in einigen Jahren schrittweise das Risikomanagementsystem konzernübergreifend zu einem hohen Reifegrad entwickeln.

Bei der vollen Wahrnehmung ihrer Aufgaben bei der Prüfung des Risikomanagementsystems hätte es nie zu solchen Mängeln im Risikomanagement wie bei Siemens, der Deutschen Bank, dem Volkswagen-Konzern oder der Wirecard-Gruppe kommen können. Die prüfenden WP-Gesellschaften verfügen über eine fachliche Expertise, mit der sie auf jeden Fall in der Lage sind, die Mängel in der Unternehmensberichterstattung festzustellen.

Bei den festgestellten Mängeln waren Maßnahmen zu ergreifen. Beginnend mit Managementlettern an den Vorstand und den Aufsichtsrat mit der Beschreibung der Mängel und Hinweis auf Verbesserungsnotwendigkeiten und Vermerken im Wirtschaftsprüferbericht. Die nächste Eskalationsstufe hätte es sein müssen, dem Vorstand unter Androhung weitergehender Maßnahmen Fristen zu setzen und schließlich den Bestätigungsvermerk einzuschränken. Das geschah ganz offensichtlich nicht.

Als Nächstes hätten die Institutionen der externen Unternehmenskontrolle, die Deutsche Prüfstelle für die Rechnungslegung (DPR), die Bundesanstalt für Finanzdienstleistungsaufsicht (BaFin), die Wirtschaftsprüferkammer und die Abschlussprüferaufsichtsstelle (APAS) ihrer Pflicht nachkommen müssen. Dann hätten diese Unternehmensführungen gar nicht erst die

Möglichkeit bekommen, die schwersten Wirtschaftsverbrechen seit Bestehen der Bundesrepublik Deutschland zu begehen und die Existenz der von ihnen geleiteten Unternehmen zu gefährden.

Praxisbeispiel – Mängel der Abschlussprüfung bei VW
Notwendige gesetzliche Vorgaben für die Wirtschaftsprüfer

Am Beispiel des Volkswagen-Konzerns ist zu verfolgen, dass es auch heute noch möglich ist, die Gesetze nicht zu beachten, und dass die Wirtschaftsprüfer mangelhafte Prüfungen durchführen. Trotz der Schaffung neuer Aufsichtsinstitutionen wie der DPR und APAS wurde die Unternehmensaufsicht, beginnend mit dem Jahr 2001, in Deutschland immer lückenhafter und die Unternehmensskandale von Börsenunternehmen immer größer. Und das geschah – was nicht allgemein bekannt werden sollte – Jahr für Jahr mit Zustimmung von Ministern der Bundesregierung Deutschland.

Beispielsweise beachtet der Volkswagen-Konzern bis heute nicht die Vorschriften zur Begrenzung von Prüfungsjahren durch ein und denselben Wirtschaftsprüfer. Die Volkswagen AG wird ununterbrochen seit 1960 von der Wirtschaftsprüfungsgesellschaft PWC bzw. durch ihre Vorgesellschaften geprüft. Die gesetzlich vorgeschriebene Grundrotationszeit von 10 Jahren mit möglicher Verlängerung auf 20 Jahre nach § 318 HGB ist um das Mehrfache überschritten. Auch wenn der verantwortliche Abschlussprüfer innerhalb der Wirtschaftsprüfungsgesellschaft wechselt, reicht das im Falle von solchen Konzernen nicht aus, wo die Einstellung einzelner Vorstandsmitglieder zu den Gesetzen fragwürdig ist. Denn die Prüfermannschaft, die die Detailarbeit macht, bleibt weitgehend über die Jahre dieselbe. Das kann nach fünf Jahren bereits zu falschen Routinen, Intransparenz und gegenseitigen Abhängigkeiten führen.

Ein geeignetes Modell ist es, wenn in einem großen Konzern weltweit mehrere Wirtschaftsprüfungsgesellschaften tätig sind und die Konzernabschlussprüfung sowie die Prüfungsmandate nach einigen Jahren auf eine der anderen Wirtschaftsprüfungsgesellschaften übergehen kann.

Gleichzeitig findet dann zum Ausgleich auch ein Wechsel der Prüfungsmandate in den jeweiligen Konzerngesellschaften statt. Das führt insgesamt zu dem notwendigen Personenwechsel, erhält jedoch die notwendige Kontinuität der Prüfung. Die vom Konzernabschlussprüfer koordinierte Zusammenarbeit der verschiedenen Wirtschaftsprüfungsgesellschaften sorgt für einen fachlichen Erfahrungsaustausch, der für den Mandanten von großem Vorteil ist. Insbesondere bei der Prüfung des Risikomanagementsystems und dessen Weiterentwicklung wurden mit dieser Form des Wirtschaftsprüferwechsels gute Erfahrungen gemacht.

Dass im Volkswagen-Konzern die Abschlussprüfungen bis in die jüngste Zeit nicht die gesetzlich geforderte Qualität hatten und haben – ebenso wie die Rechnungslegung und Berichterstattung der Unternehmensführung – soll am Beispiel des Risiko- und Chancenberichts und Bestätigungsvermerks gezeigt werden. In den letzten zehn Jahren hätte der Volkswagen AG unter normalen Umständen kein uneingeschränkter Prüfungsvermerk erteilt werden dürfen. Das ist für jeden Interessenten am Beispiel der Risikoberichterstattung feststellbar, wenn er die Geschäftsberichte der Volkswagen AG durchliest.

Ihm wird an den Formulierungen des Vorstands auffallen, dass sie „mehr Wunsch als Wahrheit" sind und „mehr Werbung als Fakten" enthalten. Es wird ganz deutlich, dass die meisten der Angaben nicht der wirklichen Situation entsprechen. So beginnt der Risiko- und Chancenbericht des Geschäftsjahres 2015 – nach Aufdeckung des Diesel-Skandals – wortwörtlich mit demselben Satz wie der Geschäftsbericht von 2014, 2013, 2012, 2011 und den Jahren davor sowie danach in den Jahren 2016, 2017, 2018, 2019:

„Für den nachhaltigen Erfolg unseres Unternehmens ist es entscheidend, dass wir die Risiken und Chancen, die sich aus unserer operativen Tätigkeit ergeben, frühzeitig erkennen und sie vorausschauend steuern. Der verantwortungsvolle Umgang mit den Risiken wird im Volkswagen-Konzern durch ein umfassendes Risikomanagement- und internes Kontrollsystem unterstützt."
Siehe z. B. Geschäftsbericht des Volkswagen-Konzerns 2015, Seite 170.
https://geschaeftsbericht2015.volkswagenag.com/

Wenn man die Frage nach der Erfüllung der Anforderungen des DRS 20 oder des IDW Prüfungsstandard PS 340 beantwortet haben möchte, findet man keine befriedigenden Informationen. Denn weder das Risikomanagementsystem noch das interne Kontrollsystem entsprach in all den Jahren den gesetzlichen Vorschriften.

Dieses Verhalten des Vorstands eines sehr großen und wirtschaftlich bedeutenden Unternehmens über viele Jahre ist abnorm. Denn der Lagebericht mit der Risikoberichterstattung stellt die Hauptkommunikation zu den Stakeholdern, allen am Konzern interessierten Personen und Institutionen dar. Es ist der „Bericht des Vorstands" mit dem er informiert, erklärt und den Ausblick in die Zukunft des Unternehmens gibt.

Nur beim Volkswagen-Konzern gab in den letzten Jahren der Gesamtvorstand den Interessenten – abgesehen von den jährlich sich ändernden Bilanzzahlen – unverändert dieselben unzureichenden Informationen über das Risikomanagementsystem wie seine Vorgänger. Dabei ist kaum noch einer der Vorstände aus der Zeit vor dem Unternehmensskandal auf seinem Posten. Aber die beherrschende Gruppe, der Aufsichtsratsvorsitze als ehemaliger Finanzvorstand verantwortlich für das Risikomanagement sowie die Mitglieder des Präsidiums – der Ministerpräsident von Niedersachsen, der Gewerkschaftsvorsitzende der IG Metall und der Betriebsratsvorsitzende können nahezu unverändert im alten Stil weiter machen. Warum?

Unter dem Schutz der Wirtschaftslobby, der Bundesregierung und der Gewerkschaften besitzen sie eine besondere Art der Immunität.

Weil wegen der Sonderbehandlung von Volkswagen durch die Landes- und Bundesregierung und unter dem Schutz des Deutschen Corporate Governance Kodex der Vorstand und Aufsichtsrat es nicht für nötig hielten, dass der Konzern nach mehr als 20 Jahren endlich rechtskonform handelt?

Wenn man dazu die uneingeschränkten Prüfungsvermerke der Wirtschaftsprüfungsgesellschaft PWC über viele Jahre liest, wird man feststellen, dass es irgendwie nicht mit rechten Dingen zugehen kann. Eine solch mangelhafte Unternehmensberichterstattung kann man sich nur mit staatlicher Protektion und bei einer nicht durchgeführten staatlichen Unternehmenskontrolle leisten.

Im Bestätigungsvermerk des Konzernabschlussprüfers war Anfang 2015 für das Geschäftsjahr 2014 wie in allen Vorjahren wortgleich zu lesen:

„Unsere Prüfung hat zu keinen Einwendungen geführt."

„Der zusammengefasste Lagebericht steht im Einklang mit dem Konzernabschluss, vermittelt insgesamt ein zutreffendes Bild von der Lage des Konzerns und stellt die Chancen und Risiken der zukünftigen Entwicklung zutreffend dar."

Und wenige Monate nach diesem Testat gab es die größte deutsche Unternehmenskrise durch den weltweit durchgeführten Umwelt- und Dieselabgasbetrug. Ganz „überraschend" erfuhr die Unternehmensführung von den Dieselmotor-Betrügereien. Das konnte laut Aussage der Vorstände und aufgrund der immer wieder aufgeschobenen Aufklärung durch den Aufsichtsrat, geführt von dem in den Aufsichtsrat gewechselten Finanzvorstand Hans Dieter Pötsch, angeblich nur das Vergehen einzelner Techniker gewesen sein.

- ▶ Woher sollte der Vorstand vorher davon wissen?
- ▶ Wer vom Vorstand kontrolliert denn den Verbrauch und die Abgase seines Dienstwagens?
- ▶ Wie sollte das jemand in der Qualitätskontrolle der Werke oder beim TÜV denn überhaupt feststellen können?
- ▶ Kann man denn wirklich Messgeräte im Anhänger hinter einem PKW herziehen, um die Abgase zu messen, wie es die Amerikaner gemacht haben?

Durch solche Abgaskontrollen unter Fahrbedingungen waren – ganz überraschend für das deutsche Management der Volkswagen AG und der Audi

AG – die Abweichungen von den gesetzlich vorgeschriebenen Werten festgestellt worden.

Dabei wissen selbst Außenstehende und ein Konkurrenzunternehmen über die Motorenentwicklung des Volkswagen-Konzerns, dass es manipulierte Dieselmotoren etwa ab dem Jahr 2007 bei Audi gab, als der Vorstandsvorsitzende Ferdinand Piëch und der Entwicklungsvorstand Winterkorn die Audi AG in Ingolstadt leiteten. Anschließend waren sie beide im Vorstand der Volkswagen AG in Wolfsburg tätig, wo man die manipulierten Audi-Dieselmotoren in Autos der Marke Volkswagen einbaute.

Bei dieser Faktenlage behaupten Vorstände und Aufsichtsräte des VW-Konzerns wie der damalige Finanzvorstand Hans Dieter Pötsch allen Ernstes, nichts von der besonderen Qualität der Dieselmotoren mit den wesentlich geringeren Herstellkosten gewusst zu haben.

Inzwischen versucht die Staatsanwaltschaft, den ehemaligen Vorstandsvorsitzenden der Volkswagen AG und der Audi AG den jahrelangen systematischen Betrug nachzuweisen. Diese Arbeit könnte sich die Staatsanwaltschaft vereinfachen. Sie brauchte nur bei der Firma BMW nachzufragen. Dieses Automobilunternehmen war das einzige der großen Hersteller, das keine Betrugs-Elektronik in seine Dieselmotoren eingebaut hat. Dort weiß man in Führungskreisen Folgendes zu berichten:

Der zuständige BMW-Vorstand wurde von Technikern gefragt, ob sie nicht auch das Abgasproblem bei den Dieselmotoren nach der Methode von Audi lösen könnten. Seine Antwort war, er wolle „nie wieder so etwas hören".

Im BMW-Einkauf, wo man davon erfuhr, hat man daraufhin einmal ausgerechnet, wie hoch die Kostenersparnis wäre, wenn man die Aggregate für die Abgasreinigung des Dieselmotors einspart und die Abgasbehandlung durch maschinelles Lernen, durch die sogenannte künstliche Intelligenz der Dieselmotoren, mithilfe einer speziell dafür hergestellten BOSCH-Elektronik durchführt.

Die Berechnungen ergaben eine Kostenersparnis von ca. Euro 1.100 pro Dieselmotor.

Auf den Deutschen Corporate Governance Kodex als entscheidende Ursache für die mangelhafte Wirtschaftsprüfung bei Volkswagen wurde man durch die merkwürdige Tatsache gelenkt, dass im Jahr 2016, nach der Aufdeckung des Dieselbetrugs und anschließend während der bestandsgefährdenden Unternehmenskrise, die Abschlussprüfer immer wortwörtlich die oben wiedergegebene Formulierung verwendeten, wenn sie ihren uneingeschränkten Bestätigungsvermerk begründeten. Das erfolgte im Jahr 2020 genauso wie im Jahr 2015 und davor schon unverändert seit Jahrzehnten, d. h. auch schon bei der VW Bordell-Bestechungskrise 2005.

https://geschaeftsbericht2015.volkswagenag.com/anhang/bestaetigungsvermerk.html

Die folgende Behauptung im Bestätigungsvermerk 2015 entspricht nachweislich nicht den Tatsachen:
„Der zusammengefasste Lagebericht steht in Einklang mit dem Konzernabschluss, vermittelt insgesamt ein zutreffendes Bild von der Lage des Konzerns und stellt die Chancen und Risiken der zukünftigen Entwicklung zutreffend dar."

Bei der Beurteilung des Risikofrüherkennungssystems und der Risikoberichterstattung anhand der Geschäftsberichte des Volkswagen-Konzerns ist der Autor für die Jahre vor und nach der Aufdeckung des Diesel-Betrugsskandals mit dem Prüfungsstandard IDW PS 340 und dem Deutschen Rechnungslegungs Standard DRS Nr. 20 zu folgendem Ergebnis gekommen:

Seit dem Inkrafttreten des Gesetzes zur Kontrolle und Transparenz im Unternehmen (KonTraG) 1998 als Ergänzung des Handels- und Aktiengesetzes hat die Lageberichterstattung folgende gravierende Mängel:

▶ *Das gesetzlich vorgeschriebene vollständige und funktionierende Risikofrüherkennungssystem fehlt.*

- *Das für einen Konzern vorgeschriebene einheitliche Risikofrüherkennungssystem ist nicht vorhanden.*
- *Der für die Risikoberichterstattung verpflichtende Deutsche Rechnungslegungs Standard DRS Nr. 20 wird vom Volkswagen-Konzern nicht beachtet.*
- *Die vorgeschriebene Bewertung der Risiken und die Risikoaggregation zur Ermittlung der Gesamtrisikobelastung des Unternehmens wird nicht durchgeführt.*

Siehe *Anlage 2 Prüfung VW-Risikoberichterstattung 2014 nach DRS 20* und *Anlage 1 Prüfung VW-Risikomanagementsystem nach IDW PS 340*.

Im Jahr 2020 brachte die entsprechende Prüfung des Autors ein leicht besseres Ergebnis. Aber die Gesetzeskonformität der Risikoberichterstattung der Volkswagen AG ist noch nicht erreicht.

Die Form des Zusammenwirkens der Volkswagen AG und der Wirtschaftsprüfungsgesellschaft PWC, verbunden mit den gesetzwidrigen Empfehlungen des Deutschen Corporate Governance Kodex, zeigt, wie gefährlich es für die Existenz eines Unternehmens ist, über kein funktionierendes Risikomanagementsystem und keine wahrheitsgemäße Lageberichterstattung zu verfügen.

Der vordergründige Vorteil war, dass man mit der Protektion der Landes- und Bundesregierung durch Betrug die angestrebte Größe des weltgrößten Automobilunternehmens erreicht hat und die große Unternehmenskrise als Gesamtheit hat überleben können. Aber auf der anderen Seite wurde die für die Zukunft dringend notwendige technologische und führungsmäßige Umstellung noch nicht erreicht, die im Rahmen eines echten Wettbewerbs erzwungen worden wäre.

Das Verhalten der Unternehmensführung der Volkswagen AG auch auf anderen Sektoren hat zu großen Schäden für die Umwelt, Millionen von Menschen und auch für das Unternehmen selbst geführt.

Da ist z. B. die Tatsache, dass der Aufsichtsrat im Zusammenwirken mit den Vorständen die Gehaltszahlung an falschen Leistungsanreizen ausgerichtet hat. Es widerspricht dem Stakeholder-Konzept in der sozialen Marktwirtschaft, wenn ein maßgeblicher Teil des Einkommens der Vorstände vom kurzfristigen finanziellen Erfolg wie dem Jahresgewinn abhängt.

Für die Volkswagen AG als einem in ständigem Umbruch befindlichen Industrieunternehmen stellt das immer noch dort vertretene Stakeholder-Konzept auch in anderer Hinsicht ein Risiko dar. Der größte Teil des Gewinns wird unter Missachtung des hohen Investitionsbedarfs in der derzeit herrschenden Corona-Krise weiterhin an die Kapitaleigner ausgeschüttet.

In diesem Kontext wirft es kein gutes Licht auf die Regierungsvertreter und die staatliche Unternehmensaufsicht, wenn jahrzehntelang bei der Volkswagen AG, an der eine staatliche Beteiligung existiert, die Wirtschaftsprüfer rechtswidrige externe Risikoberichte und ein mangelhaftes Risikomanagementsystem testieren können. Erschwerend kommt hinzu, dass derartige Fehlhandlungen der Unternehmensführung beim Volkswagen-Konzern von der Bundesregierung als dem größten Lobbyisten der deutschen Automobilindustrie in Brüssel gegenüber den europäischen Behörden gedeckt und von den staatlichen Unternehmenskontrollen in Deutschland nicht nur ungestraft hingenommen, sondern auch noch unterstützt werden. So besteht unverändert die Situation, dass die Unternehmensberichterstattung und das Unternehmenssteuerungssystem des Volkswagen-Konzerns auch im Jahr 2020 nicht den Grundsätzen ordnungsmäßiger Buchführung und Berichterstattung entsprachen.

Eine gewisse Hoffnung auf Änderung besteht insofern, als einige Vorstandsmitglieder der Volkswagen AG seit etwa zwei Jahren bemüht sind, das Risikomanagementsystem auf das erforderliche Niveau zu bringen. Das kann man an Formulierungen in der letzten externen Risikoberichterstattung feststellen. Auch bestätigen dies dort tätige Berater im Risikomanagement. Der Chancen- und Risikobericht des Jahres 2019 auf den Seiten 169-189 des Geschäftsberichtes, veröffentlicht im April 2020, zeigt Fortschritte durch die

Einrichtung von entsprechenden Gremien, konzernweiten Vorgaben durch die Zentrale sowie durch eine unterjährige Aktualisierung der Risiken.

https://geschaeftsbericht2019.volkswagenag.com/konzernlagebericht/risiko-und-chancenbericht/risiken-und-chancen.html

Es ist das erste Mal in der Geschichte des Volkswagen-Konzerns, dass die Risiken in der Risikoberichterstattung bewertet werden und über das Risiko Scoring eine finanzielle Bewertung verschiedener Risikogruppen erfolgt. So wird jetzt in zunehmendem Maße begonnen, trotz entgegenstehender Empfehlungen des sog. Deutschen Corporate Governance Kodex, die gesetzlichen Vorschriften einzuhalten.

Einen neuen Unternehmensskandal kann es jederzeit wieder geben, ermöglicht durch den Kodex, wenn dieser nicht vom Gesetzgeber verboten wird. Es ist zu hoffen, dass die Bundesregierung jetzt von sich aus die Initiative ergreift, nachdem ihre gesetzwidrigen Maßnahmen vom Wirecard Untersuchungsausschuss herausgefunden und so der Öffentlichkeit bekannt wurden. Ohne das Fehlverhalten der Bundesministerien der Justiz, der Finanzen und der Wirtschaft hätte es nicht zu den Unternehmensskandalen der Börsenkonzerne kommen können.

Die Berichte von Dr. Carl Ehlers, Berlin, waren die ersten, in denen eine von der Wirtschaftspresse geheim gehaltene Tatsache in der Presse veröffentlicht wurde. Die Öffentlichkeit erfuhr zum ersten Mal:

Es gibt einen sogenannten Deutschen Corporate Governance Kodex, ein von der Regierung genehmigtes, am Gesetzgeber vorbei geschaffenes gesetzwidriges Regelwerk für die Unternehmensführung der Börsenkonzerne. Und dies ist die Ursache für die großen Unternehmensskandale in Deutschland.

Siehe Ehlers, C.:
https://www.3grc.de/corporate-governance/der-grund-fuer-den-wirecard-skandal-der-deutsche-corporate-governance-kodex/

https://www.risknet.de/themen/risknews/ursachen-fuer-funktionsunfaehige-risikofrueherkennungssysteme-vermeiden/
https://www.risknet.de/themen/risknews/sanktionen-gegen-white-collar-kriminalitaet/

Bei dem Volkswagen-Konzern können diese Gesetzeswidrigkeiten so lange weitergehen, wie die Kontrolleure, die Aufsichtsräte einschließlich der Regierungsmitglieder Niedersachsens und des Vorsitzenden der IG Metall, die Wirtschaftsprüfer von PWC samt den weiteren staatlich vorgesehenen Kontrollinstanzen von den gesetzwidrigen Vorschriften des sogenannten Deutschen Corporate Governance Kodex Gebrauch machen.

Diese Meinung teilt auch der Wirtschaftsprüfer Dirk Hildenbrand in seinem WP-Watch Artikel „Wirecard und das heuchlerische Entsetzen".

https://www.risknet.de/themen/risknews/wirecard-und-das-heuchlerische-entsetzen/

Betrachtet man den Berufsverband der Wirtschaftsprüfer, so ist in den letzten 20 Jahren ein starker Niedergang des ethischen Niveaus der „Große Vier" genannten Gesellschaften festzustellen. Die Wirtschaftsprüferkammer und das Institut der Wirtschaftsprüfer (IdW) werden beherrscht von den vier Wirtschaftsprüferkonzernen, den Big Four. Das IDW und die Wirtschaftsprüferkammer als Körperschaft des öffentlichen Rechts haben daher schon seit Jahren das Vertrauen des Staates verloren.

Im Jahr 2005 wurde daher über die europäische Gesetzgebung die Deutsche Rechnungsprüfungsstelle, DPR, als zusätzliche Rechnungsprüfungskontrolle der Unternehmen veranlasst. Man schenkte den Testaten der Wirtschaftsprüfer kein Vertrauen mehr. Und als das noch nichts half, wurde im Jahr 2015 auf Veranlassung des europäischen Gesetzgebers die Abschlussprüferaufsichtsstelle, APAS, geschaffen. Damit wurde der Deutschen Wirtschaftsprüferkammer (WPK) als Vertreter der Berufssparte ein wichtiger Teil ihrer Kompetenzen, die Berufsaufsicht, entzogen.

Das war Folge vor allem des schlechten Verhaltens der vier großen marktbeherrschenden Wirtschaftsprüfungsgesellschaften. Sie sind dafür verantwortlich, dass der Ruf der Wirtschaftsprüfer sehr geschädigt wurde. Das, obwohl der Wirtschaftsprüferkammer 14.568 einzelne, ehrenhafte und zuverlässige Wirtschaftsprüfer als Mitglieder angehören. Dazu kommen weitere verantwortungsbewusste Wirtschaftsprüfer, die sich zu insgesamt 2.377 kleineren oder größeren Wirtschaftsprüfungsgesellschaften partnerschaftlich zusammengeschlossen haben, um die deutschen Wirtschaftskonzerne auch im Ausland betreuen zu können (Stand 1. Januar 2020).

Praxisbeispiel – Prüfung der Risikoberichterstattung des Volkswagen-Konzerns

> Der Lagebericht im Geschäftsbericht 2015 des Volkswagen-Konzerns, der im April 2016 veröffentlicht wurde, entsprach hinsichtlich der Risikoberichterstattung wie alle Jahre zuvor nicht den Grundsätzen ordnungsmäßiger Berichterstattung(siehe auch Kapitel 1.3.2.3). Es interessierte den Autor nach Eintritt des größtmöglichen Risikos, der Unternehmenskrise, hervorgerufen durch den „Diesel-Umwelt-Betrug", aufgedeckt im September 2015, inwieweit dieses geschäftsgefährdende Risiko im Volkswagen-Konzern bekannt und in der Risikoberichterstattung berücksichtigt worden war.

Es stellte sich heraus, dass im Lagebericht 2014, veröffentlicht im April 2015, nur von den umweltfreundlichen Leistungen des Konzerns und der Beherrschung aller Risiken berichtet wurde. Die besonderen Probleme der aufwendigen Dieseltechnik an sich und der notwendigen besonderen Maßnahmen zur Einhaltung der gesetzlichen Abgasvorschriften wurden im Risikobericht nicht erwähnt. Das, obwohl der Vorstandsvorsitzende des Volkswagen-Konzerns, Winterkorn, in den Jahren um das Jahr 2007, als die Betrugs-Motoren bei Audi in Ingolstadt entwickelt wurden, zusammen mit Ferdinand Piëch dem dortigen Audi-Vorstand angehörte und daher die ganze Problematik kannte.

Diese Tatsache und dass sich bis zum Jahr 2020 entgegen den gesetzlichen Vorschriften kein einziges bewertetes Risiko im Risikobericht des Konzerns befand, bedeutet, dass der VW-Konzern, offensichtlich geduldet auch von der Landesregierung des Landes Niedersachsen und dem Bundesverkehrsministerium sich bei der Unternehmensberichterstattung nicht an die Gesetze hielt.

Der Vorstand schrieb im Geschäftsbericht:

„Im Mittelpunkt der Strategie 2018 steht die Positionierung des Volkswagen-Konzerns als ökonomisch und ökologisch weltweit führendes Automobilunternehmen."
(Konzernlagebericht 2018, Seite 49)

„Wir verfügen über ein umfangreiches Angebot an attraktiven, umweltfreundlichen, technologisch führenden und qualitativ hochwertigen Fahrzeugen für jeden Markt und jede Kundengruppe".
(Konzernlagebericht 2014, Seite 174).

Die Prüfung des Risikoberichts des Volkswagen-Konzerns nach dem IDW Prüfungsstandard 340 (IDW PS 340) durch den Autor ergab, dass der Vorstand keine einzige der vom Gesetz und dem DRS 20 geforderten Angaben gemacht hat.

Der Autor hatte seinerzeit einen Fragebogen zur einheitlichen Prüfung nach dem IDW PS 340 für die Abschlussprüfer im Metro-Konzern entwickelt. Er ist als Anlage 3 im Anhang beigefügt. Die etwas undeutlichen Formulierungen des IDW 340 waren in klare Fragen umgesetzt worden. Den Fragebogen haben auch die für die Risikoberichterstattung Verantwortlichen im Metro-Konzern erhalten, um nachzuprüfen, ob ihr Bericht vollständig ist und den Anforderungen des Abschlussprüfers gerecht wird (Self Audit Checklist).

Siehe Anlage 2 Prüfung VW-Risikoberichterstattung 2014 nach DRS 20 und Anlage 1 Prüfung VW-Risikomanagementsystem nach IDW PS 340.

Die Deutsche Prüfstelle für Rechnungslegung (DPR) und die Abschlussprüferaufsichtsstelle (APAS) haben große Konstruktionsfehler. Sie sind nicht unabhängig von den geprüften Unternehmen. Zudem erfolgt deren Arbeit unter Ausschluss der Öffentlichkeit. Somit können sie die an sie gestellten Aufgaben nur eingeschränkt erfüllen. Es wird in den Rechenschaftsberichten zwar ganz allgemein von festgestellten Mängeln durch die Prüfinstitutionen berichtet. Man weiß aber weder, um welche Unternehmen es sich dabei handelt, noch was von den Institutionen im Einzelnen zur Mängelbeseitigung unternommen wird. Es ist daher nicht verwunderlich, wenn die DPR und APAS bei den nicht änderungswilligen Unternehmen, die börsennotiert sind, keine Aktionen einleiten, um für eine gesetzeskonforme Risikoberichterstattung zu sorgen.

Durch das neue Finanzmarktintegritätssicherungsgesetz FISG mit Konzentration der staatlichen Unternehmensprüfung auf die Bafin wird sich dies mit Ausscheiden der DPR zum Jahresende 2021 ändern.

7.1.2 Gesetze und sonstige Vorgaben für die Prüfung der Wirtschaftsprüfer

Die **Pflicht zur Prüfung** des Jahresabschlusses und des Lageberichtes von Kapitalgesellschaften durch den Abschlussprüfer ergibt sich aus Abs. 1 des § 316 HGB, die Prüfung des Konzernabschlusses und des Konzernlageberichts von Kapitalgesellschaften aus Abs. 2.

Gesetzestext
§ 316 HGB, Pflicht zur Prüfung

> (1) Der Jahresabschluss und der Lagebericht von Kapitalgesellschaften, die nicht kleine im Sinne des § 267 Abs. 1 sind, sind durch einen Abschlussprüfer zu prüfen. Hat keine Prüfung stattgefunden, so kann der Jahresabschluss nicht festgestellt werden.

(2) Der Konzernabschluss und der Konzernlagebericht von Kapitalgesellschaften sind durch einen Abschlussprüfer zu prüfen. Hat keine Prüfung stattgefunden, so kann der Konzernabschluss nicht gebilligt werden.

Der Gegenstand und Umfang der Prüfung des Lageberichts ergibt sich aus § 317 Abs. 2 HGB. Der Lagebericht und Konzernlagebericht mit dem darin befindlichen Risikobericht sind daraufhin zu prüfen,

- ob sie mit dem Jahresabschluss bzw. Konzernabschluss sowie mit den bei der Prüfung gewonnenen Erkenntnissen des Abschlussprüfers im Einklang stehen,
- ob der Bericht insgesamt ein zutreffendes Bild von der Lage des Unternehmens und der Konzernlagebericht insgesamt ein zutreffendes Bild von der Lage des Konzerns vermittelt,
- ob in der externen Risikoberichterstattung des Vorstands die Chancen und Risiken der künftigen Entwicklung zutreffend dargestellt sind,
- ob die gesetzlichen Vorschriften zur Aufstellung des Lage- oder Konzernlageberichts beachtet worden sind und
- ob die nichtfinanzielle Erklärung oder der gesonderte nichtfinanzielle Bericht, die nichtfinanzielle Konzernerklärung oder der gesonderte nichtfinanzielle Konzernbericht vorgelegt wurden.

Gesetzestext
§ 317 HGB, Gegenstand und Umfang der Prüfung

Abs. 2 Prüfung des Lageberichts

(2) Der Lagebericht und der Konzernlagebericht sind darauf zu prüfen, ob der Lagebericht mit dem Jahresabschluss, gegebenenfalls auch mit dem Einzelabschluss nach § 325 Abs. 2a, und der Konzernlagebericht mit dem Konzernabschluss sowie mit den bei der Prüfung gewonnenen Erkenntnissen des Abschlussprüfers in Einklang stehen und ob der Lagebericht insgesamt ein zutreffendes Bild von der Lage des Unternehmens und der Konzernlagebericht insgesamt ein zutreffendes Bild

von der Lage des Konzerns vermittelt. Dabei ist auch zu prüfen, ob die Chancen und Risiken der künftigen Entwicklung zutreffend dargestellt sind. Die Prüfung des Lageberichts und des Konzernlageberichts hat sich auch darauf zu erstrecken, ob die gesetzlichen Vorschriften zur Aufstellung des Lage- oder Konzernlageberichts beachtet worden sind. Im Hinblick auf die Vorgaben nach den §§ 289b bis 289e und den §§ 315b und 315c ist nur zu prüfen, ob die nichtfinanzielle Erklärung oder der gesonderte nichtfinanzielle Bericht, die nichtfinanzielle Konzernerklärung oder der gesonderte nichtfinanzielle Konzernbericht vorgelegt wurde. Im Fall des § 289b Abs. 3 Satz 1 Nr. 2 Buchstabe b ist vier Monate nach dem Abschlussstichtag eine ergänzende Prüfung durch denselben Abschlussprüfer durchzuführen, ob der gesonderte nichtfinanzielle Bericht oder der gesonderte nichtfinanzielle Konzernbericht vorgelegt wurde; § 316 Abs. 3 Satz 2 gilt entsprechend mit der Maßgabe, dass der Bestätigungsvermerk nur dann zu ergänzen ist, wenn der gesonderte nichtfinanzielle Bericht oder der gesonderte nichtfinanzielle Konzernbericht nicht innerhalb von vier Monaten nach dem Abschlussstichtag vorgelegt worden ist. Die Prüfung der Angaben nach § 289f Abs. 2 und 5 sowie § 315d ist darauf zu beschränken, ob die Angaben gemacht wurden.

Über das Ergebnis der Prüfung hat der Abschlussprüfer nach § 321 Abs. 1 Satz 2 HGB zu berichten. Er hat im Prüfungsbericht Stellung zu nehmen zur Beurteilung der Lage des Unternehmens bzw. Konzerns durch die gesetzlichen Vertreter, wobei insbesondere auf die Beurteilung des Fortbestands und der künftigen Entwicklung einzugehen ist.

Nach § 321 Abs. 1 Satz 3 HGB hat der Abschlussprüfer auch über Tatsachen zu berichten, die den Bestand des geprüften Unternehmens oder des Konzerns gefährden könnten.

Nach § 321 Abs. 4 Satz 2 ist im Prüfungsbericht darauf einzugehen, ob Maßnahmen nötig sind, um das interne Überwachungssystem zu verbessern.

Gesetzestext
§ 321 HGB, Prüfungsbericht

(1) Der Abschlussprüfer hat über Art und Umfang sowie über das Ergebnis der Prüfung zu berichten; auf den Bericht sind die Sätze 2 und 3 sowie die Abs. 2 bis 4a anzuwenden. Der Bericht ist schriftlich und mit der gebotenen Klarheit abzufassen; in ihm ist vorweg zu der Beurteilung der Lage des Unternehmens oder Konzerns durch die gesetzlichen Vertreter Stellung zu nehmen, wobei insbesondere auf die Beurteilung des Fortbestandes und der künftigen Entwicklung des Unternehmens unter Berücksichtigung des Lageberichts und bei der Prüfung des Konzernabschlusses von Mutterunternehmen auch des Konzerns unter Berücksichtigung des Konzernlageberichts einzugehen ist, soweit die geprüften Unterlagen und der Lagebericht oder der Konzernlagebericht eine solche Beurteilung erlauben. Außerdem hat der Abschlussprüfer über bei Durchführung der Prüfung festgestellte Unrichtigkeiten oder Verstöße gegen gesetzliche Vorschriften sowie Tatsachen zu berichten, die den Bestand des geprüften Unternehmens oder des Konzerns gefährden oder seine Entwicklung wesentlich beeinträchtigen können oder die schwerwiegenden Verstöße der gesetzlichen Vertreter oder von Arbeitnehmern gegen Gesetz, Gesellschaftsvertrag oder die Satzung erkennen lassen.

(2) Im Hauptteil des Prüfungsberichts ist festzustellen, ob die Buchführung und die weiteren geprüften Unterlagen, der Jahresabschluss, der Lagebericht, der Konzernabschluss und der Konzernlagebericht den gesetzlichen Vorschriften und den ergänzenden Bestimmungen des Gesellschaftsvertrags oder der Satzung entsprechen. In diesem Rahmen ist auch über Beanstandungen zu berichten, die nicht zur Einschränkung oder Versagung des Bestätigungsvermerks geführt haben, soweit dies für die Überwachung der Geschäftsführung und des geprüften Unternehmens von Bedeutung ist. Es ist auch darauf einzugehen, ob der Abschluss insgesamt unter Beachtung der Grundsätze ordnungsmäßiger Buchführung oder sonstiger maßgeblicher Rechnungslegungsgrundsätze ein den tatsächlichen Verhältnissen entsprechendes Bild

der Vermögens-, Finanz- und Ertragslage der Kapitalgesellschaft oder des Konzerns vermittelt. Dazu ist auch auf wesentliche Bewertungsgrundlagen sowie darauf einzugehen, welchen Einfluss Änderungen in den Bewertungsgrundlagen einschließlich der Ausübung von Bilanzierungs- und Bewertungswahlrechten und der Ausnutzung von Ermessensspielräumen sowie sachverhaltsgestaltende Maßnahmen insgesamt auf die Darstellung der Vermögens-, Finanz- und Ertragslage haben. Hierzu sind die Posten des Jahres- und des Konzernabschlusses aufzugliedern und ausreichend zu erläutern, soweit diese Angaben nicht im Anhang enthalten sind. Es ist darzustellen, ob die gesetzlichen Vertreter die verlangten Aufklärungen und Nachweise erbracht haben.

(3) In einem besonderen Abschnitt des Prüfungsberichts sind Gegenstand, Art und Umfang der Prüfung zu erläutern. Dabei ist auch auf die angewandten Rechnungslegungs- und Prüfungsgrundsätze einzugehen.

(4) Ist im Rahmen der Prüfung eine Beurteilung nach § 317 Abs. 4 abgegeben worden, so ist deren Ergebnis in einem besonderen Teil des Prüfungsberichts darzustellen. Es ist darauf einzugehen, ob Maßnahmen erforderlich sind, um das interne Überwachungssystem zu verbessern.

Wird die Gefährdung des Fortbestands der Gesellschaft im Lagebericht nicht angemessen dargestellt, so sind die bestehenden Risiken und ihre möglichen Auswirkungen anzugeben und der Bestätigungsvermerk ist einzuschränken.

Das Institut der Wirtschaftsprüfer in Deutschland legt im **IDW Prüfungsstandard 270 (IDW PS 270)** fest, dass der Wirtschaftsprüfer bei der Abschlussprüfung die Einschätzung der gesetzlichen Vertreter des bilanzierenden Unternehmens zur Fortführung der Unternehmenstätigkeit zu beurteilen hat.

Der IDW PS 270 führt in Tz. 11 dazu aus:

„Die im Folgenden beispielhaft genannten Umstände können einzeln oder zusammen mit anderen die gesetzlichen Vertreter daran zweifeln

lassen, ob die Fortführung der Unternehmenstätigkeit möglich sein wird. Dies bedeutet jedoch nicht, dass bei Vorliegen eines oder mehrerer dieser Umstände immer notwendigerweise davon ausgegangen werden muss, dass ernsthafte Zweifel an der Fortführung der Unternehmenstätigkeit bestehen. So können die Zweifel etwa dadurch aufgehoben sein, dass negative Umstände durch andere positive Gegebenheiten teilweise oder vollständig kompensiert werden."

Der IDW PS 270 nennt beispielhaft folgende bestandsgefährdende Risiken:

1. **Finanzielle bestandsgefährdende Risiken**
   - In der Vergangenheit eingetretene oder für die Zukunft erwartete negative Zahlungssalden aus der laufenden Geschäftstätigkeit
   - Die Schulden übersteigen das Vermögen oder die kurzfristigen Schulden übersteigen das Umlaufvermögen
   - Kredite zu festen Laufzeiten, die sich dem Fälligkeitsdatum nähern, ohne realistische Aussichten auf Verlängerung oder Rückzahlung
   - Übermäßige kurzfristige Finanzierung langfristiger Vermögenswerte
   - Anzeichen für den Entzug finanzieller Unterstützung durch Lieferanten oder andere Gläubiger
   - Ungünstige finanzielle Schlüsselkennzahlen
   - Erhebliche Betriebsverluste oder erhebliche Wertminderungen bei betriebsnotwendigem Vermögen
   - Ausschüttungsrückstände oder Aussetzen der Ausschüttung
   - Unfähigkeit, Zahlungen an Gläubiger bei Fälligkeit zu leisten
   - Unfähigkeit, Darlehenskonditionen einzuhalten
   - Lieferantenkredite stehen nicht mehr zur Verfügung
   - Unmöglichkeit, Finanzmittel für wichtige neue Produktentwicklungen oder andere wichtige Investitionen zu beschaffen
   - Unfähigkeit, Kredite ohne Sicherheitenstellung von außen zu beschaffen
   - Einsatz von Finanzinstrumenten außerhalb der gewöhnlichen Geschäftstätigkeit
   - Angespannte finanzielle Situation im Konzernverbund

2. **Betriebliche bestandsgefährdende Risiken**
   - Ausscheiden von Führungskräften in Schlüsselpositionen ohne adäquaten Ersatz
   - Verlust eines Hauptabsatzmarktes, Verlust von Hauptlieferanten oder wesentlichen Kunden bzw. Kündigung von bedeutenden Franchise-Partnern
   - Engpässe bei der Beschaffung wichtiger Vorräte
   - Nicht ausreichend kontrollierter Einsatz von Finanzinstrumenten

3. **Sonstige bestandsgefährdende Risiken**
   - Verstöße gegen Eigenkapitalvorschriften oder andere gesetzliche Regelungen
   - Anhängige Gerichts- oder Aufsichtsverfahren gegen das Unternehmen, die zu Ansprüchen führen können, die wahrscheinlich nicht erfüllbar sind
   - Änderungen in der Gesetzgebung oder Regierungspolitik, von denen negative Folgen für das Unternehmen erwartet werden

Eng im Zusammenhang mit der Aufgabe des Abschlussprüfers, zu beurteilen, ob die Einschätzung des Vorstands zur weiteren Entwicklung des Unternehmens und seinen Bestand realistisch ist, steht die Prüfung, ob der Vorstand die **in der Risikoinventur des Unternehmens festgehaltenen großen und bestandsgefährdenden Risiken** ausreichend berücksichtigt und in der externen Risikoberichterstattung angemessen dargestellt hat.

Beispiel – Prüfungsbericht des Abschlussprüfers

In Anlehnung an den IDW Prüfungsstandard 450 (IDW PS 450) wird über das Ergebnis der Prüfung des Lageberichts im Prüfungsbericht des Abschlussprüfers wie folgt berichtet:

Musterformulierung Prüfungsbericht:

(a) Standard

Zusammenfassend stellen wir entsprechend § 321 Abs. 1 Satz 2 HGB fest, dass wir die Lagebeurteilung durch die gesetzlichen Vertreter, insbesondere die Annahme der Fortführung der Unternehmenstätigkeit und die Beurteilung der künftigen Entwicklung des Unternehmens, wie sie im Jahresabschluss und im Lagebericht ihren Ausdruck gefunden haben, als realistisch ansehen.

(b) **Alternative 1:** Ungünstige Lageentwicklung ohne konkrete Bestandsgefährdung Entwicklungsbeeinträchtigende Tatsachen:
Entsprechend § 321 Abs. 1 Satz 3 HGB berichten wir über Tatsachen, die die Entwicklung der Gesellschaft wesentlich beeinträchtigen können. Aufgrund der nachhaltig schlechten Ertragslage hat die Gesellschaft Kostenreduzierungsmaßnahmen, v. a. im Personalkostenbereich, eingeleitet. Außerdem werden derzeit nicht zwingend erforderliche Investitionen zurückgestellt.
Risiken hinsichtlich der erfolgreichen Umsetzung des Restrukturierungskonzepts ergeben sich insbesondere aus der anhaltenden Branchenrezession. Sollten diese Maßnahmen nicht greifen, kann es mittelfristig zu einer bilanziellen Überschuldung der Gesellschaft kommen. Außerdem ist nicht auszuschließen, dass die GmbH bei Beibehalten ihrer restriktiven Investitionspolitik in einen Investitionsstau gerät.

c) **Alternative 2:** Ungünstige Lageentwicklung mit drohender Bestandsgefährdung
Entsprechend § 321 Abs. 1 Satz 3 HGB berichten wir über Tatsachen, die den Bestand der Gesellschaft gefährden können.
Bestandsgefährdende Tatsachen:
Die Gesellschaft ist derzeit nicht in der Lage, aus eigener Kraft die zur Aufrechterhaltung des Geschäftsbetriebs erforderlichen Zahlungsmittel zu erwirtschaften. Sie konnte deshalb bereits im Berichtsjahr ihre bestehenden Darlehen nicht planmäßig bedienen. Mit den Hausbanken besteht ein bis zur Mitte des laufenden Geschäftsjahres befristetes Moratorium. Sollte dieses Moratorium nicht über diesen Zeitpunkt hinaus verlängert werden, wäre der Fortbestand der Gesellschaft gefährdet.

Nach § 322 Abs. 6 S. 1 HGB ist bei der Erläuterung des Prüfungsergebnisses im Bestätigungsvermerk ausdrücklich darauf einzugehen, ob der

Lagebericht bzw. Konzernlagebericht in Einklang mit dem Einzel- bzw. Konzernabschluss steht und insgesamt ein zutreffendes Bild von der Lage des Unternehmens bzw. Konzerns vermittelt.

Nach § 322 Abs. 6 Satz 2 HGB ist dabei auch eine Aussage des Abschlussprüfers darüber zu machen, ob die Chancen und Risiken der künftigen Entwicklung zutreffend dargestellt wurden.

Liegen keine Besonderheiten vor, kann der Bestätigungsvermerk erteilt werden.

Gesetzestext
§ 322 HGB, Bestätigungsvermerk

> Absatz (1) – (5)
>
> Absatz (6)
>
> Die Beurteilung des Prüfungsergebnisses hat sich auch darauf zu erstrecken, ob der Lagebericht oder der Konzernlagebericht nach dem Urteil des Abschlussprüfers mit dem Jahresabschluss und gegebenenfalls mit dem Einzelabschluss nach § 325 Abs. 2a oder mit dem Konzernabschluss in Einklang steht, die gesetzlichen Vorschriften zur Aufstellung des Lage- oder Konzernlageberichts beachtet worden sind und der Lage- oder Konzernlagebericht insgesamt ein zutreffendes Bild von der Lage des Unternehmens oder des Konzerns vermittelt. Dabei ist auch darauf einzugehen, ob die Chancen und Risiken der zukünftigen Entwicklung zutreffend dargestellt sind.

7.2 Prüfung des Lageberichts durch den Aufsichtsrat

Der Aufsichtsrat hat nach § 171 AktG Abs. 1 den Jahresabschluss, den Lagebericht und den Vorschlag für die Verwendung des Bilanzgewinns zu prüfen, bei Mutterunternehmen (§ 290 Abs. 1, 2 HGB) auch den Konzernabschluss und den Konzernlagebericht.

Außerdem regelt für Aktiengesellschaften § 171 Abs. 1 Satz 2 AktG, dass der Abschlussprüfer dem Aufsichtsrat oder Prüfungsausschuss „*über das wesentliche Ergebnis seiner Prüfung, insbesondere wesentliche Schwächen des internen Risikomanagementsystems bezogen auf den Rechnungslegungsprozess, zu berichten*" hat.

Das bedeutet, dass der Aufsichtsrat aufgrund seiner Prüfungspflicht die Verantwortung dafür trägt, dass das Risikomanagementsystem des Unternehmens bezogen auf den Rechnungslegungsprozess funktioniert und dass die Risikoberichterstattung des Vorstands den gesetzlichen Vorschriften entspricht.

Wie der Aufsichtsrat im Rahmen seiner Aufsichtspflicht vom Vorstand und den Wirtschaftsprüfern informiert wird, wurde in Kapitel 3.2.1 behandelt. Die Arbeitnehmervertreter im Aufsichtsrat, die oft über keine spezielle betriebswirtschaftliche Ausbildung verfügen, erhalten geeignetes Material von Gewerkschaftsseite, der Hans Böckler-Stiftung, um ihrer Verantwortung gerecht werden zu können.

https://www.boeckler.de/de/faust-detail.htm?sync_id=7347

Aufgrund der letzten Unternehmenskrisen und -skandale ist zu hoffen dass die Aufsichtsräte sich intensiver mit der Materie beschäftigen und begreifen werden, welche Vorteile das Risikomanagementsystem als fortgeschrittenstes Instrument der Unternehmenssteuerung dem Unternehmen bringt. Sie sollten die betriebswirtschaftlich sinnvollen gesetzlichen Vorschriften nutzen und die Vorstände dazu veranlassen, sich an die Vorschriften zu halten. Das bedeutet, sie haben mit dafür zu sorgen, dass der Konzern über ein konzernweit funktionierendes Risikomanagementsystem und eine gesetzeskonforme Risikoberichterstattung verfügt.

**Gesetzestext
§ 171 AktG, Prüfung durch den Aufsichtsrat**

(1) Der Aufsichtsrat hat den Jahresabschluss, den Lagebericht und den Vorschlag für die Verwendung des Bilanzgewinns zu prüfen, bei Mutterunternehmen (§ 290 Abs. 1, 2 des Handelsgesetzbuchs) auch den Konzernabschluss und den Konzernlagebericht. Ist der Jahresabschluss oder der Konzernabschluss durch einen Abschlussprüfer zu prüfen, so hat dieser an den Verhandlungen des Aufsichtsrats oder des Prüfungsausschusses über diese Vorlagen teilzunehmen und über die wesentlichen Ergebnisse seiner Prüfung, insbesondere wesentliche Schwächen des internen Kontroll- und des Risikomanagementsystems bezogen auf den Rechnungslegungsprozess, zu berichten. Er informiert über Umstände, die seine Befangenheit besorgen lassen und über Leistungen, die er zusätzlich zu den Abschlussprüfungsleistungen erbracht hat. Der Aufsichtsrat hat auch den gesonderten nichtfinanziellen Bericht (§ 289b des Handelsgesetzbuchs) und den gesonderten nichtfinanziellen Konzernbericht (§ 315b des Handelsgesetzbuchs) zu prüfen, sofern sie erstellt wurden.

(2) Der Aufsichtsrat hat über das Ergebnis der Prüfung schriftlich an die Hauptversammlung zu berichten. In dem Bericht hat der Aufsichtsrat auch mitzuteilen, in welcher Art und in welchem Umfang er die Geschäftsführung der Gesellschaft während des Geschäftsjahrs geprüft hat; bei börsennotierten Gesellschaften hat er insbesondere anzugeben, welche Ausschüsse gebildet worden sind, sowie die Zahl seiner Sitzungen und die der Ausschüsse mitzuteilen. Ist der Jahresabschluss durch einen Abschlussprüfer zu prüfen, so hat der Aufsichtsrat ferner zu dem Ergebnis der Prüfung des Jahresabschlusses durch den Abschlussprüfer Stellung zu nehmen. Am Schluss des Berichts hat der Aufsichtsrat zu erklären, ob nach dem abschließenden Ergebnis seiner Prüfung Einwendungen zu erheben sind und ob er den vom Vorstand aufgestellten Jahresabschluss billigt. Bei Mutterunternehmen (§ 290 Abs. 1, 2 des Handelsgesetzbuchs) finden die Sätze 3 und 4 entsprechende Anwendung auf den Konzernabschluss.

(3) Der Aufsichtsrat hat seinen Bericht innerhalb eines Monats, nachdem ihm die Vorlagen zugegangen sind, dem Vorstand zuzuleiten. Wird der Bericht dem Vorstand nicht innerhalb der Frist zugeleitet, hat der Vorstand dem Aufsichtsrat unverzüglich eine weitere Frist von nicht mehr als einem Monat zu setzen. Wird der Bericht dem Vorstand nicht vor Ablauf der weiteren Frist zugeleitet, gilt der Jahresabschluss als vom Aufsichtsrat nicht gebilligt; bei Mutterunternehmen (§ 290 Abs. 1, 2 des Handelsgesetzbuchs) gilt das Gleiche hinsichtlich des Konzernabschlusses.

(4) Die Abs. 1 bis 3 gelten auch hinsichtlich eines Einzelabschlusses nach § 325 Abs. 2a des Handelsgesetzbuchs. Der Vorstand darf den in Satz 1 genannten Abschluss erst nach dessen Billigung durch den Aufsichtsrat offen legen.

7.3 Prüfung durch die Deutsche Rechnungsprüfungsstelle (DPR)

Vorbemerkung:
Infolge des Gesetzes zur Finanzmarktintegrität (Finanzmarktintegritätsstärkungsgesetz (FISG) vom 20. Mai 2021 endet am 1. Januar 2022 die Tätigkeit der Deutschen Rechnungsprüfungsstelle (DPR). Der private Verein wird aufgelöst. Ihre Aufgaben und Angestellten werden von der Bundesanstalt für Finanzdienstleistungsaufsicht (BaFin) übernommen.

Deutsche Prüfstelle für Rechnungslegung DPR e. V. (DPR)
www.frep.info.

Ihre Entstehung, Aufgabe und rechtliche Position wird auf der Website wie folgt beschrieben:

DPR • FREP DEUTSCHE PRÜFSTELLE FÜR RECHNUNGSLEGUNG
FINANCIAL REPORTING ENFORCEMENT PANEL

Die Deutsche Prüfstelle für Rechnungslegung (DPR) prüft seit dem 1.7.2005 die Rechnungslegung von kapitalmarktorientierten Unternehmen (Enforcement).

In Deutschland ist das Enforcement-Verfahren zweistufig ausgestaltet, sodass neben der privatrechtlich organisierten DPR noch die mit hoheitlichen Mitteln ausgestattete Bundesanstalt für Finanzdienstleistungsaufsicht (BaFin) beteiligt ist.

Unsere Aufgabenstellung orientiert sich an folgendem Leitspruch:

Im Interesse des Kapitalmarktes wollen wir zu einer wahrhaften und transparenten Rechnungslegung der kapitalmarktorientierten Unternehmen beitragen. Maßstäbe unseres Handelns sind der Zweck und die maßgeblichen Normen der Rechnungslegung, höchste fachliche Qualität, persönliche Integrität und Unabhängigkeit, Exzellenz der Arbeit und ein vernünftiges Augenmaß.

Die gesetzliche Grundlage für die Deutsche Prüfstelle für Rechnungslegung ist das Bilanzkontrollgesetz, umgesetzt durch die Paragrafen 342b bis 342e HGB.

Nach § 342b HGB kann das Bundesministerium der Justiz und für Verbraucherschutz im Einvernehmen mit dem Bundesministerium der Finanzen eine privatrechtlich organisierte Einrichtung zur Prüfung von Verstößen gegen Rechnungslegungsvorschriften durch Vertrag anerkennen (Prüfstelle). Durch den Anerkennungsvertrag mit dem Bundesministerium der Justiz vom 30. März 2005 wurde ein privater Verein als zuständige Einrichtung zur Prüfung von Verstößen gegen die Rechnungslegungsvorschriften kapitalmarktorientierter Unternehmen (Enforcement) bestimmt.

Die Prüfstelle besitzt die Rechtsform eines eingetragenen Vereins. Sie hat 17 Mitglieder. Die Mitgliedschaft ist auf Berufs- und Interessenvertretungen von Rechnungslegern und Rechnungsleger-Nutzern beschränkt.

Anlass für diese Einrichtung der Unternehmenskontrolle war die öffentliche Kritik im Zusammenhang mit den Bilanzskandalen der Jahre zuvor (u. a. Siemens-Bestechungsskandal, Volkswagen-Bordell-Bestechungsskandal).

Dabei hat sich die Bundesregierung von der Lobby, bestehend aus der Deutschen Börse AG, Frankfurt, und den dort für ihre Indices benötigten repräsentativen Börsenkonzernen, dazu bringen lassen, eine von der EU als staatliche Einrichtung vorgesehene Prüfstelle – genauso wie im Jahr 2001 beim Deutschen Corporate Governance Kodex – den börsenorientierten Unternehmen zu übertragen.

▶ **Der erste unheilbare Gründungsmangel der DPR** ist der Träger der Institution „Deutsche Prüfstelle für Rechnungslegung (DPR)".

▶ **Der zweite unheilbare Gründungsmangel der DPR ist,** dass die Bundesregierung mit der Prüfstelle nicht die von der EU geforderte nationale Unternehmensaufsicht für alle deutschen Unternehmen geschaffen hat. Die sogenannte „Deutsche Prüfstelle für Rechnungslegung" ist genauso wie der sogenannte „Deutsche Corporate Governance Kodex" eine private Organisation – ausschließlich zuständig für die rund 440 Unternehmen, die bei der Deutsche Börse AG, Frankfurt, speziell registriert sind. Das bedeutet für die Bundesrepublik Deutschland:
1. Es gibt keine staatliche Unternehmensaufsicht für deutsche Unternehmen und Konzerne.
2. Für die Prüfung der Jahresabschlüsse und der Unternehmensberichterstattung gibt es intern den Aufsichtsrat des Unternehmens und extern den öffentlich bestellten Wirtschaftsprüfer, der legitimiert ist, die vom Gesetz vorgeschriebenen Prüfungen bei den Unternehmen und Konzernen durchzuführen.

Die DPR soll prüfen, ob der zuletzt festgestellte Jahresabschluss und der dazugehörige Lagebericht bzw. der letzte Konzernabschluss und der dazugehörige Konzernlagebericht des Unternehmens den gesetzlichen Vorschriften, den Grundsätzen ordnungsmäßiger Buchführung (GoB) sowie den Rechnungslegungsstandards (Handelsgesetzbuch, IFRS) entspricht.

Die DPR sucht sich nach eigenen Kriterien diejenigen Unternehmen aus, die sie zu prüfen beabsichtigt. Die Entscheidung, ob, wann und welches Unternehmen sie prüft, bleibt ihr ganz alleine überlassen.

Nach rechtzeitiger Vorankündigung prüft sie das Unternehmen. Ihre Prüfung erfolgt innerhalb eines zweistufigen Kontrollverfahrens:

▶ Die Deutsche Prüfstelle für Rechnungslegung ist die **erste Instanz**. Die Zusammenarbeit der Unternehmen mit ihr erfolgt auf freiwilliger Basis.
▶ Im Falle, dass das betroffene Unternehmen mit der Prüfstelle nicht kooperieren will oder keine befriedigende Lösung zustande kommt, gibt es eine **zweite Instanz, die** *Bundesanstalt für Finanzdienstleistungsaufsicht (BaFin)*. Sie kann die Prüfung der Rechnungslegung mit öffentlich-rechtlichen Mitteln erzwingen.

Für die BaFin bedeutete es eine Erweiterung ihrer Aufgaben. Satzungsmäßig unterlag ihr bis dahin nur die Kontrolle der Finanzmarktunternehmen, Banken und Versicherungen.

Den Jahresberichten der DPR ist zu entnehmen, welche Gebiete der Rechnungslegung sie prüfte und wo besondere Schwächen festgestellt wurden. Als **Schwachpunkt** auf dem Gebiet der Berichterstattung der Unternehmen wird seit Jahren die **Lageberichterstattung** der kapitalmarktorientierten Unternehmen, d. h. **der an der Frankfurter Wertpapierbörse speziell notierten Aktiengesellschaften**, angeführt.

Nach einer Studie der Wirtschaftsprüfungsgesellschaft Price Waterhouse

Coopers (PWC) des Jahres 2009 waren nur 31 % der Unternehmen nach Gesprächen mit der DPR bereit, ihre Bilanzierungspraxis zu ändern.

Der von der DRP international verwendete Name **„Financial Reporting Enforcement Panel (FREP)"** und die Bezeichnung „Bilanzpolizei" treffen auf diesen privaten Verein nicht zu. Auch der Begriff „oberste" deutsche Prüfungsinstitution ist irreführend.

Die Gründe für das Versagen der staatlichen deutschen Unternehmensaufsicht sind:

1. Es existiert keine staatliche Unternehmensaufsicht, die für alle deutschen Unternehmen und Konzerne zuständig ist.

2. Die Bundesregierung hat die Unternehmensaufsicht einer kleinen Gruppe mächtiger börsennotierter Konzerne überlassen. Diese gibt sich selbst ein Regelwerk, das bewusst irreführend „Deutscher Corporate Governance Kodex" genannt wird. Dieses Regelwerk, das am deutschen Gesetzgeber vorbei entstanden ist, enthält teils sinnvolle Vorschriften, inzwischen aber überwiegend rechtswidrige Vorschriften für die Unternehmensführung. Kontrolliert werden die börsennotierten Unternehmen, die sich danach richten sollen, über einen privaten Verein, der sich irreführend „Deutsche Prüfstelle für Rechnungslegung" (DPR) nennt. Er besteht aus Vertretern derselben börsennotierten Unternehmen, die sich den sogenannten Deutschen Corporate Governance Kodex gegeben haben und sich auf diese Weise selbst kontrollieren – bzw. die Unternehmen nicht kontrollieren.

3. Die deutschen Bundesregierungen haben vom Jahr 2001 an bis zum Jahr 2020 nichts unternommen, um sich die rechtliche Möglichkeit, Einfluss auf die Regeln des sogenannten Deutschen Corporate Governance Kodex sowie die Prüfungen der sogenannten Deutschen Prüfstelle für Rechnungslegung auszuüben, über das Parlament zu verschaffen (siehe auch Kapitel 2.2.3).

Der Kodex gestattet in seinen Empfehlungen, die von drei Bundesministerien genehmigt sind, den Unternehmen und den Wirtschaftsprüfern Ausnahmen von den in Deutschland und der EU bestehenden gesetzlichen Vorschriften zur Unternehmensführung, zur Unternehmensberichterstattung und zur Prüfung durch die Abschlussprüfer:

- Der Lagebericht darf bei den börsennotierten Unternehmen entsprechend den Kodex-Empfehlungen von den gesetzlichen Vorschriften abweichen.
- Die Wirtschaftsprüfer dürfen – wenn es die Unternehmensführung so möchte – einige Bereiche des Unternehmens nicht in die Abschlussprüfung mit einbeziehen.
- Festgestellte Mängel sind zwar im internen Wirtschaftsprüferbericht festzuhalten. Sie dürfen aber im Wirtschaftsprüfertestat nicht erscheinen.
- Der Abschlussprüfer muss jedes Jahr einen „uneingeschränkten Bestätigungsvermerk" erteilen.

Der Kodex hat eine wichtige Marketingfunktion. Er soll eine positive Börsenpublizität zu erzeugen und ausländische Investoren über die Firma Deutsche Börse AG, Frankfurt, dazu gewinnen, in Deutschland Kapital anzulegen. Diese sollen keinen erklärungsbedürftigen Deutschen Corporate Governance Kodex zum Lesen bekommen, der z. B. etwas von der fortgeschrittenen Betriebsverfassung und der Mitbestimmung deutscher Arbeitnehmer in den Aktiengesellschaften verlauten lässt. Das könnte die Kapitalanleger verunsichern. Sie würden durch die vielen Gesetze für Unternehmen in Deutschland und der Europäischen Union als Kunden abgeschreckt werden.

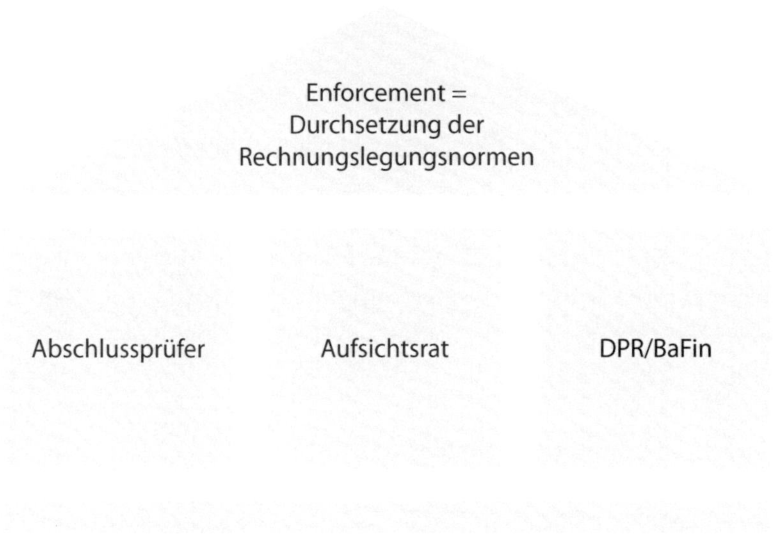

```
            Enforcement =
          Durchsetzung der
        Rechnungslegungsnormen
```

Abschlussprüfer   Aufsichtsrat   DPR/BaFin

Abbildung 19: Quelle: Broschüre zum 10-jährigen Jubiläum der DPR, Seite 5

§ 4 Mitgliedschaft
(1) Mitglieder des Vereins können werden: jede Berufs- oder Interessenvertretung von Rechnungslegern und Rechnungslegungs-Nutzern, die den Zwecken des Vereins nahestehen und nicht lediglich eine geringfügige Anzahl von Mitgliedern vertreten. Die Berufs- oder Interessenvertretung muss seit mindestens einem Jahr bestehen, ihre Aufgaben nicht gewerbsmäßig wahrnehmen und auf Grund ihrer bisherigen Tätigkeit Gewähr dafür bieten, dass sie den Zwecken des Vereins nicht nur vorübergehend nahesteht und den Verein bei der Durchführung seiner Aufgaben unterstützen wird.

Die Tatsache, dass dieser private Verein der Börsenkonzerne seine Aufgabe gar nicht erfüllt, kam erst durch den Wirecard-Skandal an die Öffentlichkeit.

Jetzt wurde auch die Europäische Aufsicht darauf aufmerksam. Am 4.11. 2020 findet man folgende Schlagzeilen in der Wirtschaftspresse:

- „Wirecard – Europäische Aufsicht sieht Defizite bei der BaFin."
▶ „In ihrem Bericht hat die ESMA nun mehrere Defizite bei der BaFin ausgemacht. So kritisieren die Prüfer unter anderem, dass die deutsche Aufsicht nicht ausreichend unabhängig von Unternehmen und der Politik ist."

Die private Institution, die die Bundesregierung mit dieser Aufgabe betraut hat, ist ungeeignet für staatliche Kontrollaufgaben. Die Bundesregierung hat sich in den Verträgen, vertreten durch den Bundeswirtschaftsminister, von der Börsenlobby in unakzeptabler Weise erpressen lassen. Danach ist die DPR

▶ autark in ihren Entscheidungen,
▶ vollkommen unabhängig von der Regierung,
▶ keine staatliche Behörde und auch die Regierung und kann keinen Einfluss auf die DPR ausüben, z.B. Aufträge erteilen.
▶ Die DPR kann machen, was sie will. Sie ist frei in ihren Entscheidungen.

Bei dieser Institution liegt derselbe „Etikettenschwindel" wie beim Deutschen Corporate Governance Kodex vor. Das haben die Untersuchungen von Dr. Carl Ehlers im Jahr 2020 ergeben:

https://www.3grc.de/corporate-governance/der-grund-fuer-den-wirecard-skandal-der-deutsche-corporate-governance-kodex/
https://www.risknet.de/themen/risknews/erste-lehren-aus-dem-fall-wirecard/
https://www.risknet.de/themen/risknews/der-unaufhaltsame-abstieg-der-rechnungspruefer/
https://www.risknet.de/themen/risknews/sanktionen-gegen-white-collar-kriminalitaet/,
https://www.risknet.de/themen/risknews/ursachen-fuer-funktionsunfaehige-risikofrueherkennungssysteme-vermeiden/

Dabei hätte die DPR bei Feststellung von Mängeln die Möglichkeit und auch die Verpflichtung, die 2. Stufe der Unternehmenskontrolle einzuschalten. Denn die DPR hat keine hoheitlichen Befugnisse, um von ihr geprüfte Unternehmen zur ordnungsmäßigen Rechnungslegung und Berichterstattung zu zwingen. Das ist die Aufgabe der BaFin. Diese hat die Pflicht, nach Aufforderung durch die DPR, bei dem börsennotierten Unternehmen – unabhängig welcher Branche es angehört - eine Sonderprüfung durchzuführen. Bestätigt sich dabei, dass eine fehlerhafte Rechnungslegung und Berichterstattung vorliegt, kann sie hohe Bestrafungen vornehmen.

In diesem Zusammenhang sollte man sich noch einmal zurückerinnern:

Um einer unzureichenden Berichterstattung und der mangelhaften Unternehmensprüfung in Deutschland Einhalt zu gebieten, schuf man im Rahmen der europäischen Gesetzgebung im Jahr 2005 die Deutsche Prüfstelle für Rechnungslegung (DPR) und im Jahr 2016 die Abschlussprüferaufsichtsstelle (APAS). Diese Maßnahmen wurden durch die Macht einiger börsennotierten deutschen Unternehmen ad absurdum geführt. Da die Arbeit dieser von der Bundesregierung zugelassenen Alibi-Institutionen unter Ausschluss der Öffentlichkeit erfolgt, erfährt die Öffentlichkeit und interessierte Fachwelt zwar ganz allgemein von festgestellten Mängeln durch die beiden Prüfstellen, weiß aber nicht, wo und was von den Institutionen überhaupt und mit welchem Erfolg unternommen wird.

Den Jahresberichten der DPR ist zu entnehmen, dass die Berichterstattung der Unternehmen unverändert nicht den gesetzlichen Anforderungen entspricht. Aber ein Erfolg dieser Alibi-Kontrollinstitutionen, etwa durch eine bessere Qualität der Risikoberichterstattung, lässt sich insbesondere beim größten deutschen Börsenkonzern, dem Volkswagen-Konzern, der seit vielen Jahren über kein wirksames Risikofrüherkennungssystem und keine ordnungsmäßige Risikoberichterstattung verfügt, nicht feststellen.

Die Tätigkeit mit einer satzungsmäßigen Geheimhaltungspflicht dieser „Behelfseinrichtungen" steht in vollem Gegensatz zu den ursprünglichen Zielen des deutschen Gesetzgebers, der mit dem KonTraG das Prinzip der Kontrolle und Transparenz im Unternehmensbereich eingeführt hat. Die europäische Gesetzgebung hat diese Art der Transparenz in den Folgejahren weiterhin ihren Vorschriften entsprechend realisiert.

Die DPR verhindert diese Fortschritte durch mangelhafte Prüfungen und indem die Aktionäre und die Öffentlichkeit nichts über die festgestellten Mängel erfahren. Durch die fehlenden Informationen ist die Bevölkerung nun Risiken ausgesetzt, die durch das KonTraG, alle neueren Gesetze sowie den Deutschen Corporate Governance Kodex vermieden werden sollten. Durch dieses Kontrollversagen der Bundesregierung und ohne den Druck der Öffentlichkeit ist an keine Verbesserung der Berichterstattung von bestimmten börsennotierten, immer wieder Skandale verursachenden Konzernen zu denken.

7.4 Prüfung durch die Bundesanstalt für Finanzdienstleistungsaufsicht (BaFin)

Vorbemerkung:
Infolge des Gesetzes zur Finanzmarktintegrität (Finanzmarktintegritätsstärkungsgesetz –FISG) vom 20. Mai 2021 wird ab Beginn des Jahres 2022 die staatliche Unternehmensaufsicht und -kontrolle der deutschen Finanzdienstleistungsunternehmen alleine von der Bundesanstalt für Finanzdienstleistungsaufsicht (BaFin) wahrgenommen. Die Aufgaben und die Angestellten der Deutschen Rechnungsprüfungsstelle (DPR) werden von der BaFin übernommen.

> *„Die Bundesanstalt für Finanzdienstleistungsaufsicht (BaFin) ist eine rechtsfähige deutsche Bundesanstalt mit Sitz in Frankfurt am Main und Bonn. Sie untersteht der Rechts- und Fachaufsicht des Bundesministeriums der Finanzen. Die BaFin beaufsichtigt und kontrolliert als Finanzmarktaufsichtsbehörde im Rahmen der Finanzdienstleistungsaufsicht alle Bereiche des Finanzwesens in Deutschland."*
> https://de.wikipedia.org/wiki/Bundesanstalt_f%C3%BCr_Finanzdienstleistungsaufsicht#cite_note-2)

Bundesanstalt für Finanzdienstleistungsaufsicht
– BaFin –

Bundesanstalt für
Finanzdienstleistungsaufsicht

Staatliche Ebene	Bund
Rechtsform	Anstalt des öffentlichen Rechts
Aufsichtsbehörde	Bundesministerium der Finanzen
Gründung	1. Mai 2002
Hauptsitz	Bonn und Frankfurt am Main, Deutschland
Behördenleitung	Felix Hufeld, Präsident (bis 2020)
Bedienstete	rund 2700[1]
Netzauftritt	bafin.de (https://www.bafin.de/)

Abbildung 20: Website der Bafin

Die BaFin ist ausgestattet mit hoheitlichen Befugnissen. Sie hat die Kompetenz, das ordnungsmäßige Handeln der Unternehmensführungen zu erzwingen. Bei dem letzten großen Börsenskandal, dem der Wirecard AG, hat die BaFin trotz Hinweisen auf illegale Maßnahmen keine Prüfung vorgenommen. Nach den Vorschriften der BaFin-Satzung hätte sie bei diesem speziellen Finanzinstitut, das bei der Aufnahme in die Frankfurter Börse seit vielen Jahren ihrer besonderen Kontrolle unterlag, von sich aus routinemäßig schon längst eine Prüfung durchführen müssen. Unabhängig davon, ob die DPR – unter Geheimhaltungsverpflichtung stehend – Wirecard geprüft haben sollte oder nicht, wäre es nach ihren Vorschriften Pflicht der BaFin gewesen, selbst Sonderprüfungen in allen Unternehmen der Wirecard-Gruppe vorzunehmen. Das galt nicht nur für die börsennotierte Gesellschaft **Wirecard AG,** die wegen Betrug und Insolvenz im Blickpunt gestanden hatte, der Konzernmutter der Wirecard-Gruppe. Die Prüfungen hätten auch bei der börsennotierten **Wirecard Bank AG** sowie allen anderen Konzerngesellschaften stattfinden müssen.

Da der Wirecard-Konzern zu den an der Frankfurter Börse notierten Unternehmen zählte, konnte er mit Zustimmung der zuständigen Bundesministerien von den gesetzeswidrigen Sonderregelungen des Deutschen Corporate Governance Kodex – beispielsweise für die Tochtergesellschaften in Fernost – Gebrauch machen. Die BaFin hatte aufgrund der Vorschriften des DCGK keine Berechtigung, von sich aus eine Prüfung vorzunehmen.

Die Begründung der BaFin, die Wirecard AG gehöre nicht zu ihren satzungsmäßigen Prüfungsgebieten, entspricht nicht den Tatsachen. Sie diente nur dazu, vom Grund für die Finanzskandale, dem nicht der Kontrolle des Staates unterliegenden Deutschen Corporate Governance Kodex abzulenken. Auf der Website von Wirecard befanden sich folgende Informationen:

- Zentrale Payment-Lösung für Kartenakzeptanz und Herausgabe von Zahlungsmitteln
- Individuell anpassbare globale Lösungen für Unternehmen aller Größen
- Führendes Know-how in den Bereichen Digital, Retail, Travel & Mobility und Financial Services
- Datenbasierte Lösungen für Handel, Analysen und Risikomanagement
- Intelligente Mehrwertservices für Digital Banking, Vertrieb und Marketing
- Auf Ihre Bedürfnisse und Ihre Branche abgestimmte Beratung
  5.800 Mitarbeiter
  313.000 Kunden
  26 Standorte
  54 Sprachen

Über die Leistungen der **Wirecard-Gruppe** gab es weiter zu lesen:

- *International führender Komplettanbieter*
- *Wirecard ist einer der weltweit führenden unabhängigen Anbieter von Outsourcing- und White-Label-Lösungen für den elektronischen Zahlungsverkehr.*
- *Die Wirecard Gruppe bietet ihren Kunden Produkte und Dienstleistun-*

gen rund um den elektronischen Zahlungsverkehr. Ziel ist es, weltweit Unternehmen und Konsumenten die sichere und reibungslose Abwicklung elektronischer Zahlungen zu ermöglichen.
- *Das Serviceportfolio der Wirecard AG beinhaltet über 85 Zahlungs- und Risikomanagementlösungen.*
- *Weltweit unterstützt das Unternehmen über 25.000 Bestandskunden aus unterschiedlichen Branchen bei der Automatisierung ihrer Zahlungsprozesse. So ermöglicht die zentrale Wirecard-Plattform das Outsourcing sämtlicher Finanzprozesse: Von der Abwicklung elektronischer Zahlungen über die Transaktions- und Kundenprüfung bis zu Support-Leistungen im Bereich Callcenter- und E-Mail-Management.*
- *Darüber hinaus bietet die Wirecard AG ein breites und umfassendes Spektrum an wirkungsvollen Fraud-Protection-Tools. Voll integriert in den Bezahlvorgang, erkennen die Wirecard-Lösungen Gefahren und Risiken schon bei der Zahlungseinreichung.*
- *Die Dienstleistungen der Wirecard Bank AG ergänzen das Angebotsspektrum für Geschäftskunden um Kreditkartenakzeptanz-Verträge, Bankdienstleistungen und innovative Prepaid-Kartenprodukte.*
- *Die Wirecard AG ist an der Frankfurter Wertpapierbörse notiert (TecDAX, ISIN DE0007472060, WDI).*

Die BaFin kann nach einer Sonderprüfung und der Feststellung von falschen Angaben in der Berichterstattung, die zu falschen Informationen an der Börse mit Auswirkung auf den Börsenkurs führen können, hohe Bußgeldzahlungen festlegen. Bei schweren Regelverletzungen kann die BaFin unzuverlässigen Geschäftsleitern wie z. B. den Vorständen der Wirecard AG oder ihres Tochterunternehmens, der Wirecard Bank AG, nach der Sonderprüfung die Banklizenz entziehen. Damit werden diese beruflich aus dem Finanzdienstleistungssektor ausgeschlossen.

Ein Indiz für die verhängnisvolle Wirkung des Deutschen Corporate Governance Kodex ist, dass da, wo man aufgrund auffälliger Vorgänge eine Prüfung der BaFin erwartet hat – bei den großen Betrugsskandalen des Volkswagen-Konzerns, der Deutschen Bank oder Wirecard – seitens der Ba-

Fin nichts unternommen wurde. Dabei ist die BaFin die einzige Institution der generellen Unternehmenskontrolle, die legitimiert ist, Bestrafungen zu veranlassen. Das ist der Fall, wenn sich bei einer Prüfung unrichtige Angaben in der Berichterstattung herausstellen, die zu falschen Informationen an die Börse mit Auswirkung auf den Börsenkurs führen können. In einem solchen Fall legt die BaFin hohe Bußgeldzahlungen fest. Für das Jahr 2018 wurde die Zahl der Fälle und die Höhe der Bußgeldzahlungen im Jahresbericht auf Seite 49 veröffentlicht. Danach leitete die BaFin 2018 insgesamt 221 Bußgeldverfahren ein und setzte Geldbußen in Höhe von insgesamt Euro 13.338.650 fest.

https://www.bafin.de/DE/PublikationenDaten/Jahresbericht/Jahresbericht2018/jahresbericht_node.html

Praxisbeispiel – Die Gründe für die Finanzkrise 2008

Wegen der unbefriedigenden Situation beim Geschäftsgebaren der Banken und der mangelhaften staatlichen Bankenkontrolle wurde der Autor gebeten, im Jahr 2004 beim internationalen Finanzkongress in Salzburg einen Vortrag über das im Vergleich zur Industrie um mindestens ein Jahrzehnt rückständige Prozessmanagement und das in der Praxis nicht vorhandene Risikomanagement zu halten. Dabei gab es schon praxisreife Möglichkeiten für Banken, mit IT-basierten Systemen eine zeitgemäße Bankgeschäftsabwicklung einzurichten. Ein Prozessmanagement mit eingebauter Kompetenzkontrolle und den notwendigen Modulen eines Risikomanagementsystems. Bereits während der Prozessabwicklung werden dabei alle Nachweise für die ordnungsmäßige Handhabung und bestimmte von der Aufsicht geforderte Dokumente für die Risikoberichterstattung erzeugt. Trotz eines an sich vollständigen Kontrollumfelds bei Finanzinstituten kam es zur großen Banken- und Finanzkrise.

Primärer Grund war, dass die Unternehmensführungen sich nicht an die Gesetze hielten. Das hätte sich niemals zur Krise entwickeln können ohne die mangelhafte Kontrolle der Wirtschaftsprüfer und der Bankenaufsicht.

3.1 Kontrollumfeld des Risikomanagements bei Finanzinstituten

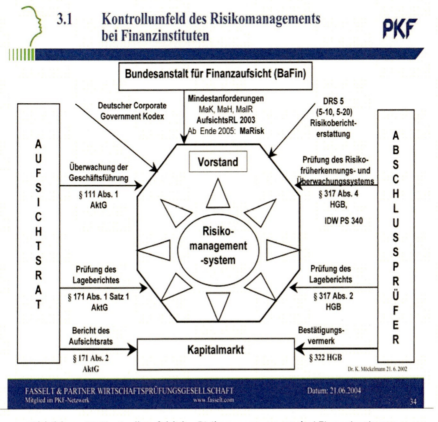

Abbildung 21: Kontrollumfeld des Risikomanagements bei Finanzinstituten

U. a. durch das Nichthandeln der BaFin und der Politik kam es zur deutschen Bankenkrise 2008. Die Einhaltung von Recht und Gesetz durch das Bankmanagement sowie eine wirksame staatliche Kontrolle hätten der Bundesrepublik Deutschland – so wie es in Kanada der Fall war – die wertvernichtende Bankenkrise mit der darauffolgenden Wirtschaftskrise erspart.

Die Konstruktionsfehler der DPR sollen nach Aussage des Bundesfinanzministers nun angeblich beseitigt werden, um zu einer gesetzeskonformen Unternehmensberichterstattung einiger Börsenkonzerne zu kommen, deren Unternehmensführungen vor gesetzwidrigen Maßnahmen nicht zurückschrecken. Jedoch gilt das dann wieder nur für die kleine Gruppe der an der Frankfurter Börse notierten Unternehmen. Die Wahrscheinlichkeit, dass etwas Wirksames unternommen wird, ist deshalb gering, weil die Abhängigkeiten der Politiker, Behörden und Regierungsmitglieder von manchen Unternehmen zu groß sind.

7.5 Das System der deutschen Unternehmensaufsicht und seine Mängel

Vorbemerkung:
Durch das Finanzmarktintegritätssicherunggesetz FISG vom 20. Mai 2021 werden ab 2022 die größten Mängel der deutschen Unternehmensaufsicht für die Börsenkonzerne beseitigt.

Es fehlt noch die Abschaffung des Deutschen Corporate Governance Kodex, die Aufnahme der Deutschen Rechnungslegungsstandards in ein Gesetz sowie die Streichung des § 161 AktG.

Der Deutsche Corporate Governance Kodex ist der Grund für die nicht ordnungsmäßige Rechnungslegung und Risikoberichterstattung einiger Börsenkonzerne, die immer wieder große Skandale durch rechtswidriges Verhalten ihrer Unternehmensführung verursachen. Aufgrund der Tatsache, dass die Bundesregierung noch keinerlei Bereitschaft zeigt, diesem Kodex ihre Genehmigung zu verweigern und ihn abzuschaffen, bedeutet er weiterhin ein großes Risiko für die deutsche Wirtschaft.

Daher ist es für die Verantwortlichen wichtig zu wissen, mit welcher Raffinesse es die Urheber des Kodex geschafft haben, dass die Unternehmensführungen von Börsenkonzernen die Gesetze, die für alle anderen Unternehmen verpflichtend sind, zum Schaden ihrer Unternehmen und der ganzen Wirtschaft mit Genehmigung der Bundesregierung nicht eingehalten haben.

Beim Unternehmensskandal des Finanzdienstleisters **Wirecard AG** im Juli 2020 stellte sich ein weiteres Mal heraus, dass die routinemäßige Unternehmenskontrolle in Deutschland, beginnend mit den dafür zuständigen Aufsichtsräten, Wirtschaftsprüfern (Abschlussprüfer war Ernst & Young, Sonderprüfer mit der Aufdeckung KPMG), der Deutschen Prüfstelle für Rechnungslegung (DPR) und der Bundesanstalt für Finanzdienstleistungsaufsicht (BaFin) versagt, wenn es um börsennotierte Unternehmen geht.

Noch ist der Volkswagen-Dieselbetrugsskandal, der bisher größte systematische Betrug in der Bundesrepublik durch eine Unternehmensführung nicht aufgeklärt, da folgte mit Wirecard wieder der Betrug durch ein börsennotiertes Unternehmen, verursacht durch rechtswidrige Handlungen der Unternehmensführung.

Trotz Warnungen der Fachpresse in den Jahren 2019 und 2020 sah sich die Deutsche Prüfungsstelle für Rechnungslegung (DPR), der staatlich anerkannte private Verein der börsennotierten Gesellschaften, nicht zur Prüfung veranlasst. Da die DPR über kein hierfür speziell ausgebildetes Fachpersonal verfügt, wäre sie zu einer Prüfung vermutlich auch gar nicht in der Lage gewesen.

Da die BaFin bei Nicht-Finanzmarktunternehmen in ihrer Funktion als 2. Stufe der Unternehmenskontrolle, ausgestattet mit Sanktionsmöglichkeiten, keinen Auftrag zur Prüfung von Wirecard von der DPR bekam, schien es einigermaßen plausibel, dass die BaFin keine Prüfung durchgeführt hat.

Aber das war nicht der Grund für die Untätigkeit aller prüfungsverpflichteten Institutionen. So wie es den Wirtschaftsprüfern nach den Regeln des Deutschen Corporate Governance Kodex nicht gestattet war, ordnungsmäßig zu prüfen, war es sowohl der DPR als auch der BaFin verwehrt, überhaupt eine Prüfung bei Wirecard durchzuführen.

Inzwischen hatte im Zuge der Tagungen des Finanzausschusses des Bundestages und des Untersuchungsausschusses zur Aufklärung des Wirecard-

Skandals der Bundesfinanzminister im Jahr 2020 Verbesserungen bei der DPR und der BaFin angekündigt.

Aber mit allen möglichen Ausflüchten versucht die Bundesregierung auch jetzt, nachdem strenge neue Vorschriften für die Börsenkonzerne im durch das Finanzmarktintegritätsstärkungsgesetz FISG gelten, den Grund hierfür geheim zu halten: Der von ihr genehmigte Deutsche Corporate Governance Kodex ermöglichte die großen Unternehmensskandale wie den Wirecard Skandal.

Bei einem System der Unternehmenskontrolle, wo der Staat im Besitz seiner Handlungskompetenz ist, hätte die BaFin spätestens nach den Warnungen der Presse eine Sonderprüfung vorgenommen. Denn die Wirecard Aktiengesellschaften gehört seit ihrer von der BaFin genehmigten Gründung zu den von der BaFin laufend zu beaufsichtigenden Unternehmen. Details über Wirecard findet man in der BaFin-Unternehmensdatenbank.

https://www.bafin.de/SharedDocs/Downloads/DE/Liste/Unternehmensdatenbank/dl_li_fidi_zugel_gesamt.html

Die Vorschriften der BaFin sehen vor, dass bei Zweifeln an der Richtigkeit der von Wirecard monatlich an die BaFin gelieferten Berichte sofort eine Sonderprüfung ohne Vorwarnung einzuleiten gewesen wäre.

https://www.bafin.de/DE/DieBaFin/AufgabenGeschichte/Bankenaufsicht/bankenaufsicht_node.html;jsessinid=F99E4390B48D56EAD103DA58AEC-F46EE.2_cid394#doc7854740bodyText1

Diese Sonderprüfung konnte aufgrund der von der Bundesregierung den Frankfurter Index-Börsenunternehmen erteilten Dauergenehmigung für die Anwendung der gesetzeswidrigen Vorschriften des Deutschen Corporate Governance Kodex nicht realisiert werden. Dem standen die Empfehlungen D.19 bis D.11 entgegen. Damit ist bewiesen, dass die Verantwortung für die Skandale primär nicht bei den Kontroll-Institutionen liegt,

▶ den Wirtschaftsprüfern,
▶ der Deutschen Prüfstelle für Rechnungslegung (DPR),
▶ der Bundesanstalt für Finanzdienstleistungsaufsicht (BaFin).

Die Skandale sind die Folge der jährlichen Genehmigung eines rechtswidrigen Regelwerks durch die drei zuständigen Ministerien der Bundesregierung. Dadurch war auch im Fall Wirecard der staatlichen Unternehmensaufsicht in unverantwortlicher Weise die Kontrolle der Ordnungsmäßigkeit der Unternehmensberichterstattung bei den an der Frankfurter Börse notierten Index-Konzernen durch den Kodex verwehrt.

8. WEITERE GESETZLICHE AKTIVITIÄTEN MIT AUSWIRKUNG AUF DIE RISIKOBERICHTERSTATTUNG

Nach den Vorausschauen der Bundesministerien stehen noch einige Gesetze zur Ergänzung der 2020 und 2021 beschlossenen Gesetze aus.

Das bedeutendste ist eine der größten Neuerungen in der deutschen Strafgesetzgebung.

8.1 Gesetzentwurf für ein Verbandssanktionengesetz

Das bedeutendste Gesetzgebungsprojekt der Legislaturperiode sollte das deutsche Unternehmensstrafrecht werden. Es war als größte Neuerung der deutschen Strafgesetzgebung seit 1871 geplant.

Am 16. Juni 2020 war der Gesetzentwurf Gesetzes zur Bekämpfung der Unternehmenskriminalität, das Verbandssanktionengesetz (VerSanG), genannt „Gesetz zur Stärkung der Integrität in der Wirtschaft", durch die Bundesregierung beschlossen worden. Das Verbandssanktionengesetz, der Entwurf des Bundesministeriums der Justiz und für Verbraucherschutz, sollte Teil 1 eines ganzen Gesetzespaketes mit erhebliche Auswirkungen auf allen Gebieten des Strafrechts werden. Den Kernbereich stellt das Gesetz zur Sanktionierung von verbandsbezogenen Straftaten (Verbandssanktionengesetz –VerSanG) dar.

https://www.bmjv.de/SharedDocs/Gesetzgebungsverfahren/Dokumente/RegE_Staerkung_Integritaet_Wirtschaft.pdf?__blob=publicationFile&v=2

Nachdem der Bundesrat in seiner Stellungnahme vom 18. September 2020 den Gesetzesentwurf weitgehend bestätigt hatte, war mit einer zeitnahen Vorlage an den Bundestag und der anschließenden Verabschiedung des Gesetzes gerechnet worden. Das scheiterte jedoch am Widerstand der Wirtschaftslobby, vertreten durch die CDU/CSU Fraktion des Deutschen Bundestages. Siehe Seite 97.

Seit ca. 40 Jahren schafft es weder eine Landesregierung noch die Bundesregierung gegen den starken Widerstand der Wirtschaftslobby ein Unternehmensstrafrecht in Deutschland einzuführen.

Der zunehmende Druck der Partnerländer der Europäischen Union und die Forderung der OECD lassen erwarten, daß eine neue deutsche Bundesregierung sich wieder mit dem Gesetz zu befassen hat.

8.2 Chancen und Risiken für die Risikoberichterstattung der Unternehmen und Konzerne

In einem Fachbuch zur externen Risikoberichterstattung, das als Anleitung dient, wie der Vorstand der Unternehmen und Konzerne die externe Risikoberichterstattung praktisch gestalten soll, ist es notwendig, auch auf die nicht ordnungsmäßige Unternehmensberichterstattung einiger bekannter Börsenkonzerne einzugehen. Dies geschieht, um keine Missverständnisse darüber aufkommen zu lassen, wie man zu berichten hat.

Dass die Bundesregierung den börsennotierten Konzernen die Möglichkeit einräumt, die gesetzlichen Vorschriften für die Unternehmensberichterstattung nicht einhalten zu müssen, wird als Staatsgeheimnis betrachtet. Und dass es das Regelwerk namens „Deutscher Corporate Governance Kodex" ist, wurde der Öffentlichkeit erst seit Kurzem bekannt. Auch , dass es sich dabei um die Regeln eines privaten Vereins der Index-Unternehmen der Frankfurter Börse handelt. Auch, dass diese Regeln jährlich von der Bundesregierung genehmigt werden, unabhängig davon, was sie enthalten.

Die Folge ist, dass der Kodex den Unternehmensführungen die Möglichkeit einräumt, sich nicht an die gesetzlichen Vorschriften zur Unternehmensberichterstattung und zur Unternehmensprüfung halten zu müssen.

Von den davon betroffenen Unternehmensführungen, den Wirtschaftsprüfern und den Rechtsanwälten wird diese Tatsache niemals erwähnt. Der Bundesfinanzminister erwähnte auch etwas von einem Staatsgeheimnis, als er im Wirecard-Untersuchungsausschuss um Erklärung dafür gefragt wurde, wie trotz Wirtschaftsprüfern und staatlicher Unternehmenskontrolle in Form der DPR und der ihm unterstehenden BaFin der Bilanzbetrug von Wirecard möglich sein konnte. Von einem börsennotierten Konzern, der im Blickpunkt der Öffentlichkeit stand und der von der Regierung in China unterstützt wurde. Auch in der von den Börsenkonzernen lebenden Wirtschaftspresse wurde in diesem Zusammenhang nie der „Deutsche Corporate Governance Kodex" erwähnt.

So war im Jahr 2016 Dr. Carl Ehlers der Erste, dem die vorschriftswidrige Risikoberichterstattung des Volkswagen-Konzerns auffiel und der bei seinen Recherchen als eine wesentliche Ursache den Deutschen Corporate Governance Kodex ausfindig machte.

Erst durch den Wirecard-Skandal wurde man in Deutschland allgemein darauf aufmerksam, dass bei der Kontrolle der Börsenunternehmen etwas nicht stimmen kann. Durch den Untersuchungssausschuss des Bundestages wurde dann eine große Anzahl von ständig stattfindenden Rechtswidrigkeiten aufgedeckt, begangen von der Bundesregierung, den Wirtschaftsprüfern sowie den privaten und staatlichen Institutionen der Unternehmenskontrolle.

Zu dieser Zeit kamen die einzigen fachlichen Veröffentlichungen zu diesem Thema vom Berliner Insider Dr. Carl Ehlers im Jahr 2020 und 2021. Er unterstützte damit offensichtlich auch den Wirecard-Ausschuss. Er analysierte die Mängel der Unternehmensberichterstattung bei einigen Börsenkonzernen sowie die Mängel bei der Prüfung durch die verschiedenen Institutionen der Unternehmensaufsicht :

- ▶ die Wirtschaftsprüfer des IDW,
- ▶ die private Deutsche Prüfstelle für die Rechnungsprüfung (DPR),
- ▶ die halbstaatliche Abschlussprüferaufsichtsstelle (APAS) und
- ▶ die staatliche Bundesanstalt für Finanzdienstleistungsaufsicht (BaFin).

Unter dem Druck des Bundestages sah sich die Bundesregierung am Ende des Jahres 2020 gezwungen, für die Börsenkonzerne speziell eine umfangreiche Gesetzgebung zu schaffen. Einziger Zweck ist es, durch Einfügungen in eine Vielzahl von Wirtschaftsgesetzen diesen Unternehmen speziell aufzuerlegen, unter Androhung schwerer finanzieller Sanktionen die für alle deutschen Unternehmen geltenden Gesetze einzuhalten.

Die Fachzeitschrift 3 GRC GmbH veröffentlichte einen Artikel über das Gesetzesvorhaben und die Analyse von Dr. Carl Ehlers vom 15. März 2021. Er hatte geprüft, inwieweit durch die neuen Gesetze künftig die großen Unternehmensskandale vermieden werden können. Dabei stellte er noch einige Lücken in den Vorschriften fest:

„Die jetzt vorgeschlagenen gesetzlichen Regelungen, die für die börsennotierten Index-Konzerne gelten sollen, erfolgen in Form eines Artikelgesetzes und enthalten neue Vorschriften in mehr als 20 Gesetzen.

Im Gesetzentwurf fehlt, dass der Deutsche Corporate Governance Kodex als Ursache für die Unternehmensskandale beseitigt wird. Wenn das nicht geschieht, besteht weiterhin die Möglichkeit, dass die mächtige Wirtschaftslobby sich Sonderregelungen für die Unternehmensberichterstattung und Unternehmenskontrolle von der Bundesregierung einräumen lässt.

Im Gesetzentwurf wird zwar dargelegt, warum und dass die börsenorien-

tierten Index-Konzerne sich künftig auch an die Wirtschaftsgesetze, an alle Vorschriften und Standards für Unternehmen zu halten haben. Bei näherer Betrachtung des Gesetzentwurfes sieht man aber, dass es für wichtige Bereiche der Unternehmensberichterstattung keine gesetzliche Regelung gibt."

Daraus ergeben sich mehrere Handlungsnotwendigkeiten für den Gesetzgeber:

1. Die Änderung des §161 AktG
2. Der Hinweis auf den Deutschen Rechnungslegungsstandard DRS 20 zur Lageberichterstattung im neuen Gesetz
3. Das Verbot des Deutschen Corporate Governance Kodex
4. Das Verbot der Verwendung der Bezeichnungen „Deutscher Corporate Governance Kodex", „Regierungsbeauftragter" und „Regierungskommission".

Siehe Dr. Carl Ehlers, Beseitigt das FISG die Ursache für den Wirecard Skandal, Seite 2.

https://www.3grc.de/wp-content/uploads/2021/03/Beseitigt-das-FISG-die-Ursache-fuer-den-Wirecardskandal.pdf

Aus den oben bereits genannten Gründen findet man in den vielen Jahren seit Erstellung des ersten Deutschen Corporate Governance Kodex eine Unmenge von Fachbüchern und Kommentaren zum Kodex. Aber keiner der namhaften Autoren wagt es, sich mit der Wirtschaftslobby, den namhaften börsennotierten Konzernen anzulegen. Das würde die lukrativen Aufträge und ihre Geldquelle gefährden. Nicht behandelt wurde das Thema der rechtwidrigen Empfehlungen des Kodex, denen verbindliche Vorschriften der deutschen und europäischen Gesetzgebung entgegenstehen.

Stattdessen herrscht bis heute im Jahr 2021 Einigkeit mit der mächtigen Wirtschaftslobby und der von ihr abhängigen Bundesregierung, indem alle dem Kodex wegen seines hohen Wertes für die Unternehmensführung der Börsenkonzerne ständig Lob zollen.

„Die Erfolgsgeschichte des Kodex ist gleichzeitig Ausweis der hohen fachlichen und ethischen Kompetenz der Mitglieder der Regierungskommission Deutscher Corporate Governance Kodex."

Siehe z. B. Kapitel 2.2.3.2, Ausführungen der Bundesjustizministerin 2020
https://dcgk.de/de/kommission.html

In jüngster Zeit nach Vorlage der neuen Gesetzentwürfe hat sich Dr. Carl Ehlers verpflichtet gefühlt, klarzumachen, dass ein wesentlicher Bestandteil, die Entsprechenserklärung zum Kodex nach Paragraf 161 Aktiengesetz von den Unternehmen gar nicht abgegeben werden kann, weil ein großer Teil der Kodex-Vorschriften gesetzwidrig ist und die große Mehrzahl der Börsenkonzerne sich stattdessen an die Gesetze hält.

Dr. Erich Waclawik, Rechtsanwalt am Bundesgerichtshof, hatte sich bereits im Jahr 2011 mit diesem Thema beschäftigt. In einem Beitrag in der Zeitschrift für Wirtschaftsrecht (ZIP) schilderte er die Problematik, die der Kodex verursacht:

Wenn Vorstand und Aufsichtsrat der Aktiengesellschaft sich nach dem Kodex richten, führt das dazu, dass ihre Unternehmensberichterstattung im Geschäftsbericht, die Bestellung von Wirtschaftsprüfern, die Aufsichtsratswahl usw. von der Hauptversammlung angefochten werden können.

Er schrieb:

„Die Folgen von Fehlern bei der Entsprechenserklärung nach § 161 AktG zum Deutschen Corporate Governance Kodex für die Wirksamkeit von Hauptversammlungsbeschlüssen beschäftigt nicht nur das Schrifttum, sondern inzwischen auch die Rechtsprechung des BGH."

"Der geltende Rechtszustand ist unbefriedigend. Der Informationsnutzen der Entsprechenserklärung für die Aktionäre und für den Kapitalmarkt rechtfertigt, jedenfalls jenseits der Entlastungsbeschlüsse, kein Bestandsrisiko bei Hauptversammlungsbeschlüssen, die sich gegen Kodex-Empfehlungen stellen. Es besteht daher rechtspolitischer Handlungsbedarf. Allerdings gibt es nicht „die" Alternative, die man dem Gesetzgeber anempfehlen kann, sondern eine Mehrzahl möglicher Lösungsansätze. Es wäre daher erfreulich, wenn sich um die Zukunft des heutigen § 161 AktG eine rechtpolitische Diskussion entwickelt. Gleich welche Lösung sich am Ende durchsetzt – besser als das geltende Recht wäre sie allemal."

Seine Empfehlung lautete schon damals, den § 161 AktG abzuschaffen.

"Für die Abschaffung des § 161 AktG spricht die Einfachheit dieser gesetzgeberischen Lösung. Das hier erörterte Problem würde gleichsam an der Wurzel beseitigt. Die ihr derzeit unterworfenen Gesellschaften würden von einer Rechtspflicht entlastet. Für den Vorschlag spricht damit auch sein Deregulierungscharakter. Ferner würde eine Vorschrift beseitigt, deren sachliche Berechtigung mehr als fragwürdig ist: Sie mutet den betroffenen Aktiengesellschaften zu, sich zu dem Kodex als einem privaten Regelwerk zu äußern, auf dessen Inhalt sie keinen (unmittelbaren) Einfluss haben und das in keiner Weise demokratisch legitimiert ist."

Siehe Waclawik, Dr. Erich – Beschlussmängelfolgen von Fehlern bei der Entsprechenserklärung zum DCGK, ZIP 2011, 885
https://waclawik-bghanwalt.de/veroeffentlichungen/vo_ew36_c.htm

Es ist zu begrüßen, dass die größte Reform der deutschen Wirtschaftsgesetzgebung seit 1998 von der deutschen Bundesregierung auf den Weg gebracht worden ist. Die komplizierten Namen der Gesetze sagen wenig über deren Inhalt aus. Auch dadurch ist dies den Bundesbürgern noch nicht aufgefallen. Aus verständlichen Gründen bemüht man sich seitens der Regierung ja auch darum, möglichst keine öffentliche Aufmerksamkeit zu erregen.

Es genügt, wenn es die betroffenen Wirtschaftsteilnehmer und die in der Reform befindlichen staatlichen Unternehmenskontrollen erfahren, dass die bis dahin nicht wirksame staatliche Unternehmenskontrolle künftig Rechte erhält, die zu einer wirksamen Durchführung des Risikomanagements, der Risikoberichterstattung und der Prüfung der Börsenunternehmen beiträgt.

Auch ist es als großer Fortschritt zu werten, dass zur Vermeidung von existenzgefährdenden Unternehmenskrisen in Zukunft auch alle deutschen börsennotierten Unternehmen über ein funktionsfähiges Risikomanagementsystem verfügen müssen.

Im Zuge der dadurch wiedergewonnenen Rechtsstaatlichkeit ist damit zu rechnen, dass die externe Risikoberichterstattung der Unternehmen und Konzerne künftig solche Informationen enthält, die sowohl den gesetzlichen Vorschriften als auch der Wahrheit entsprechen.

ANLAGEN

Vorbemerkung zu den Anlagen

Die Prüfung der VW Risikoberichterstattung in die Anlagen des Buches aufzunehmen, dient nur am Rande der Kritik an dem Unternehmen und dessen Wirtschaftsprüfern.

Die Aufgabe der Anlagen besteht darin, den für die Risikoberichterstattung verantwortlichen Vorständen sowie den Aufsichtsräten und Wirtschaftsprüfern direkt verwertbare Hinweise für ihre praktische Arbeit zu geben.

Gewählt wurde als Beispiel aus der Praxis
- ein weltbekannter Konzern, dessen Vorstand, Aufsichtsrat und Wirtschaftsprüfer seit Jahrzehnten rechtswidrig handeln, was von der deutschen Bundesregierung im Rahmen des Deutschen Corporate Governance Kodex bis zum Jahr 2021 zugelassen wurde,
- ein Konzern, dessen Geschichte, dessen Geschäfte und das Verhalten seines Vorstands sowie Aufsichtsrats jedem Wirtschaftsteilnehmer geläufig ist,
- eine Methode, die durch Fragen, Anworten und Kommentare den für dieses Gebiet Verantwortlichen einen für ihre Arbeit praxisnahen Einblick in die Anforderungen und wertvolle Hinweise für seine eigene Gestaltung der Risikoberichterstattung gibt.

Anlage 1
Prüfung VW-Risikomanagementsystem nach IDW PS 340

Gesetzliche Grundlage
§ 91 Abs. 2 AktG

Vorgaben im Prüfungsstandard IDW PS 340

1. Vorbemerkung
   (1) Nach § 91 Abs. 2 AktG hat der Vorstand geeignete Maßnahmen zu treffen, insbesondere ein Überwachungssystem einzurichten, damit Entwicklungen, die die Gesellschaft gefährden könnten, früh erkannt werden (Risikofrüherkennungssystem). Durch diese Vorschrift soll nach der Regierungsbegründung zum Gesetz zur Kontrolle und Transparenz im Unternehmensbereich (KonTraG) die Verpflichtung des Vorstands, für ein angemessenes Risikomanagement und eine angemessene interne Revision zu sorgen, verdeutlicht werden.

   (2) Der Abschlussprüfer hat nach § 317 Abs. 4 HGB bei Aktiengesellschaften, die Aktien mit amtlicher Notierung ausgegeben haben, im Rahmen der Abschlussprüfung zu beurteilen, ob der Vorstand die nach § 91 Abs. 2 AktG erforderlichen Maßnahmen in einer geeigneten Form getroffen hat und ob das danach einzurichtende Überwachungssystem seine Aufgaben erfüllen kann.

Fragen, um festzustellen, ob die gesetzlichen Anforderungen erfüllt sind:

1. Verfügt der VW-Konzern über ein angemessenes Risikomanagement?
2. Verfügt der Konzern über eine angemessene interne Revision?
3. Hat der Vorstand die nach dem Gesetz erforderlichen Maßnahmen getroffen?
4. Hat er die Maßnahmen in geeigneter Form getroffen?
5. Kann das Überwachungssystem seine Aufgaben erfüllen?

Kommentar zur Einhaltung der gesetzlichen Vorschriften aufgrund der Analyse des Lageberichts des VW-Konzerns	Sind die gesetzlichen Anforderungen erfüllt?
1. Aus dem Lagebericht, den anderen Veröffentlichungen von VW und den Aussagen von beratenden Experten im Konzern ergibt sich, dass VW über kein angemessenes Risikomanagement verfügt.	Nein
2. Der Konzern verfügt über keine angemessene interne Revision. Im Geschäftsbericht 2015 wird darauf hingewiesen, dass man diese verbessern will.	Nein
3. Der Vorstand hat die erforderlichen Maßnahmen nicht in ausreichendem Umfang getroffen.	Nein
4. Der Vorstand hat die Maßnahmen nicht in einer geeigneten Form getroffen.	Nein
5. Das Überwachungssystem in seiner rudimentären Form war und ist nicht in der Lage, seine Aufgaben zu erfüllen. Das zeigt die große Zahl von Gesetzesübertretungen, die Nichteinhaltung von Corporate-Governance-Vorschriften, von internen Regelungen und Compliance-Vorschriften in verschiedenen Unternehmensbereichen und Tochterfirmen des VW-Konzerns, auf allen Führungsebenen einschließlich des Vorstands. Selbst das existenzgefährdende Risiko, das durch Nichteinhaltung der CO_2- und Stickoxid-Obergrenzen entstand, weil man die für die Gesetzeskonformität notwendige technische Ausrüstung der Motoren wegen höherer Kosten nicht vornahm. Dies wurde durch viele Jahre (seit 2006) so gehandhabt und verschwiegen. Auf diese Weise wurde ca. 10 Jahre lang mithilfe einer Software für Messmanipulationen bei den gesetzlich nicht zulassungsfähigen Motoren in Millionen von Autos in Europa und den USA auf kriminelle Weise vorgetäuscht, dass diese den Umweltvorschriften und den falschen Verbrauchs- und Angaben in den Prospekten von VW entsprechen würden. Die Umweltfreundlichkeit wurde vom VW-Vorstand im Lagebericht trotz der Verstöße als vorbildlich und führend in der Welt angepriesen. Nachdem das angeblich gekannte größte denkbare Risiko durch Aufdeckung der Täuschung in den USA bereits eingetreten war, wurden diese Risiken	Nein

vom Vorstand immer noch nicht im Lagebericht erwähnt. Als der Motorenbetrug durch anstehende gerichtliche Klagen aus den USA nicht mehr zu verheimlichen war, wurde dieser Tatbestand vom Vorstand vorübergehend sogar als Firmengeheimnis deklariert.

Im Geschäftsbericht 2014, veröffentlicht im April 2015, in dem unter anderem der gesetzlich vorgeschriebene Nachtragsbericht fehlt(?), wurden keine größeren zukünftigen Risiken angegeben. Außerdem wurde wider entgegen den Tatsachen, vermutlich sogar wider besseren Wissens behauptet: „Es gibt keine bestandsgefährdenden Risiken."
Bei den Risiken, die genannt waren, wurde weder die finanzielle Auswirkung noch die Eintrittswahrscheinlichkeit angegeben, obwohl deren Ermittlung angeblich lt. Lagebericht stattgefunden haben soll.

Gesetzliche Grundlage
§ 321 Abs. 4 HGB

Vorgaben im Prüfungsstandard IDW PS 340

§ 321 Abs. 4 HGB regelt die Berichterstattung über das Ergebnis der Prüfung nach § 317 Abs. 4 HGB im Prüfungsbericht. Dabei muss der Abschlussprüfer auch darauf eingehen, ob Maßnahmen erforderlich sind, um das interne Überwachungssystem zu verbessern.

Fragen, um festzustellen, ob die gesetzlichen Anforderungen erfüllt sind:

6. Sind Maßnahmen erforderlich, um das interne Überwachungssystem zu verbessern?

Kommentar zur Einhaltung der gesetzlichen Vorschriften aufgrund der Analyse des Lageberichts des VW-Konzerns	Sind die gesetzlichen Anforderungen erfüllt?
6. Im Lagebericht des Vorstands wird jedes Jahr nahezu wörtlich gleich über ein perfektes Risikomanagementsystem berichtet. Auch das noch im Jahr 2014, als die Motorenmanipulationen schon seit Jahren (seit 2006) an nahezu allen Dieselfahrzeugen vorgenommen wurde und im Unternehmen weltweit in den Tochterfirmen und Fabriken einer größeren Zahl von Managern bekannt sein musste. Die Wirtschaftsprüfer haben – entgegen den Tatsachen und aufgrund mangelhaften Prüfens – stets ein gesetzeskonformes Risikofrüherkennungssystem bestätigt. Über notwendige Verbesserungsmaßnahmen wurde nie berichtet. Üblich ist in solchen Fällen, dass die Wirtschaftsprüfer einen Managementletter an Vorstand und Aufsichtsrat geben, in dem die Mängel des Risikomanagementsystems genannt und Verbesserungsvorschläge gemacht werden. Aus dem Tatbestand, dass das Risikomanagementsystem nicht verbessert wurde, lässt sich ableiten, dass entweder die Wirtschaftsprüfer die mangelnde Gesetzeskonformität des Geschäftsberichts mit Absicht übersehen haben oder ihre Managementletter viele Jahre lang von Vorstand und Aufsichtsrat nicht zur Kenntnis genommen worden sind. Denn eine Einschränkung des Prüfungsvermerkes der Wirtschaftsprüfer ist in diesem Fall gesetzlich nicht vorgesehen. Selbst im Lagebericht des Jahres 2015, veröffentlicht im Monat April 2016, spricht man über ein angeblich nicht vorhersehbares Risiko beim Eintritt des größten vorstellbaren, existenzgefährdenden Vertrauensrisikos durch eigene betrügerische Motorenmanipulation. Auch der daraus resultierende große riesige Jahresverlust als Folge durch die notwendig gewordenen Rückstellungen in Milliarden Euro veranlasst den Vorstand nicht zu einer wahrheitsgemäßen Darstellung. Er bezeichnet das Risikomanagementsystem weiter als „gut funktionierend" und durch die Wirtschaftsprüfer „als geeignet" testiert. Es wird einzig erwähnt, man wolle das interne Kontrollsystem verbessern. Diese Maßnahme wegen Versagens sämtlicher interner Kontrollen des VW-Konzerns war schon längst angebracht. Denn die interne Revision hat unter anderem zu prüfen und dafür zu sorgen, dass das RMS „funktionsfähig" ist.	Nein (Maßnahmen seit Jahren dringend erforderlich!)

> Die Funktionsunfähigkeit des Risikofrüherkennungssystems hat zu einem Schaden von mehreren Milliarden Euro geführt. Daraus hätte jeder verantwortungsbewusste Vorstand außer bei VW, wo der Vorstand die gesetzlichen Regelungen offensichtlich nicht für sich als gültig betrachtete, schon Ende 2015 die Lehre gezogen und unverzüglich ein funktionierendes Risikomanagementsystem für den ganzen Konzern entwickeln und einführen lassen. Aber die Verbesserung der Risikofrüherkennung durch die dringend notwendige Installation eines funktionsfähigen Risikomanagementsystems wird nicht unterstützt durch Aufsichtsrat und Wirtschaftsprüfer. Trotz eindeutiger Gesetzesmissachtung des Vorstands bei seinem Geschäftsbericht wird Jahr für Jahr dem Konzern ein uneingeschränktes Testat der Wirtschaftsprüfungsgesellschaft erteilt und die mangelnde Gesetzeskonformität oder die Notwendigkeit zur Verbesserung der internen Kontrolle und des Risikofrüherkennungssystems im Wirtschaftsprüferbericht mit keinem Wort erwähnt.

Gesetzliche Grundlage

Risikofrüherkennungssystem i.S.v. § 91 Abs. 2 AktG

Vorgaben im Prüfungsstandard IDW PS 340

Das Risikofrüherkennungssystem i.S.v. § 91 Abs. 2 AktG ist auf die Früherkennung bestandsgefährdender Entwicklungen und damit auf einen wichtigen Teilaspekt des Risikomanagements ausgerichtet. Es hat sicherzustellen, dass diejenigen Risiken und deren Veränderungen erfasst werden, die in der jeweiligen Situation des Unternehmens dessen Fortbestand gefährden können. Da derartige Risiken früh erkannt werden sollen, muss das Risikofrüherkennungssystem geeignet sein, die Risiken so rechtzeitig zu erfassen und die Informationen darüber an die zuständigen Entscheidungsträger weiterzuleiten, dass diese in geeigneter Weise reagieren können und der

Vorstand über Risiken, die allein oder im Zusammenwirken mit anderen Risiken bestandsgefährdend werden können, informiert wird.

Fragen, um festzustellen, ob die gesetzlichen Anforderungen erfüllt sind:

7. Kann das VW-Risikofrüherkennungssystem sicherstellen, dass diejenigen Risiken und deren Veränderungen erfasst werden, die in der jeweiligen Situation des Unternehmens dessen Fortbestand gefährden können?

8. Ist das Risikofrüherkennungssystem geeignet, die Risiken so rechtzeitig zu erfassen und Informationen darüber an die zuständigen Entscheidungsträger weiterzuleiten, dass diese in geeigneter Weise reagieren können und der Vorstand über Risiken, die allein oder im Zusammenwirken mit anderen Risiken bestandsgefährdend werden können, informiert ist?

Kommentar zur Einhaltung der gesetzlichen Vorschriften aufgrund der Analyse des Lageberichts des VW-Konzerns	Sind die gesetzlichen Anforderungen erfüllt?
7. Es ist nicht sichergestellt, dass bei dem fragmentarischen Risikomanagementsystem ohne Risikoaggregation und finanzielle Bewertung bestandsgefährdende Risiken überhaupt erkannt werden und dem Vorstand zur Kenntnis gebracht werden.	Nein!
8. Das vom Vorstand eingerichtete Risikofrüherkennungssystem bei VW ist nicht in der Lage, die Risiken rechtzeitig zu erfassen und an die zuständigen Entscheidungsträger weiterzuleiten. So können die Entscheidungsträger auch nicht in geeigneter Weise reagieren. Der Vorstand des VW-Konzerns ist aufgrund der Vernachlässigung einer seiner wichtigen gesetzlichen Pflicht (§ 91 Abs. 2 AktG) nicht über die Risiken im Konzern informiert, die allein oder im Zusammenwirken mit anderen Risiken bestandsgefährdend werden können. Die Begründung hierfür liefert der Vorstand selbst:Der Eintritt des größten denkbaren Schadens aufgrund eines im Konzern nicht unbekannten –dem Vorstand aber angeblich nicht bekannten –bestandsgefährden Risikos durch die	Nein!

jahrelange Manipulation von Millionen von VW-Motoren in aller Welt. Jedem der für die Motorenmanipulation Verantwortlichen und denjenigen Vorständen und Aufsichtsräten, die das Risiko nicht frühzeitig erfasst oder anerkannt haben, sind die Folgen der Herstellung von mangelhaften und umweltschädlichen Motoren voll bewusst: 1. Betrug der Kunden 2. Täuschung der Aufsichtsbehörden 3. Beihilfe zur Hinterziehung von Kraftfahrzeugsteuern 4. Verursachung von verbotenen Abgasen (Stickoxide), die direkt gesundheitsschädigend sind 5. Verursachung von klimaschädlichen Abgasen (CO_2), die eine zusätzliche verbotene Umweltbelastung darstellen Der ehemalige Vorstandsvorsitzende des VW-Konzerns, Winterkorn, und der für das Controlling bis Ende 2015 verantwortliche Finanzvorstand und jetzige Aufsichtsratsvorsitzende Pötsch behaupten, sie hätten von diesen Manipulationen, die im VW-Vorstand viele Personen kannten, bis September 2015 nichts gewusst.	Nein! Nein!

Gesetzliche Grundlage

Die Maßnahmen nach §91 Abs. 2 AktG als Prüfungsgegenstand

Vorgaben im Prüfungsstandard IDW PS 340

Es ist daher sachgerecht, die Maßnahmen nach § 91 Abs. 2 AktG auf das gesamte Unternehmen zu erstrecken und sämtliche betrieblichen Prozesse und Funktionsbereiche einschließlich aller Hierarchiestufen und Stabsfunktionen darauf zu untersuchen, ob aus ihnen Risiken resultieren können, die nach Art oder Umfang – ggf. im Zusammenwirken mit anderen Risiken – den Bestand des Unternehmens gefährden können.

Es ist für die jeweiligen Prozesse und Bereiche eine Definition der Risiken bzw. Risikoarten vorzunehmen, die zu einer Bestandsgefährdung des

Unternehmens führen können. Für jedes Unternehmen muss individuell entschieden werden, welche Risikofelder einzeln oder kumuliert oder in Wechselwirkung mit anderen bestandsgefährdend sein können.

Fragen, um festzustellen, ob die gesetzlichen Anforderungen erfüllt sind:

9. Erstrecken sich die Maßnahmen zur Risikofrüherkennung auf sämtliche betriebliche Prozesse, Funktionsbereiche und Hierarchiestufen einschließlich Stabsfunktionen?

10. Werden die Risiken daraufhin untersucht, ob sie im Zusammenwirken mit anderen Risiken den Bestand des Unternehmens gefährden können?

11. Erfolgt eine konzernweite Risikoaggregation?

12. Ist für die jeweiligen Prozesse und Bereiche eine Definition der bestandsgefährdenden Risiken bzw. Risikoarten vorgenommen worden?

13. Wird für jedes Unternehmen laufend überprüft, welche Risikofelder einzeln oder kumuliert oder in Wechselwirkung mit anderen bestandsgefährdend sein können?

Kommentar zur Einhaltung der gesetzlichen Vorschriften aufgrund der Analyse des Lageberichts des VW-Konzerns	Sind die gesetzlichen Anforderungen erfüllt?
9. Die Maßnahmen zur Risikofrüherkennung im VW-Konzern erstrecken sich weder auf sämtliche Bereiche und Funktionen noch auf alle Tochtergesellschaften.	Nein!
10. Das rudimentäre Konzern-Risikomanagementsystem der VW AG ohne vollständige Risikoinventuren, finanzielle Bewertung und ohne Risikoaggregation im Konzern lässt solche Erkenntnisse nicht zu.	Nein!
11. Dies ist nicht der Fall, wie sich beispielsweise aus dem Risikobericht 2014 der Audi AG ersehen lässt. Zudem ist dies alleine schon nicht möglich, da Audi z. B. ein eigenes	Nein!

	Risikomanagementsystem hat. Der Audi-Vorstand erwähnt nichts von einem Risikomanagementsystem des VW-Konzerns. Auch Porsche verwendet nach Aussage von externen Beratern nicht das VW-Risikomanagementsystem.	
12.	Es ist nirgendwo ersichtlich, dass im VW-Konzern für die einzelnen Bereiche und Prozesse eine Definition der Risiken bzw. Risikoarten vorgenommen wurde	Nein
13.	Die laufende Überprüfung nach Risiken, die einzeln oder kumuliert oder in Wechselwirkung mit anderen bestandsgefährdend sein können, ist bei den uneinheitlichen und unvollständigen Risikomanagementsystemen im VW-Konzern nicht möglich.	Nein

Gesetzliche Grundlage

Risikofrüherkennungssytem i.S.v. §91 Abs. 2 AktG
Risikoerkennung und Risikoanalyse

Vorgaben im Prüfungsstandard IDW-PS-340

Eine wirksame Risikoerfassung, d. h. Risikoerkennung und -analyse, erfordert, dass sowohl im Vorhinein definierte Risiken als auch – soweit möglich – Auffälligkeiten oder Risiken, die keinem vorab definierten Erscheinungsbild entsprechen, erkannt werden.

Die Risikoanalyse beinhaltet eine Beurteilung der Tragweite der erkannten Risiken in Bezug auf Eintrittswahrscheinlichkeit und quantitative Auswirkungen. Hierzu gehört auch die Einschätzung, ob Einzelrisiken, die isoliert betrachtet von nachrangiger Bedeutung sind, in ihrem Zusammenwirken oder durch Kumulation im Zeitablauf zu einem bestandsgefährdenden Risiko führen können. Außerdem ist – soweit auf erkannte Risiken bereits reagiert wurde – zu verfolgen, ob weitere Maßnahmen- oder Kommunikationsbedarf besteht.

Fragen, um festzustellen, ob die gesetzlichen Anforderungen erfüllt sind:

14. Erfolgt eine wirksame Risikoerfassung, die gewährleistet, dass sowohl im Vorhinein definierte Risiken als auch Auffälligkeiten oder Risiken, die keinem vorab definierten Erscheinungsbild entsprechen, erkannt werden?

15. Wird die Risikoanalyse in der Form durchgeführt, dass eine Beurteilung der Tragweite der erkannten Risiken in Bezug auf Eintrittswahrscheinlichkeit und quantitative Auswirkungen erscheint?

16. Erfolgt dabei auch die Einschätzung, ob Einzelrisiken, die isoliert betrachtet von nachrangiger Bedeutung sind, in ihrem Zusammenwirken oder durch Kumulation im Zeitablauf zu einem bestandsgefährdenden Risiko führen können?

17. Soweit auf erkannte Risiken bereits reagiert wurde, wurde geprüft, ob weitere Maßnahmen oder Kommunikationsbedarf besteht?

Kommentar zur Einhaltung der gesetzlichen Vorschriften aufgrund der Analyse des Lageberichts des VW-Konzerns	Sind die gesetzlichen Anforderungen erfüllt?
14. Damit eine rechtzeitige Risikoerfassung gewährleistet ist, wird es in der Regel zweckmäßig sein, die Verantwortung für den Informationsaustausch den jeweils für die Unternehmensbereiche zuständigen Berichtsempfängern zu übertragen. So kann bspw. ein umfangreiches Währungsrisiko im Bereich Einkauf eine Abstimmung mit dem Finanzwesen darüber erfordern, ob dieses Risiko abgesichert werden kann oder nicht und ob weitere Restriktionen im Finanzbereich bestehen, die auf den Einkaufsbereich zurückwirken. Ist in diesem Fall keine Möglichkeit zur Risikobewältigung gegeben, besteht das Erfordernis zur Weitermeldung an einen übergeordneten Berichtsempfänger	Nein!
15. Im Risikobericht des Vorstands werden keine Aussagen hierüber gemacht. Da auch nirgendwo ein Risiko quantifiziert ist, ist davon auszugehen, dass die Beurteilung der Risiken in dieser Form nicht möglich ist und ihre Tragweite	Nein!

	nicht bekannt ist. Insbesondere werden die unternehmensgefährdenden Risiken, die Ende 2015 zur Unternehmenskrise führten, in keiner Weise erwähnt oder angedeutet.	
16.	Eine geforderte Einschätzung von Einzelrisiken, die im Zeitablauf zu einem bestandsgefährdenden führen können, findet nicht statt. Man findet niemals eine Aussage über das für ein Automobilunternehmen sehr große Risiko, dass die Anforderungen an die Sauberkeit und Umweltverträglichkeit der Motoren unter Umständen so groß sein können, dass sie technisch einen so hohen Aufwand erfordern, den die Kunden nicht bereit sind zu zahlen, und dass damit die Profitabilität des Geschäftes beeinträchtigt werden kann.	Nein!
17.	Laut einem Pressebericht musste VW in den USA im Jahre 2013 wegen nicht gesetzeskonformer Motoren ca. 500.000 Personenwagen in die Werkstatt holen. Da der Konzernvorstand im September 2015 von VW versicherte, er habe nichts von irgendwelchen Motorenmanipulationen gewusst, ist anzunehmen, dass dieses Risiko aus den USA nicht an die Konzernzentrale gemeldet worden ist.	Nein!

Gesetzliche Grundlage

Risikofrüherkennungssytem i.S.v. §91 Abs. 2 AktG
Risikokommunikation

Vorgaben im Prüfungsstandard IDW PS 340

Zentrale Bedeutung für das Risikofrüherkennungssystem hat die Berichterstattung über die nicht bewältigten Risiken. Dies setzt eine Kommunikationsbereitschaft der verantwortlichen Stellen voraus, die z. B. durch entsprechende Schulungsmaßnahmen gefördert werden sollte. Soweit Risiken nicht bewältigt sind, muss sichergestellt werden, dass Informationen darüber in nachweisbarer Form an die zuständigen Entscheidungsträger weitergeleitet werden. So ist es grundsätzlich notwendig, dass ein nicht bewältigtes Risiko – ggf. in aggregierter Form – bis zum Vorstand berichtet wird. Um sicherzustellen, dass sich Einzelrisiken von nachrangigem

Charakter – auch im Zusammenwirken mit anderen Risiken – nicht zu einem bestandsgefährdenden Risiko kumulieren können, sind auf jeder Stufe der Risikokommunikation Schwellenwerte zu definieren, deren Überschreiten eine Berichtspflicht auslöst. Soweit Schwellenwerte nicht ermittelt werden können, sind andere Kriterien festzulegen.

Fragen, um festzustellen, ob die gesetzlichen Anforderungen erfüllt sind:

18. Funktioniert die Risikokommunikation durch eine Kommunikationsbereitschaft der verantwortlichen Stellen?

19. Ist sichergestellt, dass nicht bewältigte Risiken in nachweisbarer Form an die zuständigen Entscheidungsträger weitergeleitet werden, gegebenenfalls bis zum Vorstand?

20. Sind auf jeder Stufe der Risikokommunikation Schwellenwerte definiert, deren Überschreiten eine Berichtspflicht auslöst?

Kommentar zur Einhaltung der gesetzlichen Vorschriften aufgrund der Analyse des Lageberichts des VW-Konzerns	Sind die gesetzlichen Anforderungen erfüllt?
18. Die Kommunikationsbereitschaft der verantwortlichen Stellen war sicherlich nicht vorhanden. Sonst wäre bereits Jahre vor dem Skandal im Risikoinventar der Entwicklungsabteilung, der Motorenabteilung oder der Qualitätssicherung ein Hinweis auf die Manipulation mit den Motoren erfolgt. Nach Bekanntwerden der Betrugssoftware wurde im Herbst 2015 vom Vorstand zusätzlich noch eine interne Schweigepflicht verordnet. Auch gegenüber dem Aufsichtsrat war seitens des Vorstands offensichtlich keine Kommunikationsbereitschaft vorhanden.	Nein!
19. Die mangelhafte Qualität des Risikomanagementsystems war bei der Konzernholding von VW seit vielen Jahren schon von der Führung von VW hingenommen worden. So ist davon auszugehen, dass diese bestandsgefährdenden Risiken des Betrugs und der Umweltgefährdung vertraulich gehalten wurden. Falls die Weitergabe an den Vorstand im System überhaupt funktionierte, ist aufgrund der Entwicklung zumindest des letzten Jahres 2015 davon	Nein!

auszugehen, dass der Vorstand und einige Mitglieder des Aufsichtsrats die bestandsgefährdenden Risiken aus persönlichen, materiellen Gründen nicht beachtet und beseitigt haben. Die Übergabe des Aufsichtsratsvorsitzes von Ferdinand Piëch an den bis dahin für das Risikomanagementsystem verantwortlichen Hans-Dieter Pötsch diente dazu, auf diese Weise die Verantwortlichen für den Unternehmensskandal weiterhin zu decken und ihnen die Möglichkeit schaffen, durch ungerechtfertigte Bonuszahlungen in Millionenhöhe sich die Mittel zu verschaffen, um die später gerichtlich zu erwartenden Schadensersatzforderungen erfüllen zu können.	
20. Den Risikoberichten des Vorstands ist über viele Jahre hinweg nichts Entsprechendes zu entnehmen.	Nein!

Das Risikomanagementsystem des VW-Konzerns hat im Jahre 2019 und den Folgejahren nicht den Anforderungen des Prüfungsstandards entsprochen. Deshalb werden im Folgenden nur noch die Prüfungsgebiete mit ihrer Kapitelnummer genannt, die von den Wirtschaftsprüfern hätten geprüft werden müssen.

Gesetzliche Grundlage

Kapitel des IDW PS 340

    3.4 Zuordnung von Verantwortlichkeiten und Aufgaben
    3.5 Einrichtung eines Überwachungssystems
    3.6 Dokumentation der getroffenen Maßnahmen

4. Prüfungsplanung
    4.1 Prüfungsumfang
    4.2 Prüfungsplanung
    4.3 Prüfungsdurchführung
        4.3.1 Festlegung der getroffenen Maßnahmen
        4.3.2 Beurteilung der Eignung der getroffenen Maßnahmen
        4.3.3 Prüfung der Einhaltung der vorgesehenen Maßnahmen

Kommentar zur Einhaltung der gesetzlichen Vorschriften aufgrund der Analyse des Lageberichts des VW-Konzerns	Sind die gesetzlichen Anforderungen erfüllt?
Die Prüfung des Risikomanagementsystems nach dem Prüfungsstandard IDW PS 340 kommt zu folgendem Ergebnis: Seit der Ergänzung des Aktiengesetzes um das Gesetz zur Kontrolle und Transparenz im Unternehmen (KonTraG) 1998 • verfügt der Volkswagen-Konzern nicht über das gesetzlich vorgeschriebene Risikofrüherkennungssystem • verfügte der Volkswagen-Konzern nicht wie vorgeschrieben über das im Konzern einheitliche Risikofrüherkennungssystem. Zudem sind die existierenden Fragmente des Risikomanagementsystems im VW-Konzern nicht funktionsfähig. In Anbetracht dieser Tatsache kann darauf verzichtet werden, im Detail festzuhalten, wie auch die Anforderungen 3.4 bis 4.3.3 des IDW PS 340 vom VW-Konzern nicht erfüllt werden. München, 6. Februar 2017 Dipl.-Ing. Dr. rer. pol. Klaus Möckelmann	Die gesetzlichen Anforderungen sind nicht erfüllt!

Anlage 2
Prüfung der Einhaltung der Vorschriften für die Risikoberichterstattung im Konzernlagebericht 2014 durch den Volkswagen-Konzern gemäß dem Deutschen Rechnungslegungs Standard Nr. 20 (DRS 20)

Checkliste für die Anforderungen des DRS 5 an den Risikobericht				
Prüfungsfeld	Vorschrift DRS 5 (TZ.) bzw. DRS 20 (K.)	Frage	Antwort	Bewertung
Form der Risikoberichterstattung	Tz. 32	1. Erfolgt die Risikoberichterstattung im Lagebericht getrennt von der Prognoseberichterstattung?	Nein. Es handelt sich um die nach DRS 20 auch mögliche kombinierte Chancen- und Risikoberichterstattung. Sie erfolgt getrennt vom Prognosebericht. Diese Art der Risikoberichterstattung vermischt Fakten, Behauptungen, Ziele und Wünsche derart, dass man keinen Überblick über die Risiken erhält. Viele der Formulierungen wirken wie einer Werbebroschüre entnommen. Es fehlen die Fakten.	Zulässig! Inhaltlich nicht ausreichend!
	Tz. 30	2. Erfolgt die Risikoberichterstattung in einer geschlossenen Darstellung? (Risikobericht)	Nein. Durch die Kombination mit Chancen ergibt sich eine vollkommen aussagearme, unzulängliche Berichterstattung ohne konkrete Aussagen über die Risiken.	Nicht ausreichend!

Checkliste für die Anforderungen des DRS 5 an den Risikobericht

Prüfungs-feld	Vorschrift DRS 5 (TZ.) bzw. DRS 20 (K.)	Frage	Antwort	Bewertung
Form der Risikobe-richterstattung	Tz. 2	3. Gibt die Risikobericht-erstattung entscheidungs-relevante und verlässliche, den tatsächlichen Verhältnissen entsprechende Informationen, die es den Adressaten ermöglichen, sich ein zu-treffendes Bild über die Risiken der künftigen Entwicklung des Konzerns zu machen?	Nein! Die Risikoberichterstattung erlaubt es dem Leser nicht – was Technologie, Qualitäts-sicherung und Umweltver-träglichkeit anbelangt –, sich ein zutreffendes Bild über die zukünftigen Risiken zu machen. Es werden zwar gesetzliche Regelungen zur Abgasredu-zierung erwähnt. Jedoch er-fährt man nichts über mög-liche Einhaltung, Risiken, de-ren Ausmaß und inwieweit die Vorschriften z. B. für die CO_2- oder Stickoxid-Emission von den jeweiligen VW-Automodellen erfüllt werden oder werden können. Selbst bestehende derzeitige Prob-leme werden nicht genannt. Obwohl vollkommen unter-schiedliche Abgasprobleme bei Otto- und Dieselmotoren bestehen, wird dies mit keinem Wort erwähnt. Nicht einmal die Worte „Diesel-motor" oder „Benzinmotor" tauchen in der Risikobericht-erstattung auf.	Nicht aus-reichend!

Checkliste für die Anforderungen des DRS 5 an den Risikobericht

Prüfungsfeld	Vorschrift DRS 5 (TZ.) bzw. DRS 20 (K.)	Frage	Antwort	Bewertung
Form der Risikoberichterstattung	Tz. 18	4. Ist die Risikoberichterstattung aus sich heraus verständlich?	Nein. Es ist eine verwirrende Berichterstattung, in der keine konkreten Risiken mit ihren möglichen finanziellen Auswirkungen und ihrer Eintrittswahrscheinlichkeit genannt werden.	Nicht ausreichend!
	Tz. 16	5. Sind die einzelnen Risiken im Konzern in der für das Risikomanagement intern vorgegebenen Risikokategorisierung zusammengefasst?	Hierüber gibt es keine Information. Man hat den Eindruck und es gibt keinen konkreten Hinweis darauf, dass ein Risikofrüherkennungssystem mit einem Konzern-Risikomanagement-Handbuch und einem vollständigen, aggregierten Risikoinventar existiert.	Nicht ausreichend!
	Tz. 18	6. Sind die einzelnen Risiken aus dem Konzernrisikoinventar entnommen, beschrieben und die möglichen Konsequenzen der Risiken erläutert worden?	Nein! Die Herkunft der genannten Einzelrisiken ist unbekannt. Es werden keine Risiken fachkundig erläutert, bewertet und die möglichen Konsequenzen genannt.	Nicht ausreichend!
	Tz. 19	7. Geht aus der Darstellung die Bedeutung der Risiken für den Konzern hervor?	Nein. Wegen mangelnder Klassifizierung und Bewertung erhält man keine Vorstellung von der Bedeutung.	Nicht ausreichend!

Checkliste für die Anforderungen des DRS 5 an den Risikobericht					
Prüfungsfeld	Vorschrift DRS 5 (TZ.) bzw. DRS 20 (K.)	Frage	Antwort	Bewertung
Form der Risikoberichterstattung	Tz. 19	8. Hat man bei der Beurteilung der Risiken sowohl deren Eintrittswahrscheinlichkeit als auch die betragsmäßige Auswirkung berücksichtigt?	Keine Information. Keines der Risiken wird derart beschrieben.	Nicht ausreichend!
	Tz. 20	9. Sind Risiken quantifiziert worden? (Im Falle, dass die quantitative Angabe eine entscheidungsrelevante Information für die Adressaten darstellt.)	Nein! Der Adressat des Lageberichts erfährt nichts. Über kein einziges Risiko gibt es eine quantitative Angabe über Höhe oder seine mögliche Auswirkung.	Nicht ausreichend!

Checkliste für die Anforderungen des DRS 5 an den Risikobericht				
Prüfungs-feld	Vorschrift DRS 5 (TZ.) bzw. DRS 20 (K.)	Frage	Antwort	Bewer-tung
Form der Risikobe-richterstat-tung	Tz. 21	10. Gibt es wesentliche Risiken im Konzern, die nicht durch Maßnahmen zuverlässig kompensiert werden können? (Diese sind brutto und mit Nennung der vorgesehenen Bewältigungs-maßnahmen darzustellen.)	Keine Information: Die Beschreibung von Risiken lautet z. B. wie folgt:

Dem Risiko, dass Produkte oder Module nicht im vor-gesehenen Zeitrahmen, in der entsprechenden Qualität oder zu den vorgegebenen Kosten entwickelt werden können, begegnen wir, in-dem wir kontinuierlich und systematisch den Fortschritt sämtlicher Projekte überprü-fen und Schutzrechte Dritter zunehmend auch im Hinblick auf Kommunikationstech-nologien analysieren. Die Ergebnisse gleichen wir re-gelmäßig mit den Zielvorga-ben des jeweiligen Projekts ab; bei Abweichungen leiten wir rechtzeitig geeignete Gegenmaßnahmen ein. Eine übergreifende Projekt-organisation unterstützt die Zusammenarbeit aller am Prozess beteiligten Bereiche; sie stellt sicher, dass spezifi-sche Anforderungen zeitnah in den Entwicklungsprozess eingebracht werden und dass die Umsetzung dieser Anforderungen rechtzeitig eingeplant wird. | Nicht aus-reichend! |

\multicolumn{6}{c}{**Checkliste für die Anforderungen des DRS 5 an den Risikobericht**}
Prüfungs-feld	**Vorschrift DRS 5 (TZ.) bzw. DRS 20 (K.)**	**Frage**	**Antwort**	**Bewer-tung**
Form der Risikobe-richterstat-tung	Tz. 23	11. Sind bei der Risikoeinschät-zung jeweils geeignete Prognose-zeiträume zu-grunde gelegt worden?	Keine Information.	Nicht aus-reichend!
	Vorschrift DRS 5			
	Tz. 24	12. Ist als Progno-sezeitraum für alle bestands-gefährden-den Risiken grundsätzlich ein Jahr und für andere wesentliche Risiken ein Zeitraum von in der Regel zwei Jahren zugrunde ge-legt worden?	Keine Information vorhanden.	Nicht aus-reichend!
	Tz. 26	13. Sind irgendwo Risiken mit Chancen verrechnet worden?	Keine Information.	Nicht aus-reichend!

\multicolumn{6}{c}{Checkliste für die Anforderungen des DRS 5 an den Risikobericht}
Prüfungs-feld	Vorschrift DRS 5 (TZ.) bzw. DRS 20 (K.)	Frage	Antwort	Bewer-tung
---	---	---	---	---
Inhalt der Risikobe-richterstat-tung	Tz. 27	14. Wird über Chancen berichtet?	Ja.	In Ordnung!
		15. Wird dadurch die Lage des Konzerns realistisch dargestellt?	Nein. Die Beschreibung der Chancen ist eine Aufzählung unbewiesener Behauptungen oder Wünsche.	Nicht ausreichend!
		16. Lassen sich durch die Berichterstattung über die Chancen die Risiken abschätzen?	Nein!	Nicht ausreichend!
	Tz. 31	17. Erfolgen Verweise auf Informationen des Konzernabschlusses oder anderer Abschnitte des Konzernlageberichts? Wird die Transparenz der Risikoberichterstattung dadurch beeinträchtigt?	Keine Hinweise. Der gemischte Chancen- und Risikobericht ist schon in sich – abgesehen davon, dass eine Art Risikogruppenbildung vorhanden ist – vollkommen intransparent.	Nicht ausreichend!

Checkliste für die Anforderungen des DRS 5 an den Risikobericht				
Prüfungsfeld	Vorschrift DRS 5 (TZ.) bzw. DRS 20 (K.)	Frage	Antwort	Bewertung
Inhalt der Risikoberichterstattung	Zusammenfassung S. 9, Abs. 3	18. Sind alle Risiken genannt, die die Entscheidungen der Adressaten des Konzernlageberichts beeinflussen könnten?	Bei der vagen Risikobeschreibung ohne Quantifizierung ist nichts an konkreten Risiken genannt worden, das den Adressaten als Entscheidungshilfe dienen könnte.	Nicht ausreichend!
	Zusammenfassung S. 9, Abs. 3	19. Sind die genannten Risiken spezifisch für den Konzern und seine Geschäftstätigkeit?	Vermutlich einige.	In Ordnung!
	Tz. 13	20. Wird über Risikokonzentrationen berichtet? (Z. B. Konzentration auf einzelne Kunden, Lieferanten, Produkte, Patente und Länder)	Die Angaben sind vollkommen allgemein und pauschal gehalten, ohne jegliche Quantifizierung und Bewertung. Dabei ist schon von Kunden, Lieferanten und Produkten die Sprache. Man erfährt nichts über Risikokonzentration.	Nicht ausreichend!
	Tz. 15	21. Gibt es ein Risiko, das den Bestand des VW-Konzerns gefährden könnte? Wird es als solches bezeichnet?	Die Aussage des Vorstands lautet ausdrücklich: Es gibt keine bestandsgefährdeten Risiken!	Unrichtige Behauptung!

Checkliste für die Anforderungen des DRS 5 an den Risikobericht				
Prüfungsfeld	Vorschrift DRS 5 (TZ.) bzw. DRS 20 (K.)	Frage	Antwort	Bewertung
Inhalt der Risikoberichterstattung	Tz. 28	22. Wird das Risikomanagement in angemessenem Umfang beschrieben?	Nein!	Nicht ausreichend!
	Tz. 29	23. Wird bei der Darstellung auf die Strategie, den Prozess und die Organisation des Risikomanagements eingegangen?	Oberflächlich in Schlagworten. Wie es organisiert ist, geht daraus nicht hervor. Die Basis der Organisation bleibt im Ungewissen. Man erfährt nicht, ob es einen Risikomanager beim Vorstand, Risikobeauftrage für alle Verantwortungsbereiche und ein Konzern-Risikomanagementhandbuch gibt.	Auch wenn formell etwas hingeschrieben wird, scheint dieses nicht die Funktion des vom Vorstand einzurichtenden Systems der Risikofrüherkennung zu haben. Nicht ausreichend!
	Definitionen Tz. 9, S. 17; DRS 5 insgesamt	24. Wird aus der Beschreibung des Risikomanagements ersichtlich, dass es alle Bestandteile erhält, die im DRS 5 gefordert werden?	Nein! Das gilt sowohl hinsichtlich des Vorgängers DRS 5 als auch für den Nachfolger DRS 20	Nicht ausreichend!

Checkliste für die Anforderungen des DRS 5 an den Risikobericht				
Prüfungs-feld	Vorschrift DRS 5 (TZ.) bzw. DRS 20 (K.)	Frage	Antwort	Bewertung
Inhalt der Risikobe-richterstat-tung	Tz. 22	25. Gibt es Risiken, für die durch Bildung von Reserven oder durch Abschreibungen und Rückstellungen bereits Vorsorge getroffen worden ist, deren Nennung jedoch zur Gesamteinschätzung der Risikosituation des Konzerns von Bedeutung ist?	Keine Aussage bzw. nein! Laut Aussage des Vorstands werden alle Risiken bereits im laufenden Geschäftsbetrieb durch perfekte Kontrollen und Maßnahmen jeglicher Art erkannt und im Voraus beseitigt. Diese wiederholte Behauptung ist bei dem offensichtlich nur rudimentären Risikofrüherkennungssystem im VW-Konzern unglaubhaft.	Unrichtige Behauptung!
	Logische Ergänzung von Tz. 22	26. Gibt es Risiken, die zwar „unter der Bilanz" erwähnt sind, deren Nennung im Risikobericht jedoch zur Gesamteinschätzung der Risikosituation des Konzerns von Bedeutung ist?	Hierauf gibt es keinerlei Hinweise im Risikobericht des Vorstands.	Die Frage kann extern nicht beantwortet werden.
	Tz. 33	27. Wird Bezug auf den Prognosebericht genommen?	Nein!	Keine Pflicht. Nicht relevant.

\multicolumn{6}{c}{Checkliste für die Anforderungen des DRS 5 an den Risikobericht}
Prüfungsfeld	Vorschrift DRS 5 (TZ.) bzw. DRS 20 (K.)	Frage	Antwort	Bewertung
Inhalt der Risikoberichterstattung	Tz. 36	28. Werden wesentliche Veränderungen gegenüber dem Vorjahr beschrieben, die für die Beurteilung der Risiken erforderlich sind?	Nein!	Nicht ausreichend!
	Tz. 22	29. Sind Interdependenzen zwischen einzelnen Risiken dargestellt, weil die Risiken sonst nicht zutreffend eingeschätzt werden können?	Nein!	Nicht ausreichend!
	Tz. 34	30. Bezieht sich die Risikoberichterstattung auf die Lage des Konzern zum Zeitpunkt der Aufstellung des Konzernlageberichts?	Keine Angabe. Vermutlich ja. Da es den vorgeschriebenen Ergänzungsbericht nicht gibt, besteht für den Leser hier Unklarheit.	Nicht ausreichend!

Checkliste für die Anforderungen des DRS 5 an den Risikobericht				
Prüfungs-feld	Vorschrift DRS 5 (TZ.) bzw. DRS 20 (K.)	Frage	Antwort	Bewer-tung
Inhalt der Risikobe-richterstat-tung	Tz. 34	31. Sind bei der Risikobericht-erstattung alle Kenntnisse über die wich-tigen Risiken zum Zeitpunkt der Risikobe-richterstattung berücksichtigt worden?	Offensichtlich nicht!	Nicht aus-reichend!

Zusammenfassung der Prüfung der Risikoberichterstattung des VW-Konzern nach DRS 20:
Von den 31 Vorschriften für die Risikoberichterstattung wurden:

Erfüllt:	2	= 6,45 %
Nicht feststellbar oder irrelevant:	2	= 6,45 %
Nicht ausreichend oder nicht erfüllt:	27	= 87,10 %

Die überwiegende Mehrzahl der Vorschriften (87 %) für eine ordnungsmäßige Risikoberichterstattung (ordnungsmäßige Buchführung) wurde vom VW-Konzern nicht eingehalten.

Dr. K. Möckelmann, 19.10.2017

Anlage 3
Checkliste
Die Anforderungen des DRS 20 an den Risikobericht der Konzerne

175 Fragen und Hinweise

Prüfungsfeld	Vorschrift des DRS 20, Textziffer	Frage
Prognose-, Chancen- und Risikobericht (insgesamt allgemein)	Tz.116	Ergibt sich aus der Prognose-, Chancen- und Risikoberichterstattung insgesamt ein zutreffendes Bild der wesentlichen Chancen und Risiken, die mit der im Lagebericht geschilderten voraussichtlichen Entwicklung des Konzerns verbunden sind?
	Tz.117	Wird für die Prognose-, Chancen- und Risikoberichterstattung die diejenige der möglichen Darstellungen gewählt, die die Chancen und Risiken der voraussichtliche Entwicklung dem verständigen Adressaten am klarsten vermittelt?
Risikobericht	Tz.135	Enthält die Risikoberichterstattung • Angaben zum Risikomanagementsystem? • Angaben zu den einzelnen Risiken? • eine zusammenfassende Darstellung der Risikolage?
	Tz.136	Werden für bei den jetzt folgenden Textziffern im Fall • eines Kredit- und Finanzdienstleistungsinstitutes die Modifikationen und Ergänzungen aus Anlage 1, • eines Versicherungsunternehmens die Modifikationen und Ergänzungen aus Anlage 2 berücksichtigt?

Prüfungsfeld	Vorschrift des DRS 20, Textziffer	Frage

Risikomanagementsystem	Tz.137	Im Falle eines kapitalmarktorientierten Mutterunternehmens
		• Wird das konzernweite Risikomanagementsystems beschrieben?
		• Wird auf die
		  • Ziele,
		  • Strategie,
		  • Strukturen,
		  • Prozesse
		des Risikomanagementsystems eingegangen?
		• Wird mitgeteilt, ob das Risikomanagementsystem lediglich Risiken oder auch Chancen erfasst?

	Tz.138	Ist die Darstellung des Risikomanagementsystems in einer solchen Weise erfolgt, dass ein verständiger Adressat des Konzernlageberichts in die Lage versetzt wird, besser einschätzen zu können, wie im Konzern mit den Risiken umgegangen wird?
	Tz.139	Falls das Risikomanagementsystem auf einem allgemein anerkannten Rahmenkonzept beruht, wird dies angegeben?
	Tz.140	Wird im Rahmen der Ziele und der Strategie des Risikomanagementsystems dargestellt, ob und gegebenenfalls welche Risiken grundsätzlich nicht erfasst bzw. vermieden werden?
	Tz.141	Wird im Rahmen der Darstellung der Ziele und der Strategie des Risikomanagementsystems auf Grundsätze, Verhaltensregeln und Richtlinien zum Risikomanagement im Konzern sowie auf die Risikotragfähigkeit des Konzerns eingegangen? (Fakultativ)
	Tz.142	Wird bei der Darstellung der Struktur des Risikomanagements im Falle seines Abweichens vom Konsolidierungskreis des Konzernabschlusses der Risikokonsolidierungskreis angegeben?

Prüfungsfeld	Vorschrift des DRS 20, Textziffer	Frage
Risikomanagementsystem	Tz.143	Wird bei Unterschieden in den Konsolidierungskreisen z.B. auf die Ausrichtung des Risikomanagementsystems an der rechtlichen oder wirtschaftlichen Struktur des Konzerns, die (DE-)Zentralisierung des Risikomanagements, die verantwortlichen organisatorischen Einheiten sowie auf Wesentlichkeitsgrenzen eingegangen?
	Tz.144	Wird im Rahmen der Darstellung der Risikomanagementprozesse die Identifikation, Bewertung, Steuerung und Kontrolle der Risiken sowie die interne Überwachung dieser Abläufe erläutert? Ist im Falle, dass die Revision das Risikomanagementsystem intern prüft, dies angegeben worden? Sind bei der Risikoeinschätzung jeweils geeignete Prognosezeiträume zugrunde gelegt worden?
	Tz.145	Wird auf die Prüfung des Risikofrüherkennungs- und internen Überwachungssystems durch den Abschlussprüfer gemäß Paragraf 317 Abs. 4 HGB eingegangen?
Risiken	Tz.146	Wird über die Risiken berichtet, welche die Entscheidungen eines verständigen Adressaten des beeinflussen können?
	Tz.147	Bilden Risiken, die mit den spezifischen Gegebenheiten des Konzerns und seiner Geschäftstätigkeit verbunden sind ,den Schwerpunkt der Berichterstattung?
	Tz.148	Werden Risiken, deren Eintritt den Bestand des Konzerns oder eines wesentlichen Konzernunternehmens voraussichtlich gefährden würden, als solche bezeichnet?
	Tz.149	Werden die wesentlichen Risiken einzeln dargestellt und die bei ihrem Eintritt zu erwartenden Konsequenzen analysiert und beurteilt?

Prüfungsfeld	Vorschrift des DRS 20, Textziffer	Frage
Risiken	Tz.150	Wird aus der Darstellung der Risiken deren Bedeutung für den Konzern oder für wesentliche, in den Konzernabschluss einbezogene Unternehmen, erkennbar?
	Tz.151	Werden für den Fall, dass der Konzernabschluss eine Segmentberichterstattung umfasst, bei der Darstellung der Risiken die von den Risiken betroffenen Segmente – sofern sie nicht offensichtlich sind – angegeben?
	Tz.152	Werden die dargestellten Risiken quantifiziert? Werden die intern ermittelten Werte angegeben? Werden die verwendeten Modelle hierfür und deren Annahmen dargestellt und erläutert?
	Tz.153	Sind die Marktpreisrisiken beispielsweise mithilfe von Sensitivitätsanalysen und Kennzahlen wie Value-at-Risk quantifiziert? Sind die quantitativen Angaben im Konzernlagebericht – was gestattet ist – stärker akkumuliert, als sie zur internen Steuerung verwendet werden?
	Tz.154	Wird von der Möglichkeit Gebrauch gemacht, unter besonderen Umständen von einer Quantifizierung der Risiken abzusehen? Sind die Gründe für das Unterlassen dargestellt?
	Tz.155	Ist es zur Vermittlung eines zutreffenden Bildes von der Risikolage des Konzerns notwendig, eine geänderte Einschätzung der Risiken zusätzlich darzustellen, da diese sich nach dem Schluss des Berichtszeitraums geändert haben?
	Tz.156	Wird für die Beurteilung der einzelnen Risiken ein adäquater Zeitraum zugrunde gelegt, der mindestens dem verwendeten Prognosezeitraum entspricht? Wird bei der Beurteilung, ob bestandsgefährdende Risiken vorliegen, der Zeitraum von mindestens einem Jahr, gerechnet vom Konzernabschlussstichtag, zugrunde gelegt?

Prüfungsfeld	Vorschrift des DRS 20, Textziffer	Frage
Risiken	Tz.157	Werden bei der Darstellung und Beurteilung der Auswirkungen von Risiken die Risiken vor den ergriffenen Maßnahmen zur Risikobegrenzung sowie die Maßnahmen zur Risikobegrenzung dargestellt und beurteilt (Bruttobetrachtung)? Werden alternativ die Risiken dargestellt und beurteilt, die nach der Umsetzung von Risikobegrenzungsmaßnahmen verbleiben (Nettobetrachtung)? Werden in diesem Fall die Maßnahmen der Risikobegrenzung dargestellt?
	Tz.158	Wird das Instrument der bilanziellen Vorsorge als Risikobegrenzungsmaßnahme eingesetzt? Wird beachtet, dass dies nur bei Risiken möglich ist, die sich auf bilanzielle Positionen auswirken (Ertragsperspektive). Wird berücksichtigt, daß dies bei den Risiken, die die Zahlungsströme des Konzerns beeinflussen (finanzwirtschaftliche Perspektive) nicht geschieht, da hier die bilanzielle Vorsorge keine Risikobegrenzungsmaßnahme darstellt?
	Tz.159	Werden wesentliche Veränderungen der Risiken gegenüber dem Vorjahr dargestellt und erläutert?
	Tz.160	Werden die dargestellten Risiken zu einem Gesamtbild der Risikolage des Konzerns zusammengeführt? Werden hierbei Diversifizierungseffekte berücksichtigt?
	Tz.161	Wird bei dem Gesamtbild der Risikolage auf die Risikotragfähigkeit des Konzerns eingegangen?
	Tz.162	Um die Klarheit und Übersichtlichkeit des Risikoberichts erhöhen, sind die einzelnen Risiken in einer Rangfolge geordnet? • zu Kategorien gleichartiger Risiken zusammengefasst? • sind die Ausführungen segmentspezifisch differenziert?

Prüfungsfeld	Vorschrift des DRS 20, Textziffer	Frage
Risiken	Tz.163	Werden die Risiken entsprechend ihrer relativen Bedeutung in einer Rangordnung dargestellt, wobei sich die Bedeutung aus der Eintrittswahrscheinlichkeit und der möglichen Auswirkungen ergibt? Sind die wesentlichen Risiken insgesamt in einer Rangfolge geordnet oder in Klassen entsprechend ihre Bedeutung zusammengefasst?
	Tz.164	Orientiert sich das Unternehmen bei der Zusammenfassung gleichartiger Risiken zu Kategorien an der für Zwecke des Risikomanagements intern vorgegebenen Kategorisierung von Risiken? Wird eine andere Kategorisierung gewählt?
Chancenbericht	Tz.165	Sind für die Berichterstattung über die wesentlichen Chancen des Konzerns die Vorschriften zum Risikobericht (Textziffern 135-164 des DRS 20) sinngemäß angewandt?
	Tz.166	Wird über Chancen und Risiken ausgewogen berichtet?
	Tz.167	Wurde beachtet, dass die Auswirkungen unterschiedlicher Chancen und Risiken nicht miteinander verrechnet werden dürfen? (Tz.157 und Tz.158 bleiben hiervon unberührt).
Internes Kontrollsystem und Risikomanagementsystem bezogen auf den Konzernrechnungslegungsprozess	Tz.168	Im Falle der Kapitalmarktorientierung des Mutterunternehmens oder eines der in den Konzernabschluss einbezogenen Tochterunternehmens: Sind im Konzernlagebericht die wesentlichen Merkmale des internen Kontroll- und des Risikomanagementsystems im Hinblick auf den Konzernrechnungslegungsprozess dargestellt und erläutert? Setzen die Ausführungen den verständigen Adressaten in die Lage, die mit dem Konzernrechnungslegungsprozess verbundenen Risiken besser einschätzen zu können?

Prüfungsfeld	Vorschrift des DRS 20, Textziffer	Frage
Internes Kontrollsystem und Risikomanagementsystem bezogen auf den Konzernrechnungslegungsprozess	Tz.169	Werden die Ausführungen zum internen Kontroll- und zum Risikomanagementsystem im Hinblick auf den Konzernrechnungslegungsprozess mit den Ausführungen zum allgemeinen konzernweiten Risikomanagementsystem innerhalb des Risikoberichts zusammengefasst, ohne dass die Klarheit und Übersichtlichkeit des Konzernlageberichts beeinträchtigt wird?
	Tz.170	Wird über die Teile des internen Kontroll- und des Risikomanagementsystems berichtet, die den Konzernabschluss und Konzernlagebericht wesentlich beeinflussen? Wird auf die Strukturen und Prozesse eingegangen?
	Tz.171	Erfolgen die Ausführungen zum konzernrechnungslegungsbezogenen internen Kontrollsystem zusammen mit den Ausführungen zum konzernrechnungslegungsbezogenen Risikomanagementsystem?
	Tz.172	Beruht das interne Kontroll- oder das Risikomanagementsystem im Hinblick auf den Konzernrechnungslegungsprozess auf einem allgemein anerkannten Rahmenkonzept? Wenn ja, ist dieses angegeben?
	Tz.173	Beziehen sich die Ausführungen im Konzernlagebericht zum internen Kontroll- und zum Risikomanagementsystem bezogen auf die Konzernrechnungslegung a) auf die wesentlichen Merkmale des für den Konzernabschluss und den Konzernlagebericht relevanten Rechnungslegungsprozesses der einbezogenen Unternehmen? b) auf die für den Konzernabschluss wesentlichen Merkmale der Konsolidierungsprozesse?

Prüfungsfeld	Vorschrift des DRS 20, Textziffer	Frage
Internes Kontrollsystem und Risikomanagementsystem bezogen auf den Konzernrechnungslegungsprozess	Tz.174	Enthalten die Ausführungen in Bezug auf das interne Kontrollsystem a) die Grundsätze und Verfahren zur Sicherung der Wirksamkeit der Kontrollen im Konzernrechnungslegungsprozess? (Unter Wirksamkeit als Kontrollziel ist die Sicherstellung der Normenkonformität des Konzernabschlusses und des Konzernlageberichts zu verstehen.) b) Hat die Konzernleitung spezielle Verfahren zur Sicherstellung der Wirtschaftlichkeit der Kontrollen im Konzernrechnungslegungsprozess implementiert, nutzt sie diese und sind diese im Hinblick auf das Kontrollziel wesentlich? Hat sie diese dargestellt?
	Tz.175	Wird in den Ausführungen zum internen Kontrollsystem bezogen auf die Rechnungslegungsprozesse der einbezogenen Unternehmen eingegangen auf a) Bilanzierungsrichtlinien (z. B. zur Vorratsbewertung, zur Darstellung von Steuersachverhalten, Kontierungsanweisungen)? b) Organisation und Kontrolle der Buchhaltung, Ablauf der Abschlusserstellung, c) Grundzüge der Funktionstrennung zwischen den Abteilungen, d) Aufgabenzuordnung der Erstellung der Abschlüsse (z.B. Abstimmung von Forderungen und Verbindlichkeiten durch Saldenbestätigungen), e) Mitwirkung externer Dienstleister am Abschlusserstellungsprozess, f) Zugriffsregelungen im EDV-System (Schreib-, Leseberechtigung), g) Aufgaben im Zusammenhang mit der Rechnungslegung, die vom Bereich „Interne Revision" wahrgenommen werden, h) Kontrollprozesse hinsichtlich der Rechnungslegung (z.B. Vier-Augen-Prinzip)

Prüfungsfeld	Vorschrift des DRS 20, Textziffer	Frage
Internes Kontrollsystem und Risikomanagementsystem bezogen auf den Konzernrechnungslegungsprozess	Tz.176	Wird in den Ausführungen zum internen Kontrollsystem bezogen auf die Konsolidierung eingegangen auf: a) Konzerninterne Richtlinien zur Abstimmung konzerninterner Liefer- und Leistungsbeziehungen, beispielsweise für Zwecke der Eliminierungen, b) Aufgabenzuordnung bei der Erstellung der Konzernabschlüsse (zum Beispiel Abstimmung konzerninterner Salden, Kapitalkonsolidierung, Überwachung der Berichtsfristen und der Berichtsqualität in Bezug auf die Daten der einbezogenen Unternehmen), c) Tätigkeiten im Rahmen der Konzernabschlusserstellung, die von externen Dienstleistern wahrgenommen werden, d) Expertenstellungnahmen, die Eingang in die Konzernrechnungslegungsrozeduren finden, e) Zugriffsvorschriften im Konsolidierung-EDV-System (Schreib-, Leseberechtigung auf Ebene von einbezogenen Unternehmen oder auf Ebene des Konzerns oder Teilkonzernen/Segmenten), f) Aufgaben im Zusammenhang mit der Konzernrechnungslegung, die vom Bereich „Interne Revision" wahrgenommen werden, g) Kontrollprozesse hinsichtlich der Konzernrechnungslegung (z.B. Vier-Augen-Prinzip).
	Tz.177	Umfassen die Ausführungen in Bezug auf das Risikomanagementsystem im Hinblick auf den Konzernrechnungslegungsprozess wie zwingend vorgeschrieben a) Maßnahmen zur Identifizierung und Bewertung von Risiken, die dem Ziel der Normenkonformität des Konzernabschlusses und des Konzernlageberichts entgegenstehen könnten? b) Maßnahmen zur Begrenzung erkannte Risiken? c) Maßnahmen im Zusammenhang mit der Überprüfung erkannte Risiken hinsichtlich ihres Einflusses auf den Konzernabschluss und die entsprechende Abbildung dieser Risiken?

Prüfungsfeld	Vorschrift des DRS 20, Textziffer	Frage
Internes Kontrollsystem und Risikomanagementsystem	Tz.178	Sofern kein internes Kontroll- oder Konzernrisikomanagementsystem im Hinblick auf den Konzernrechnungslegungsprozess besteht, ist dies im Konzernlagebericht angegeben?
Risikoberichterstattung in Bezug auf die Verwendung von Finanzinstrumenten	Tz.179	Sind im Konzernlagebericht die Risiken aus der Verwendung von Finanzinstrumenten gesondert dargestellt, sofern dies für die Beurteilung der Lage oder der voraussichtlichen Entwicklung des Konzerns wesentlich ist?
	Tz.180	Wurde von der Möglichkeit Gebrauch gemacht, die Berichterstattung über Risiken aus der Verwendung von Finanzinstrumenten in dem allgemeinen Chancen-/Risikobericht zu integrieren, ohne dass die Klarheit und Übersichtlichkeit des Konzernlageberichts beeinträchtigt wird?
	Tz.181	Wird in Bezug auf die Verwendung von Finanzinstrumenten im Konzern vorschriftsmäßig eingegangen auf a) die aus der Verwendung von Finanzinstrumenten resultierenden Risikoarten, denen der Konzern ausgesetzt ist (Marktpreisrisiken, Ausfallrisiken, Liquiditätsrisiken), und deren jeweiliges Ausmaß? b) Die Risikomanagementziele für die einzelnen Arten von Risiken aus der Verwendung von Finanzinstrumenten, denen der Konzern ausgesetzt ist? c) Die Risikomanagementmethoden bezüglich der Risiken aus der Verwendung von Finanzinstrumenten?
	Tz.182	Werden für die aus der Verwendung von Finanzinstrumenten resultierenden Risiken jeweils Art und Ausmaß dargestellt? Die Angabepflicht zum Ausmaß dieser Risiken erstreckt sich nur auf offene Risikopositionen und nicht auf durch konkrete Sicherungsgeschäfte gedeckte Marktpreisrisiken, Ausfallrisiken bzw. Liquiditätsrisiken. Wurde bei Letzteren wie vorgeschrieben das Restrisiko nach Liquiditätszusagen und eingeräumten Kreditlinien dargestellt?

Prüfungsfeld	Vorschrift des DRS 20, Textziffer	Frage
Risikoberichterstattung in Bezug auf die Verwendung von Finanzinstrumenten	Tz.183	Werden Art und Ausmaß der Risiken durch Sensitivitätsanalysen oder Kennzahlen wie Value-at-Risk beschrieben?
	Tz.184	Wird im Rahmen der Regelberichterstattung über die Risikomanagementziele dargestellt, ob der Konzern bestimmte Risiken in Bezug auf die Verwendung von Finanzinstrumenten grundsätzlich vermeidet oder ob und in welchem Umfang der Konzern bereit oder gezwungen ist solche Risiken einzugehen?
	Tz.185	Wird hinsichtlich der Risikomanagementmethoden dargestellt und erläutert, wie der Konzern eingegangene Risiken in Bezug auf die Verwendung von Finanzinstrumenten steuert? Beinhaltet dies Ausführungen zu Maßnahmen der Risikoreduktion und Risikoüberweisung? Enthält die Berichterstattung über die Risikomanagementmethoden auch die Systematik sowie die Art und Kategorie und der vom Unternehmen eingegangenen Sicherungsgeschäfte, sofern diese bestimmt sind, risikoverursachten Geschäften nachweislich zuordenbar sind? Wird unabhängig davon, ob die Finanzinstrumente Teil einer Sicherungsbeziehung sind oder isoliert behandelt werden, eingegangen auf: a) die Art der Risiken, die gesichert werden, b) die Art der Sicherungsbeziehung, wobei zu unterscheiden ist zwischen der Absicherung von einzelnen Posten und Postengruppen sowie der Absicherung von Nettopositionen, c) Maßnahmen zur Sicherstellung der beabsichtigten Effektivität der Risikoabsicherungen (darunter sind zum Beispiel die kontinuierliche Beobachtung von Risikolimits und gegebenenfalls Anpassung des Sicherungsumfangs zu verstehen), d) antizipative Sicherungsbeziehungen.

Prüfungsfeld	Vorschrift des DRS 20, Textziffer	Frage
Risikoberichterstattung in Bezug auf die Verwendung von Finanzinstrumenten	Tz.186	Ist angegeben, ob ökonomische Sicherungsbeziehungen als bilanzielle Sicherungsbeziehungen im Konzernabschluss abgebildet werden?
	Tz.187	Entspricht der Umfang und Detaillierungsgrad der Ausführungen zum Marktpreis-, Ausfall- und Liquiditätsrisiken dem Ausmaß der mit den Finanzinstrumenten verbundenen Risiken je Kategorie und der Bedeutung der risikobehafteten Finanzinstrumente jeweils in Bezug auf die Vermögens-, Finanz- und Ertragslage des Unternehmens?
Nichtfinanzielle Konzernklärung	Tz.232	Ist der Konzernlagebericht um eine nichtfinanzielle Konzernerklärung erweitert? Voraussetzungen dafür: a) Es besteht keine größenabhängige Befreiung gemäß Paragraf 293 Abs. 1 HGB. b) Das Mutterunternehmen ist kapitalmarktorientiert i.S.d. § 264d HGB. c) Das Mutterunternehmen und die in den Konzernabschluss einzubeziehenden Tochterunternehmen beschäftigen insgesamt im Jahresdurchschnitt mehr als 500 Arbeitnehmer.
	Tz.233	Handelt es sich um ein Kreditinstitut oder ein Versicherungsunternehmen, ist der Konzernlagebericht obligatorisch um eine nichtfinanzielle Konzernerklärung zu erweitern, wenn folgende Merkmale kumulativ zutreffen: a) Das Mutterunternehmen den Konzernabschluss einzubeziehenden Tochterunternehmen erfüllen zusammen nicht die Voraussetzungen für eine größenabhängige Befreiung gemäß §293 Abs. 1 HGB. b) Das Mutterunternehmen und die in den Konzernabschluss einzubeziehenden Tochterunternehmen beschäftigen insgesamt im Jahresdurchschnitt mehr als 500 Arbeitnehmer.

Prüfungsfeld	Vorschrift des DRS 20, Textziffer	Frage
Nichtfinanzielle Konzernklärung	Tz.234	Sind folgende weitere Voraussetzungen für eine obligatorische nichtfinanzielle Konzernerklärung erfüllt? • Sind die in Tz.232 Buchstabe a und Buchstabe b sowie in Tz.233 genannten Merkmale an den Abschlussstichtagen von zwei aufeinanderfolgenden Geschäftsjahren tatsächlich erfüllt? • Sind im Fall von einer Neugründung oder Umwandlung (nicht bei Formwechsel) die in Tz.232 Buchstabe a und Buchstabe b sowie in Tz.233 genannten Merkmale am ersten Abschlussstichtag nach Neugründung oder Umwandlung erfüllt?
	Tz.235	Wird die Anzahl der im Jahresdurchschnitt beschäftigten Arbeitnehmer nach § 267 Abs. 5 HGB bestimmt?
	Tz.236	Ist das Merkmal der Kapitalmarktorientierung gemäß Tz.232 Buchstabe c am Stichtag des Konzernabschlusses, für den der Konzernlagebericht erstellt wurde, erfüllt?
	Tz.237	Liegt die Situation vor, dass das Unternehmen(Mutterunternehmen) von der Erstellung einer nichtfinanziellen Konzernerklärung befreit ist, weil a) es zugleich ein Tochterunternehmen ist, das in den Konzernlagebericht eines anderen Mutterunternehmens einbezogen ist, und b) das andere Mutterunternehmen nach Maßgabe des nationalen Rechts eines Mitgliedstaats der Europäischen Union oder eines anderen Vertragsstaats des Abkommens über den europäischen Wirtschaftsraum im Einklang mit der Richtlinie 2013/34/EU eine nichtfinanzielle Konzernerklärung offenlegt?
	Tz.238	Im Falle der Befreiung von der Pflicht zur Erstellung einer nichtfinanziellen Konzernerklärung gemäß Tz237 wird im Konzernlagebericht folgendes angegeben: a) dass das Unternehmen befreit ist? b) Welches Mutterunternehmen die nichtfinanzielle Konzernerklärung offenlegt und c) wo die nichtfinanzielle Konzernerklärung in deutscher oder englischer Sprache offengelegt ist.

Prüfungsfeld	Vorschrift des DRS 20, Textziffer	Frage
Nichtfinanzielle Konzernklärung	Tz.239	Im Falle der Befreiung von der Pflicht zur Erstellung einer nichtfinanziellen Konzernerklärung aufgrund der in Tz.237 genannten anderen Befreiungsvorschriften, • hat man hier vor allem die in den §§ 291 und 292 HGB genannten Befreiungstatbestände berücksichtigt? • Hat man berücksichtigt, dass die Pflicht zur Erstellung einer nichtfinanziellen Konzernerklärung an die Aufstellung eines Konzernlageberichts geknüpft ist?
	Tz.240	Wird im Falle der Befreiung von der Pflicht zur Erstellung einer nichtfinanziellen Konzernerklärung dafür Sorge getragen, dass eine deutsche oder englische Übersetzung der nichtfinanziellen Konzernerklärung des Mutterunternehmens offengelegt ist?
	Tz.241	In welcher Form stellt das Unternehmen die im Rahmen der nichtfinanziellen Konzernerklärung gemäß Tz.257 bis 305 zu machenden Angaben bereit? a) integriert in den Konzernlagebericht, oder b) eingefügt in einen besonderen Abschnitt innerhalb des Konzernlageberichts, oder c) in einem gesonderten nichtfinanziellen Konzern Bericht?
	Tz.242	Falls die nichtfinanzielle Konzernerklärung in den Konzernlagebericht integriert ist, wird zur besseren Vergleichbarkeit im Konzernlagebericht angegeben, an welchen Stellen sich die Angaben zur nichtfinanziellen Konzernerklärung befinden, was zum Beispiel durch eine Übersicht geschehen kann?
	Tz.243	Falls die nichtfinanzielle Konzernerklärung einen besonderen Abschnitt innerhalb des Konzernlageberichts bildet, wird hierin auf die an anderer Stelle im Konzernlagebericht enthaltenen nichtfinanziellen Angaben verwiesen?

Prüfungsfeld	Vorschrift des DRS 20, Textziffer	Frage
Nichtfinanzielle Konzernklärung	Tz. 244	Die Regelung zu den Verweismöglichkeiten innerhalb des Konzernlageberichts nach Tz.243 dient der Vermeidung von Doppelangaben. • Wird beachtet, dass im Gegensatz hierzu Verweise auf den Konzernanhang oder den zusammengefassten Anhang gesetzlich nicht zulässig sind? • Wird beachtet, dass davon unberührt die gesetzliche Anforderung gemäß § 315c HGB i.V.m. § 289c Abs. 3 Nummer 6 HGB unberührt bleibt, auf im Konzernabschluss ausgewiesene Beträge hinzuweisen und zusätzliche Erläuterungen dazu zu geben?
	Tz.245	Wird von der Möglichkeit eines Mutterunternehmens die Möglichkeit wahrgenommen wird, einen zusammengefassten Lagebericht nach Tz. 22 zu erstellen? Nein: - Ja: • Wird in diesem Fall auch die nichtfinanzielle Konzernerklärung mit der nichtfinanziellen Erklärung des Mutterunternehmens zusammengefasst, wobei Tz 241 Buchstabe a und b dabei entsprechend gelten? • Werden in der zusammengefassten Erklärung die Informationen, die den Konzern betreffen, von den Informationen getrennt, die sich nur auf das Mutterunternehmen beziehen?

Prüfungsfeld	Vorschrift des DRS 20, Textziffer	Frage

Gesonderter nichtfinanzieller Konzernbericht	Tz.246	Werden die Voraussetzungen für die Erfüllung der Berichtspflichten durch einen gesonderten nichtfinanziellen Konzernbericht erfüllt?
		• Werden die inhaltlichen Vorgaben der Tz.257-305 erfüllt?
		• Macht das Mutterunternehmen den gesonderten nichtfinanziellen Konzernbericht öffentlich zugänglich?
		• Wird dabei der gesonderte nichtfinanzielle Konzernbericht
		  a) gemeinsam mit dem Konzernlagebericht offengelegt ? oder
		  b) wird der gesonderte nichtfinanzielle Konzernbericht
		    • auf der Internetseite des Mutterunternehmens spätestens vier Monate nach dem Abschlussstichtag veröffentlicht ? und
		    • ist er mindestens für zehn Jahre nach der Veröffentlichung dort verfügbar ? und
		    • nimmt der Konzernlagebericht auf diese Veröffentlichung unter Angabe der Internetseite Bezug?

	Tz.247	• Treffen auf das Unternehmen die Befreiungsvoraussetzungen gemäß Tz.237-240 entsprechend für den gesonderten nichtfinanziellen Konzernbericht zu? • Wenn ja, gibt dann das Mutterunternehmen im Konzernlagebericht auch an, wo der gesonderte nichtfinanzielle Konzernbericht offengelegt bzw. auf welcher Internetseite er veröffentlicht ist?
	Tz.248	Wird von der Möglichkeit Gebrauch gemacht, dass der gesonderte nichtfinanzielle Konzernbericht des Unternehmens mit dem gesonderten nichtfinanziellen Bericht des Mutterunternehmens zusammengefasst wird?

Prüfungsfeld	Vorschrift des DRS 20, Textziffer	Frage
Gesonderter nichtfinanzieller Konzernbericht	Tz.249	Für den Fall, dass der gesonderte nichtfinanzielle Konzernbericht mit dem gesonderten nichtfinanziellen Bericht des Mutterunternehmens zusammengefasst wird, • wird in dem zusammengefassten gesonderten nichtfinanziellen Bericht auf diese Tatsache hingewiesen? • Sind in dem zusammengefassten nichtfinanziellen Bericht die Informationen, die den Konzern betreffen, von den Informationen getrennt, die sich nur auf das Mutterunternehmen beziehen?
	Tz.250	Wird bei der im Konzernlagebericht aufzunehmenden Angabe diejenige Internetseite angegeben, auf der sich der nichtfinanzielle Konzernbericht befindet?
	Tz.251	Werden die Grundsätze der Konzernlageberichterstattung, wie sie in Tz. 12-35 des DRS 20 dargelegt sind, sinngemäß auch für den gesonderten nichtfinanziellen Konzernbericht angewandt?
	Tz.252	Ist der gesonderte nichtfinanzielle Konzernbericht Bestandteil eines anderen Konzernberichts, (z.B. eines Nachhaltigkeitsberichts? Wenn ja, welche der drei Berichtsalternativen für den gesonderten nichtfinanziellen Konzernbericht wird gewählt? a) Verfassung eines eigenständigen Berichts? b) Integration in einen anderen Konzernbericht? oder c) ein besonderer Abschnitt in einem anderen Konzernbericht?
	Tz.253	Sofern die Angaben zur nichtfinanziellen Konzernerklärung in einem anderen Konzernbericht enthalten sind, wird darauf hingewiesen, dass dieser die Angaben zur nichtfinanziellen Konzernerklärung gemäß Tz.257-305 des DRS 20 enthält?
	Tz.254	Sofern der gesonderte nichtfinanzielle Konzernbericht in einem anderen Bericht enthalten ist und dieser Bericht die Informationen in Bezug auf das Mutterunternehmen und in Bezug auf den Konzern enthält, wird Tz. 249 des DRS 20 beachtet?

Prüfungsfeld	Vorschrift des DRS 20, Textziffer	Frage
Gesonderter nichtfinanzieller Konzernbericht	Tz.255	Ist der gesonderte nichtfinanzielle Konzernbericht in einen anderen Konzernbericht integriert? Wird in diesem Fall in dem anderen Konzernbericht angegeben, an welchen Stellen in diesem Bericht sich die Angaben zur nichtfinanziellen Konzernerklärung befinden? Geschieht dies durch eine Übersicht?
Angaben ohne Bezug auf Risiken	Tz.255-276	Diese Angaben bleiben in der Checkliste zur Risikoberichterstattung unberücksichtigt.
Risiken aus eigener Geschäftstätigkeit, Geschäftsbeziehungen, Produkten und Dienstleistungen	Tz. 277	Werden die wesentlichen Risiken, die mit der eigenen Geschäftstätigkeit des Konzerns verknüpft sind, ihr Eintritt sehr wahrscheinlich ist und die daraus resultierenden negativen Auswirkungen auf die Berichtspflichtigen Aspekte schwerwiegend sind oder sein werden?
	Tz. 278	Werden die wesentlichen Risiken, die mit den Geschäftsbeziehungen, den Produkten und Dienstleistungen des Konzerns verknüpft sind dargestellt, sofern ihr Eintritt sehr wahrscheinlich ist und die daraus resultierenden negativen Auswirkungen auf die Berichtspflichtigen Aspekte schwerwiegend sind oder sein werden? Wird dabei darauf geachtet dass die Angaben nur erforderlich sind, soweit sie von Bedeutung sind und die Berichterstattung über die Risiken verhältnismäßig ist?
	Tz.279	Erfolgt die Berichterstattung über die Risiken, die mit den Geschäftsbeziehungen des Konzerns verknüpft sind, insbesondere auch über die Lieferkette und die Kette der Subunternehmer?
	Tz.280	Richtet sich die Einschätzung, ob die Berichterstattung über die Risiken verhältnismäßig ist, nach der Abwägung verschiedener Faktoren wie beispielsweise • der Schwere und Eintrittswahrscheinlichkeit eines drohenden Schadens? • den Kosten der Informationsbeschaffung für den Konzern und für die Unternehmen seiner Lieferkette bzw. die Kette seiner Subunternehmer? • und dem Informationsnutzen der Adressaten?

Prüfungsfeld	Vorschrift des DRS 20, Textziffer	Frage
	Tz.281	Werden für die Darstellung der Risiken aus eigener Geschäftstätigkeit, Geschäftsbeziehungen, Produkten und Dienstleistungen die allgemeinen Regeln für die Darstellung von Risiken nach Tz.137 bis Tz. 145 sowie nach Tz.149 bis Tz. 164 entsprechend angewendet? Werden im Falle von Kreditinstituten und Versicherungsunternehmen die branchenspezifischen Regelungen in Anlage 1 bzw. Anlage 2 zum DRS 20 beachtet?
	Tz 282	Wird berücksichtigt, dass die Einschätzung von Risiken im gesonderten nichtfinanziellen Konzernbericht gegenüber der Einschätzung im Konzernlagebericht sich ändern kann, da der gesonderte nichtfinanzielle Konzernbericht nicht zeitgleich mit dem Konzernlagebericht öffentlich zugänglich gemacht werden muss?
	Tz.283	Falls sich die Risiken inihrer Bedeutung ändern, neu auftreten oder entfallen in der Zeit zwischen dem Abschlussstichtag und der Beendigung der Prüfung des gesonderten nichtfinanziellen Konzernberichts durch das Aufsichtsorgan, wird dann die geänderte Einschätzung der Risiken zusätzlich dargestellt, wenn anders kein zutreffendes Bild von den Risiken zu vermitteln ist?
Nichtfinanzielle Leistungsindikatoren	Tz-284 bis Tz.289	Wenn in einer der Teilziffern Anforderungen im Hinblick auf Berichterstattung von Risiken gestellt werden, sollte man dazu berichten.
Fehlen eines Konzepts	Tz.290 bis 295	Tz.293 beschäftigt sich mit der Angabe von Risiken und ist daher zu berücksichtigen.
Nutzung von Rahmenwerken	Tz. 296 bis 301	Wenn in einer der Teilziffern Anforderungen im Hinblick auf Berichterstattung von Risiken gestellt werden, sollte man dazu berichten.
Weglassen nachteiliger Angaben	Tz-302 bis Tz.305	Prüfen, ob die Voraussetzungen aus den Teilziffern von 302 bis 306 zutreffen

Prüfungsfeld	Vorschrift des DRS 20, Textziffer	Frage
Versicherung der gesetzlichen Vertreter	Tz.306	• Wird durch die gesetzlichen Vertreter des Mutterunternehmens erklärt, dass nach bestem Wissen im Konzernlagebericht der Geschäftsverlauf einschließlich des Geschäftsergebnisses und die Lage des Konzerns so dargestellt sind, dass ein den tatsächlichen Verhältnissen entsprechendes Bild vermittelt wird und dass die wesentlichen Chancen und Risiken beschrieben sind? • Versichern die gesetzlichen Vertreter bei Unterzeichnung des Konzernabschlusses schriftlich, dass nach bestem Wissen der Konzernabschluss unter Beachtung der Grundsätze ordnungsmäßiger Buchführung ein den tatsächlichen Verhältnissen entsprechendes Bild vermittelt? **§ 37y WpHG** **Konzernabschluss** Ist ein Mutterunternehmen verpflichtet, einen Konzernabschluss und einen Konzernlagebericht aufzustellen, gelten § 37v bis § 37x mit der folgenden Maßgabe: 1. Der Jahresfinanzbericht hat auch den geprüften, im Einklang mit der Verordnung (EG) Nr. 1606/2002 des Europäischen Parlaments und des Rates vom 19. Juli 2002 betreffend die Anwendung internationaler Rechnungslegungsstandards (ABl. EG Nr. L 243 S. 1) aufgestellten Konzernabschluss, den Konzernlagebericht, eine den Vorgaben des § 297 Abs. 2 Satz 3, § 315 Abs. 1 Satz 6 des Handelsgesetzbuchs entsprechende Erklärung und eine Bescheinigung der Wirtschaftsprüferkammer gemäß § 134 Abs. 2a der Wirtschaftsprüferordnung über die Eintragung des Abschlussprüfers oder eine Bestätigung der Wirtschaftsprüferkammer gemäß § 134 Abs. 4 Satz 8 der Wirtschaftsprüferordnung über die Befreiung von der Eintragungspflicht zu enthalten.

Prüfungsfeld	Vorschrift des DRS 20, Textziffer	Frage
Versicherung der gesetzlichen Vertreter		2. Die gesetzlichen Vertreter des Mutterunternehmens haben den Halbjahresfinanzbericht für das Mutterunternehmen und die Gesamtheit der einzubeziehenden Tochterunternehmen zu erstellen und zu veröffentlichen. § 37w Abs. 3 gilt entsprechend, wenn das Mutterunternehmen verpflichtet ist, den Konzernabschluss nach den in § 315a Abs. 1 des Handelsgesetzbuchs bezeichneten internationalen Rechnungslegungsstandards und Vorschriften aufzustellen. 3. Die Angaben nach § 37x Abs. 2 Satz 2 in der Zwischenmitteilung eines Mutterunternehmens haben sich auf das Mutterunternehmen und die Gesamtheit der einzubeziehenden Tochterunternehmen zu beziehen.
	Tz.307	Ist die Erklärung gemäß § 37 y WpHG i.V. m. § 30 v Abs.2 Nr.3 WpHG als „Versicherung der gesetzlichen Vertreter" gekennzeichnet?
	Tz.308	Im Falle, dass die Erklärungen für den Konzernlagebericht und Konzernabschluss separat abgegeben werden, wird folgender empfohlener Wortlaut verwendet? • für den Konzernlagebericht: „Wir versichern nach bestem Wissen, dass im Konzernlagebericht der Geschäftsverlauf einschließlich des Geschäftsergebnisses und die Lage des Konzerns so dargestellt sind, dass ein den tatsächlichen Verhältnissen entsprechendes Bild vermittelt wird, sowie die wesentlichen Chancenrisiken der voraussichtlichen Entwicklung des Konzerns beschrieben sind." • für den Konzernabschluss: „Wir versichern nach bestem Wissen, dass gemäß den anzuwendenden Rechnungslegungsgrundsätzen der Konzernabschluss ein den tatsächlichen Verhältnissen entsprechendes Bild der Vermögens-, Finanz- und Ertragslage des Konzerns vermittelt."

Prüfungsfeld	Vorschrift des DRS 20, Textziffer	Frage
Versicherung der gesetzlichen Vertreter	Tz.309	Im Falle, dass die Versicherung der gesetzlichen Vertreter für den Konzernabschluss und den Konzernlagebericht in einer zusammen gefassten Formulierung abgegeben werden, wird folgender empfohlene Wortlaut verwendet? „Wir versichern nach bestem Wissen, dass gemäß den anzuwendenden Rechnungslegungsgrundsätzen der Konzernabschluss ein den tatsächlichen Verhältnissen entsprechendes Bild der Vermögens-, Finanz- und Ertragslage des Konzerns vermittelt und im Konzernlagebericht der Geschäftsverlauf einschließlich des Geschäftsergebnisses und die Lage des Konzerns so dargestellt sind, dass ein den tatsächlichen Verhältnissen entsprechendes Bild vermittelt wird, sowie die wesentlichen Chancen und Risiken der voraussichtlichen Entwicklung des Konzerns beschrieben sind."
Inkrafttreten	TZ.310	Werden die Vorschriften des DRS 20 vom 22. September 2017 für ein Geschäftsjahr angewendet, das nach dem 31. Dezember 2016 begonnen hat?

LITERATURVERZEICHNIS

Allianz Risk Barometer 2020: Cyber steigt zum weltweiten Top-Risiko für Unternehmen auf. Allianz SE, München, 15.01.2020
https://www.allianz.com/de/presse/news/studien/200115_Allianz-Risk-Barometer-2020.html

ESG-MONITOR 2020© cometisAG und KOHORTEN Sozial- & Wirtschaftsforschung GmbH & C.**KG:** Die besten ESG-Berichte der DAX und MDAX-Unternehmen 2018
https://www.dgap.de/dgap/News/corporate/studie-esgberichterstattung-dax-und-mdax-noch-haeufig-mangelhaft/?newsID=1365073
https://www.cometis.de/de/esg-monitor-ergebnisse

Böckler, Hans –Stiftung: Jahresabschluss und Lagebericht, in: Rechtliche Grundlagen des Jahresabschlusses, Kapitel 2, 2009
https://www.boeckler.de/pdf/mbf_rechtsfragen_kapitel2.pdf

Bundesanstalt für Finanzdienstleistungsaufsicht (BaFin):
https://de.wikipedia.org/wiki/Bundesanstalt_f%C3%BCr_Finanzdienstleistungsaufsicht

Czaja, Valérie: Die Qualität der Risikoberichterstattung der DAX 30-Unternehmen, Empirische Analyse der Einhaltung des DRS20 –The Quality of Risk Reporting by the German DAX 30 Companies, Universität Lüneburg 2016
https://pub-data.leuphana.de/frontdoor/deliver/index/docId/773/file/Risikoberichterstattung_DAX_30_Bibliothek.pdf

Deloitte: Enforcement der Rechnungslegung. DPR-Leitfaden für Vorstände und Aufsichtsräte
https://www2.deloitte.com/content/dam/Deloitte/de/Documents/audit/Deloitte_DPR_Leitfaden_fuer_Vorstaende_und_Aufsichtsraete.pdf

Deutsche Prüfstelle für Rechnungslegung (DPR):
https://de.wikipedia.org/wiki/Deutsche_Pr%C3%BCfstelle_ f%C3%BCr_Rechnungslegung

Dobler, Michael: Risikoberichterstattung: Eine ökonomische Analyse, Europäischer Verlag der Wissenschaften, 2004
https://www.gbv.de/dms/zbw/39258154X.pdf

Dobler, Michael: Externes Risikoreporting, in: Gleißner/Romeike (Hrsg.), Praxishandbuch Risikomanagement, Erich Schmidt Verlag 2015, Seiten 670-688.
https://d-nb.info/1060741199/04

Dobler, Michael/ Luckner, Melissa: Risk Disclosures, Governance and Ownership_ Evidence from German non-listed firms, 2018.
https://virtusinterpress.org/RISK-DISCLOSURES-GOVERNANCE-AND-OWNERSHIP-EVIDENCE-FROM-GERMAN-NON-LISTED-FIRMS.html

3grc GmbH: Der Grund für den Wirecard-Skandal: Der Deutsche Corporate Governance Kodex
https://www.3grc.de/corporate-governance/der-grund-fuer-den-wirecard-skandal-der-deutsche-corporate-governance-kodex/

3grc GmbH: Beseitigt das FISG die Ursache für den Wirecard-Skandal?
https://www.3grc.de/corporate-governance/beseitigt-das-fisg-die-ursache-fuer-den-wirecard-skandal/

DRSC Website: Verlautbarungen zum DRS 20-Konzernlagebericht
https://www.drsc.de/verlautbarungen/drs-20/

DRSC-Newsletter abonnieren
https://www.drsc.de/news/

Ehlers, Dr. Carl: Die Ursache für den Wirecard-Skandal. Geplante Beseitigung durch das Finanzmarktintegritätsstärkungsgesetz-FISG, Berlin 2021
https://www.3grc.de/corporate-governance/beseitigt-das-fisg-die-ursache-fuer-den-wirecard-skandal/

Ehlers, Dr. Carl: Der Grund für den Wirecard-Skandal: Der Deutsche Corporate Governance Kodex, Berlin 2020.
https://www.3grc.de/wp-content/uploads/2020/09/Der-DCGK-Der-Grund-f%C3%BCr-den-Wirecard-Skandal-von-Dr-Carl-Ehlers-1.pdf

Ehlers, Dr. Carl: Veröffentlichungen in RiskNet

1. Neuer Prüfungsstandard IdW PS 340.Ursachen für funktionsunfähige Risikofrüherkennungssysteme vermeiden, 8. Januar 2020
   https://www.risknet.de/themen/risknews/ursachen-fuer-funktionsunfaehige-risikofrueherkennungssysteme-vermeiden/

2. Maßnahmen gegen Unternehmenskriminalität. Sanktionen gegen White-Color-Kriminalität, 15. Juni 2020
   https://www.risknet.de/themen/risknews/sanktionen-gegen-white-collar-kriminalitaet/

3. Illusionen des Prüfungs- und Kontrollwesens. Der unaufhaltsame Abstieg der Rechnungsprüfer.
   https://www.risknet.de/themen/risknews/der-unaufhaltsame-abstieg-der-rechnungspruefer/

4. IDW Positionspapier: Fortentwicklung der Unternehmensführung und -kontrolle. Erste Lehren aus dem Fall Wirecard, 17. Okt. 2020
   https://www.risknet.de/themen/risknews/erste-lehren-aus-dem-fall-wirecard/

Eisbach, Joachim: Der Risikobericht als Bestandteil des Lageberichts Edition der Hans-Böckler-Stiftung , ISBN: 978-3-86593-199-3, 108 Seiten, 2015. Printversion vergriffen. PDF kostenlos.
https://www.boeckler.de/download-proxy-for-faust/download-pdf?url =http%3A%2F%2F217.89.182.78%3A451%2Fabfrage_digi.fau%2Fp_ edition_hbs_295.pdf%3Fprj%3Dhbs-abfrage%26ab_dm%3D1%26ab_ zeig%3D7347%26ab_diginr%3D8484

ERGO Risiko-Report 2019: Über die Risikokompetenz und Eigenverantwortung der Deutschen
https://www.ergo.com/de/Media-Relations/Pressemeldungen/PM-2019/20190912-ERGO-Risiko-Report

Gesetze, Gesetzentwürfe von besonderer Bedeutung:

1. Gesetz zur Kontrolle und Transparenz im Unternehmensbereich (KonTraG), vom 27. April 1998
   https://dejure.org/BGBl/1998/BGBl._I_S._786

2. Gesetz zur Umsetzung der EU-Richtlinien 2019/878 und 2019/879 zur Reduzierung von Risiken und zur Stärkung der Proportionalität im Bankensektor (Risikoreduzierungsgesetz - RiG)
   https://www.buzer.de/Risikoreduzierungsgesetz.htm

3. Gesetz zur Stärkung der Integrität in der Wirtschaft, Entwurf Juni 2020
   https://www.bmjv.de/SharedDocs/Gesetzgebungsverfahren/DE/ Staerkung_Integritaet_Wirtschaft.html

4. Gesetzentwurf zur Stärkung der Finanzmarktintegrität (Finanzmarktintegritätsstärkungsgesetz-FISG 2020)
   https://www.bundesfinanzministerium.de/Content/DE/Gesetzestexte/ Gesetze_Gesetzesvorhaben/Abteilungen/Abteilung_VII/19_ Legislaturperiode/2020-10-26-Finanzmarktintegritaetsstaerkungsge setz/2-Regierungsentwurf.pdf?__blob=publicationFile&v=2

Gleißner, Prof. Werner: Kapitalmarktorientierung statt Wertorientierung.
https://www.wsi.de/data/wsimit_2009_06_gleissner.pdf

Gleißner, Prof. Werner / Romeike, Frank : Praxishandbuch Risikomanagement, Erich Schmidt Verlag 2014
https://esv.info/978-3-503-15798-3

Grötsch, Andreas: Das Verhältnis zwischen Corporate Governance, Corporate Social Responsibility, Compliance, Tax-Compliance und Steuerstrafrecht auf Basis (inter-)nationaler Anforderungen
https://www.risknet.de/fileadmin/user_upload/Elibrary/20200520_ Corporate-Social-Responsibility_Tax-Compliance_Groetsch.
https://www.risknet.de/elibrary/uebersicht/

Gulden, Thomas: Risikoberichterstattung in den Geschäftsberichten der Automobilindustrie, Pforzheim 2003.
https://www.hs-pforzheim.de/fileadmin/user_upload/uploads_ redakteur/Die_Hochschule/Oeffentlichkeit/05.Publikationen/ Beitraege/Nr108.pdf

Keim, Matthias: Die Prüfung des Risikomanagementsystems im Rahmen der Abschlussprüfung, 2004
https://fis.uni-bamberg.de/handle/uniba/97

KPMG: Risikokommunikation im Maschinen- und Anlagenbau. Eine vergleichende Untersuchung des External Risk Reporting. In: Transparenz in einem anspruchsvollen Umfeld, Fokusanalyse Industrial Manufacturing, 2019
https://assets.kpmg.com/content/dam/kpmg/pdf/2019/ risikokommunikation.pdf

Mayer, Marcus: Risikoberichterstattung - dargestellt am Beispiel der Unternehmen des DAX 100, München 2002, GRIN Verlag
https://www.grin.com/document/185791

Meier, Dr. Peter: Integriertes Risikomanagement, 2018. E-Book ASIN B07HX71GDS

Möckelmann, Dr. Klaus: Der Deutsche Rechnungslegungs Standard Nr. 5 (DRS 5) zur Risikoberichterstattung. Fachbeitrag zum Loseblattwerk Risikomanagement, Cognos-Verlag 2002.

Möckelmann, Dr. Klaus: Strategisches Risikomanagement –ein geeignetes Führungsinstrument für die öffentliche Verwaltung? REFA Forum 22., 23. März 2012 in München: Verwaltungsmodernisierung, Analyse und Lösungsmöglichkeiten.

Möckelmann, Dr. Klaus: Risikocontrolling als Bestandteil des Führungs- und Steuerungssystems im Unternehmen, 92 Seiten. Rolf Bühner (Hrsg.) in Loseblattwerk Organisation schlank-schnell-flexibel, Verlag Moderne Industrie 35. Nachlieferung 6/2003.

Möckelmann, Dr. Klaus: Ganzheitliches Management im Umfeld konsequenter Prozessoptimierung. Fachbeitrag auf dem FITEC Gipfel 2004, Salzburg.

Möckelmann, Dr. Klaus: Die externe Risikoberichterstattung, Lektion 8, Management-Kurs „Risikomanagement kompakt", Management Circle Verlag GmbH 2019.
https://www.managementcircle.de/thema/risikomanagement-kompakt.html
https://www.managementcircle.de/experten/dr-klaus-moeckelmann.html
https://www.managementcircle.de/fileadmin/user_upload/PDF/Programme/m09656.pdf

Möckelmann, Dr. Klaus: Die Rolle des Risikomanagements aus Vorstands-Perspektive, Vortrag des Key-Note-Speakers zur Podiumsdiskussion, RiskNet Summit 2017.
https://www.risknet.de/themen/risknews/future-risk-management/

Mühlbauer, Martina: Die Qualität der Lageberichterstattung von DAX-Konzernen, Verlag Springer Gabler, 2013.
https://www.beck-shop.de/muehlbauer-bestmasters-qualitaet-lageberichterstattung-dax-konzernen/product/13539803

Müller, Adam: Risikoberichterstattung in Europa, Risk-Net-Interview mit Prof. Adam Müller, 2014.
https://www.risknet.de/themen/risknews/risikoberichterstattung-in-europa/

Pochmann, G.: Der Konzernlagebericht nach DRS 20, in Jahresabschluss und Jahresabschlussanalyse, Informationen für Aufsichtsräte und Betriebsräte, Hans-Böckler-Stiftung 2013.
https://www.boeckler.de/pdf/mbf_konzernlagebericht_2013.pdf

Rautenstrauch, Thomas: Die externe Risikoberichterstattung aus Sicht der Rechnungslegung, 2015.
https://www.researchgate.net/publication/273136918_Die_externe_Risikoberichterstattung_aus_Sicht_der_Rechnungslegung

RiskNET, The Risk Management Network: eLibrary
https://www.risknet.de/elibrary

Romeike, Frank: Risikomanagement, Studienwissen kompakt, Springer Fachmedien Wiesbaden GmbH 2018
https://www.springer.com/de/book/9783658139513

Romeike, F. /Hager, P: Erfolgsfaktor Risiko-Management 4.0. Methoden, Beispiele, Checklisten, Praxishandbuch für Industrie und Handel, Springer Gabler Verlag, 4., vollst. überarb. Aufl. 2020. , 643 S. 308 s/w-Abbildungen, Bibliographien.
https://link.springer.com/book/10.1007/978-3-658-29446-5

Sieler, C., Rauchhaus, R.: Anforderungen an das Risiko-Reporting von Kapitalmarktunternehmen im Umbruch, RISKNETNEWS, 2004.
https://www.risknet.de/fileadmin/downloads/RISKNEWS05_-_Sieler-Rauchhaus_-_Risikoreporting.pdf

Waclawik, Dr. Erich : Beschlussmängelfolgen von Fehlern bei der Entsprechenserklärung zum DCGK, Zeitschrift für Wirtschaftsrecht

ABBILDUNGSVERZEICHNIS

Abbildung 1: Neuregelungen im Aktiengesetz durch ARUG II........ 19

Abbildung 2: Gesetzliche Vorschriften zur Risikoberichterstattung.... 42

Abbildung 3: Werte und Stakeholder 124

Abbildung 4: Mindestanforderungen an das
Risikomanagement-MaRisk 129

Abbildung 5: Komponenten des Risikomanagements............... 144

Abbildung 6: Chancen- und Risikoreporting bei Thyssenkrupp...... 155

Abbildung 7: Risikomanagementprozess im Ablauf 156

Abbildung 8: BMW AG, Geschäftsbericht 2017, S. 96 161

Abbildung 9: Dimensionen der Risikobeurteilung 161

Abbildung 10: Bewertungskategorien der Risiken.................. 162

Abbildung 11: Deutsche Telekom, Geschäftsbericht 2017. Seite 114 ... 168

Abbildung 12: Unternehmensrisiken............................. 169

Abbildung 13: Risikomatrix ProSieben Sat.1 Media SE 2018 171

Abbildung 14: CSR Richtlinie Umsetzungsgesetz 193

Abbildung 15: Kernbereiche von CSR nach Schwartz und Carroll ... 195

Abbildung 16: Neue Berichterstattungspflichten durch das
CSR-Richtlinie-Umsetzungsgesetz 2017, (nach Ebner-Stolz), ... 198

Abbildung 17: Mindestinhalt der nichtfinanziellen Erklärung
nach Ebner-Stolz 199

Abbildung 18: Fünf Phasen des Berichtsverfahrens nach GRI........ 208

Abbildung 19: Quelle: Broschüre zum 10-jährigen Jubiläum
der DPR, Seite 5 265

Abbildung 20: Website der Bafin 269

Abbildung 21: Kontrollumfeld des Risikomanagements bei Finanzinstituten 273

SACHVERZEICHNIS

Symbole

3GRC 56, 67, 72, 214, 244, 266, 283

A

Abgabenordnung 95, 100
Ablauforganisation 129, 143
Abschlussprüferaufsichtsstelle 26, 96, 235, 245, 248, 267, 282
Ad-hoc-Mitteilung 224, 225, 227
adidas AG 149, 162
Adressaten des Risikoberichts 7, 74, 105, 108, 123, 135, 139, 140, 142, 162, 163, 176, 212
    allgemeines Interesse 123, 125
    bevorzugtes Interesse 123, 124
    Informationsbedürfnis 125
    Pflicht zur Prüfung 123
    spezielles Interesse 123
Aktiengesellschaft, Gesellschaft, Unternehmen, börsennotierte (siehe auch Unternehmen) 17, 26, 206, 219
Aktiengesetz 18, 38, 54, 75, 96, 108, 170, 213, 214, 229, 284
Aktienvermögen, Konzentration 132
Aktionäre 16, 19, 20, 39, 49, 50, 63, 123, 124, 131, 135, 218, 268, 285
Allianz AG 151, 152, 167, 180, 181, 215, 216, 336
Anforderungen, an die Risikoberichterstattung 29, 42, 79, 114, 116, 125, 127, 134, 137
Anforderungen, grundsätzliche 137
Anforderungen, spezielle, an die Risikoberichterstattung 137, 138, 139, 175, 179, 192, 267
Arbeitnehmerbelange 38, 104, 199

347

Arbeitnehmervertreter 131, 257
Audi AG 27, 48, 68, 164, 165, 240, 295
Audit Committee 123
Aufbauorganisation 143
Aufsicht, europäische 80, 265, 266
Aufsichtsrat 39, 43, 47, 50, 51, 52, 60, 61, 62, 63, 70, 71, 74, 100, 108, 109, 110, 111, 112, 113, 123, 125, 126, 127, 130, 131, 132, 156, 204, 205, 206, 216, 217, 218, 220, 230, 231, 235, 238, 239, 243, 256, 257, 258, 259, 261, 284, 291, 292, 299
    Berichte 108, 109
    Kontrollfunktion 126
    Prüfungsausschuß 123
    Überwachungsfunktion 127
Auskunftsrecht 98, 113
Automobilindustrie 27, 44, 135, 243

B

Bankdienstleistungen 271
Banken 79, 80, 86, 87, 88, 133, 135, 190, 262, 276
Bankenskandal, Berliner 61
Basel III 134
BASF 132
Berichterstattung Lageentwicklung 255
Berichtsempfänger 15, 140
Berichtspflicht 35, 39, 108, 176, 183, 191, 202, 203, 212
Bestätigungsvermerk 41, 68, 70, 71, 74, 99, 204, 231, 235, 237, 239, 241, 250, 251, 252, 255, 256, 264
Bestimmungen 20, 34, 36, 75, 82, 217, 229, 251
Betriebsrat 131
Betriebsverfassung 45, 52, 64, 264
Betrug 25, 27, 60, 240, 242, 246, 269, 275, 294
Betrugsskandal 31, 48, 57, 143, 163, 231, 239, 241, 271, 275, 303
    Manipulation 31, 165, 294
Betrugsskandal, Dieselmotoren 241

Bewertungskategorien 162
Bilanzierungsrichtlinien 177
Bilanzkontrollgesetz 23, 130, 260
Bilanzrechtsreformgesetz (BilReG) 80
Bilanzrichtlinie 191, 202, 205
Bilanzskandale 261
Bilanzskandal VW-Konzern 163, 164
Bilanzzahlen 238
BMW AG 166, 167, 240
Bonität 133, 190
Börsenaufsicht 25
Börsenkonzern 23, 44, 45, 52, 53, 54, 55, 56, 57, 66, 267
Börsenkurs 17, 271, 272
Börsenskandal 71, 269
Börsenskandale, Wirecard 27, 49, 54, 56, 57, 69, 72, 73, 74, 96, 265, 276, 281, 337, 338
Buchhaltung, Organisation und Kontrolle 177
Bundesanstalt für Finanzdienstleistungsaufsicht (BaFin) 21, 22, 23, 24, 27, 31, 55, 60, 69, 70, 72, 83, 85, 87, 92, 93, 94, 98, 99, 128, 164, 226, 235, 259, 260, 262, 266, 267, 268, 269, 270, 271, 273, 275, 276, 277, 281, 282
Bundesfinanzminister 26, 27, 73, 96, 273, 276, 281
Bundesministerium der Justiz und für Verbraucherschutz 25, 60, 90, 91, 96, 114, 115, 260
Bundesministerium für Finanzen 60, 76, 164
Bundesministerium für Verkehr und digitale Infrastruktur 27, 247
Bundesministerium für Wirtschaft 60, 96, 164
Bundesregierung Deutschland 25, 26, 27, 28, 32, 34, 44, 48, 49, 52, 55, 56, 57, 58, 59, 60, 66, 68, 69, 73, 75, 83, 86, 102, 119, 130, 132, 164, 165, 236, 238, 242, 243, 244, 261, 263, 266, 267, 268, 274, 276, 277, 280, 281, 282, 283, 285
Bußgeld 31, 41, 99

C

Chancen- und Risikobericht 16, 150, 185, 186, 190, 243, 302, 308
Corona 69, 118, 119, 135, 234, 243

Corporate Governance Bericht 75, 221
Corporate Governance Kodex 49, 50, 52, 58, 102, 263, 280, 283, 284
Corporate Social Responsibility (CSR) 192, 194
CSR-Richtlinie, Umsetzungsgesetz 192, 196
CSR-Richtlinie-Umsetzungsgesetz von 2017 193, 198, 200

D

Daimler AG 149, 150
DAX 7, 44, 51, 53, 59, 60, 141, 210, 336, 340, 342
DAX-Konzerne 44, 53, 59, 60
Deutsche Bank 132
Deutsche Prüfstelle für Rechnungslegung (DPR) 22, 23, 24, 25, 26, 31, 53, 55, 68, 70, 71, 73, 123, 130, 164, 235, 236, 245, 248, 259, 260, 261, 262, 263, 265, 266, 267, 268, 269, 273, 275, 276, 277, 281, 282, 336
  Bilanzpolizei 25, 68, 263
  Deutsche Prüfstelle für Rechnungslegung 68, 83, 130, 248, 260, 261, 267, 337
  Deutsche Prüfstelle für Rechnungslegung, englische Bezeichnung FREP 25, 263
  Konstruktionsmängel der DPR 130
Deutscher Corporate Governance Kodex 23, 26, 31, 32, 34, 39, 44, 45, 46, 47, 48, 49, 50, 52, 53, 54, 56, 57, 58, 60, 63, 65, 66, 67, 68, 69, 70, 71, 72, 74, 75, 76, 78, 97, 101, 102, 143, 164, 213, 214, 216, 231, 238, 241, 242, 244, 245, 261, 263, 264, 266, 268, 270, 271, 274, 275, 276, 280, 281, 282, 283, 284, 287, 337, 338
Deutsche Rechnungslegungs Standards (DRS) 7, 15, 37, 42, 106, 114, 115, 116, 117, 121, 138, 139, 140, 142, 143, 158, 159, 160, 162, 163, 164, 168, 170, 172, 175, 177, 178, 180, 182, 183, 184, 185, 192, 195, 196, 200, 207, 209, 210, 212, 213, 229, 242, 247, 283, 302, 313, 337, 342
Deutsche Rechnungslegungs Standards (DRS), DRS 20 7, 15, 37, 42, 106, 115, 116, 117, 121, 138, 139, 140, 142, 143, 158, 159, 160, 162, 163, 164, 168, 170, 172, 175, 177, 178, 180, 182, 183, 184, 185, 192, 195, 196, 200, 207, 209, 210, 212, 213, 229, 242, 247, 283, 302, 310, 313, 337, 342
  Anforderungen 138, 238
  Self-Audit-Checklist 7, 29, 116
Deutsche Telekom AG 67, 167, 168

Diversität 192, 195, 196, 197, 205, 206, 217, 220
DMG Mori AG 153, 170, 173, 185, 186

E

Ebner-Stolz 196, 198, 199
EDV
    Zugriffsregelungen 178
Ehlers, Dr. Carl 56, 60, 67, 69, 71, 72, 146, 214, 244, 266, 281, 282, 283, 284
Eigenkapitalvorschriften 133, 254
Empfehlung, gesetzwidrig 7, 29, 31, 53, 68, 102, 215, 217, 232, 234, 285
Entsprechenserklärung 51, 74, 213, 214, 215, 216, 284, 285
Erklärung 29, 39, 40, 52, 54, 74, 111, 145, 192, 195, 197, 198, 199, 200, 201, 202, 203, 204, 205, 206, 210, 214, 219, 221, 234, 249, 250, 281
    zur Unternehmenführung, schriftliche 29, 40
Ethik
    der Unternehmensführung 194
    im Deutschen Corporate Governance Kodex 50, 284
ethisch 49, 50, 51, 58, 132, 194, 245, 284
EU-Richtlinien 79, 83, 86, 339
EU-Richtlinien, Modernisierungsrichtlinie 80
EU-Verordnung 27, 164, 165
    715/2007, Bestrafung Motorenmanipulation 31, 165, 294
externe Risikoberichterstattung, indirekte 20
Externe Risikoberichterstattung, Schwachpunkt 262

F

FERI Deutschland 16
Finanzdienstleistung 92
    Aufsicht 23, 24, 83, 87, 227, 268
    Bundesanstalt für Finanzdienstleistungsaufsicht (BaFin) 21, 22, 69, 85, 93, 98, 128, 226, 235, 259, 260, 262, 268, 275, 277, 282, 336
    Institute 128

Finanzdienstleistungsaufsicht 21, 22, 23, 24, 27, 31, 55, 60, 69, 70, 72, 83, 85, 87, 92, 93, 94, 98, 99, 128, 164, 226, 235, 259, 260, 262, 266, 267, 268, 269, 270, 271, 273, 275, 276, 277, 281, 282, 336
Finanzdienstleistungssektor 271
Finanzkrise 79, 135, 272
    deutsche 79, 135, 272
        Finanzkrise 2008 79
        Gründe 272
Finanzwesen 297
Fitch Ratings 17
Fremdkapitalgeber 123, 125, 133
Führungskreis 52
Funktionstrennung 177

G

Geheimhaltungspflicht 23, 24, 165, 267
Geschäftsbericht, Anhang 176, 184, 186
Geschäftsfelder 16, 149
Geschäftsjahr 19, 36, 85, 95, 116, 189, 190, 206, 218, 220, 223, 234, 239
Geschäftsleiter 21, 22, 90, 91, 94, 129
Geschäftsmodell 87, 201
Geschäftspartner 16, 125
Geschäftsverlauf 37, 103, 104, 105, 139, 140
Gesetze 7, 18, 26, 37, 44, 45, 48, 53, 54, 56, 60, 62, 72, 73, 79, 88, 96, 175, 229, 236, 247, 248, 264, 272, 274, 279, 282, 284, 285, 339
    Gesetzestext 35, 36, 37, 43, 52, 61, 90, 91, 103, 104, 109, 110, 111, 113, 115, 182, 211, 219, 221, 248, 249, 251, 256, 258
    Gesetzesverstöße 25
    Transparenzrichtlinie-Umsetzungsgesetz (TUG) 80
Gesetz, Finanzdienstleistungsaufsicht 23, 24, 83, 87, 227, 268
Gesetz, Verbandssanktionen 279
Gesetzwidrige Regelungen im Deutschen Corporate Governance Kodex 27, 48, 58, 72, 97, 143, 164

Gesetz zur Kontrolle und Transparenz im Unternehmensbereich 42, 43, 53, 68, 96, 163, 175, 213, 241, 267, 268, 288, 301, 339
Gewinn 35, 186, 189, 211, 213, 225
  aus Betrug 35, 186, 189, 211, 213, 225
  ungerechtfertigter 35, 186, 189, 211, 213, 225
Global Reporting Initiative (GRI) 207, 208
GmbH-Gesetz (GmbHG) 42
Großunternehmen 135, 209
Grundsätze 41, 50, 61, 62, 114, 115, 121, 138, 139, 148, 149, 153, 177, 180, 186, 216, 217, 251
  der Unternehmensführung 61
  Grundsatz der Vollständigkeit 140
Grundsätze ordnungsmäßiger Buchführung (GoB) 115, 138, 262

H

Haftungsrisiken 126
Handelsgesetzbuch (HGB) 40
Handelsgesetzbuch, Vorschriften 34
Hauptversammlung 19, 20, 39, 108, 112, 113, 124, 131, 213, 218, 258, 284
HeidelbergerCement AG 161
  Risikobewertung 161
Hilfe des Staates 135

I

IDW, Positionspapier 74, 118, 145, 338
IDW Prüfungsstandard 270 (IDW/PS/270) 252
Infineon 152, 173
Insider 225, 226, 281
Insolvenz 22, 52, 90, 91, 119, 172, 269
Institut der Wirtschaftsprüfer, Verlautbarungen 117, 118, 229, 337
Institutionen
  staatliche 123

Interessenten des Risikoberichts 125, 194
Intermediär 19
International Accounting Standards Board (IASB) 114, 191
Internes Kontroll- und Risikomanagementsystem 175, 179
Internes Kontroll- und Risikomanagementsystem, Rahmenkonzept 154
Internes Kontroll- und Risikomanagementsystem, Rechnungslegungsprozess 175
IT-Risiken 145

J

Jahresabschluss 21, 33, 34, 35, 36, 38, 41, 66, 81, 103, 109, 110, 111, 112, 113, 114, 117, 121, 138, 185, 234, 235, 248, 249, 251, 255, 256, 258, 259, 262, 336, 342
    Prüfung 40, 70, 112, 124, 248, 258

K

Kapitalgesellschaften 33, 34, 36, 39, 40, 81, 100, 104, 117, 131, 141, 175, 191, 195, 196, 197, 211, 220, 248, 249
Kapitalseite 131
Kernelemente 197
Kommunikation 78, 129
    Kommunikationsorganisation 143
    Organisation 143
Komponenten des Risikomanagements 143
Kontrollversagen 268
Konzernabschlussprüfer 237
Konzernerklärung 40, 111, 192, 195, 201, 202, 205, 221, 249, 250
    nichtfinanzielle 196
    nichtfinanzielle 196
        Befreiung 205
        Praxishinweis 201, 204, 205
Konzernerklärung zur Unternehmensführung 195, 221
Konzernerklärung zur Unternehmensführung, Gesetzestext 195, 221

Konzernlagebericht 81, 104, 106, 110, 111, 114, 115, 116, 139, 140, 141, 142, 143, 176, 177, 182, 192, 205, 212, 221, 224, 247, 249, 251, 256, 258, 262, 302, 337, 342

Konzernlagebericht, Inhalt 104, 182

Konzernrechnungslegung 63, 114, 115, 138, 178

    Konzernrechnungslegung, ordnungsmäßige 114

    Konzernrechnungslegungssystem, internes Kontrollsystem 177

    Konzernrechnungslegungssystem, Risikomanagementsystem 179

Korruption, Bekämpfung 199

Kreditinstitute 36, 79, 93, 128, 197, 202

Kreditrisiken 134, 186, 190

Kredit- und Finanzdienstleistungsinstitute 36

Kreditwesengesetz 92

Kriminalität

    Unternehmenskriminalität 338

L

Lagebericht 7, 15, 33, 34, 35, 36, 37, 38, 39, 40, 81, 82, 100, 103, 104, 106, 110, 111, 116, 117, 120, 122, 125, 131, 137, 139, 163, 165, 167, 175, 182, 186, 190, 196, 200, 203, 204, 205, 211, 212, 213, 219, 221, 223, 238, 239, 241, 246, 248, 249, 251, 252, 255, 256, 258, 262, 264, 289, 290, 291

    Gegenstand und Umfang der Prüfung 7, 15, 33, 34, 35, 36, 37, 38, 39, 40, 81, 82, 100, 103, 104, 106, 110, 111, 116, 117, 120, 122, 125, 131, 137, 139, 163, 165, 167, 175, 182, 186, 190, 196, 200, 203, 204, 205, 211, 212, 213, 219, 221, 223, 238, 239, 241, 246, 248, 249, 251, 252, 255, 256, 258, 262, 264, 289, 290, 291, 336

    Inhalt 37, 103

    Prüfung 110, 120, 126, 130, 229, 249, 250, 254, 256

    Prüfung durch den Aufsichtsrat 110, 130, 256

    Zwischenlagebericht 81, 223

Lageberichterstattung 23, 24, 34, 35, 36, 66, 116, 120, 131, 137, 138, 139, 142, 163, 185, 191, 193, 204, 229, 241, 242, 262, 283, 342

    Anleitung 23, 24, 34, 35, 36, 66, 116, 120, 131, 137, 138, 139, 142, 163, 185, 191, 193, 204, 229, 241, 242, 262, 283, 342

nichtfinanzielle 23, 24, 34, 35, 36, 66, 116, 120, 131, 137, 138, 139, 142, 163, 185, 191, 193, 204, 229, 241, 242, 262, 283, 342

regelkonforme 23, 24, 34, 35, 36, 66, 116, 120, 131, 137, 138, 139, 142, 163, 185, 191, 193, 204, 229, 241, 242, 262, 283, 342

Lagebericht, Prüfung 249

Lagebericht, Prüfung durch Aufsichtsrat 256

Lageberichtsadressat 182, 191

Landesregierung Niedersachsen 132, 247

Leitbild ehrbarer Kaufmann 50, 132

Lieferanten 123, 125, 134, 170, 253, 309

Liquiditätsrisiken 38, 104, 107, 108, 182, 183, 186, 188

M

MA Risk 128, 234

Marktwirtschaft, soziale 45, 46, 50, 53, 63, 78, 132, 243

M-DAX 7, 141

Menschenrechte 192, 199

Mitarbeiter 16, 23, 24, 29, 30, 47, 52, 54, 57, 64, 69, 78, 95, 123, 124, 131, 145, 147, 157, 166, 173, 192, 202, 270

Moodys 17

Motorenmanipulation 31, 165, 294

    Audi AG 165

    Automobilunternehmen 31, 165, 292, 294

    Volkswagenkonzern 31, 165, 291, 294

Mutterunternehmen 109, 111, 112, 113, 116, 139, 176, 205, 221, 251, 256, 258, 259

N

Nachhaltigkeitsbericht 196, 203, 207, 209, 210, 330

Nachtragsbericht 211, 212, 213, 290

Nachtragsprüfung 204

Neuregelung 101, 197, 198, 200

O

Offenlegung 41, 125, 196, 203, 205, 216, 221
Öffentlichkeit 16, 23, 24, 26, 31, 48, 50, 56, 57, 72, 73, 98, 115, 123, 125, 132, 135, 164, 244, 248, 265, 267, 268, 280, 281
Organisationsstruktur 143

P

Personengesellschaften 34, 76, 131
Politiker, Verhalten 135
Praxisbeispiele 29, 31, 62, 70, 71, 145, 149, 150, 151, 152, 153, 154, 157, 159, 161, 166, 167, 168, 170, 172, 173, 179, 180, 181, 185, 186, 232, 234, 236, 246, 272
Prognosebericht 37, 142, 311
Prognosezeitraum 307
Projektorganisation 143, 306
ProSiebenSat.1 Media SE 155, 170, 171, 179, 180
Prüfung der Risikoberichterstattung 130, 138, 229, 246
    Obligatorische 18
    Qualität 267, 336
    VW-Konzern 164, 242, 247
Prüfung des Lageberichts, Abschlussprüfer 229
Prüfung durch den Aufsichtsrat, Gesetzestext § 171 AktG 258
Prüfung, Pflicht durch Abschlussprüfer 248
Prüfungsausschuss Aufsichtsrat 97, 99, 111, 127, 257, 258
Prüfungsbericht Abschlussprüfer, Gesetzestext 251
Prüfungsleiter 120, 121, 122, 233, 234, 235
Prüfungsstandard IDW 138
Prüfungsstandard IDW PS 270 252
Prüfungsstandard IDW PS 340 zur Prüfung der Risikoberichterstattung 120, 121, 138, 146, 164, 170, 229, 241, 242, 247, 288, 301
Public Corporate Governance Kodex 34, 67, 75, 76

R

Rahmenwerk 181, 201

Rating 17, 133, 134, 190, 234

Rechnungslegungsstandards 41, 115, 262, 274, 333

Rechnungslegungsvorschriften, Verstöße 260

Rechtsform 33, 34, 36, 53, 65, 261

Reifegrad des Risikomanagements 122

Revision 128, 129, 138, 178

Risiken 15, 16, 17, 30, 37, 38, 39, 40, 43, 45, 62, 77, 78, 79, 80, 81, 86, 87, 93, 101, 103, 104, 105, 106, 107, 108, 113, 120, 126, 127, 129, 131, 133, 134, 138, 139, 140, 142, 143, 145, 147, 148, 149, 150, 151, 152, 153, 155, 156, 158, 159, 160, 162, 163, 165, 166, 167, 168, 170, 171, 172, 173, 176, 179, 180, 181, 182, 183, 184, 186, 190, 191, 196, 200, 203, 217, 223, 224, 233, 234, 237, 239, 241, 242, 244, 246, 249, 250, 252, 253, 254, 255, 256, 268, 271, 280, 289, 290, 292, 293, 294, 295, 296, 297, 298, 299, 302, 303, 304, 305, 306, 307, 308, 309, 311, 312, 313, 339

   Aggregation von 170, 171, 172, 242, 293, 295

   Arten 182, 183, 185, 186, 294, 295, 296

   der Preisänderung 107

   Kategorisierung 159

   Quantifizierung 157, 161, 162, 167

   Rangfolge 158

Risiken, bestandsgefährdende 254

Risiko 15, 29, 30, 37, 45, 57, 58, 77, 94, 101, 114, 123, 124, 125, 129, 131, 133, 135, 142, 147, 148, 149, 150, 151, 157, 159, 160, 164, 167, 171, 172, 180, 181, 185, 188, 191, 237, 243, 244, 246, 247, 274, 289, 291, 292, 294, 296, 297, 298, 305, 306, 309, 336, 339, 341, 342, 343

   Kommunikation 299, 340

   Reduktion 184

   Risikoausmaß 167

   Risiko- und Chancenbericht 45, 114, 123, 124, 125, 131, 133, 135, 149, 185, 237

   Tragfähigkeit 94, 129, 148, 153, 172, 173, 174

Risikobericht 7, 33, 42, 82, 106, 116, 123, 134, 138, 141, 142, 148, 150, 151, 152, 158, 163, 170, 172, 182, 185, 224, 229, 246, 247, 249, 295, 297, 302, 311, 339

Qualität 229
Vorstand 238
Risikoberichterstattung 7, 15, 16, 18, 20, 25, 27, 29, 31, 33, 35, 42, 45, 46, 53, 63, 66, 76, 77, 79, 89, 94, 97, 108, 110, 113, 114, 116, 117, 118, 120, 121, 123, 126, 133, 134, 135, 137, 138, 142, 148, 152, 154, 158, 159, 163, 164, 166, 170, 179, 180, 181, 184, 185, 191, 192, 223, 229, 231, 234, 237, 238, 241, 242, 243, 244, 246, 247, 248, 249, 254, 257, 267, 272, 274, 280, 281, 286, 302, 303, 304, 308, 309, 310, 311, 312, 313, 337, 340, 341, 342
    Anforderungen 127, 141, 175
    Arten der externen 16
    Begriff 15
    externe 16, 17, 18
    Finanzrisiken 182, 191
    Formen 16, 141, 302
    freiwillige 16
    indirekte 20, 22, 130, 165
    Lagebericht 16, 42, 76, 117, 185, 302
    obligatorische 18
    Prüfung 130, 138, 229, 246, 313
    Tabelle der gesetzlichen Vorschriften 39
    VW-Konzern, Prüfung 164, 242, 247
    Zwischenberichte 223
Risikoberichterstattung, gesetzliche Grundlagen 39
Risikoberichterstattung, Prüfung 229
Risikoberichterstattung, Prüfung VW-Konzern 232, 234, 246
Risikoberichterstattung, Qualität 229
Risikobericht, Missachtung gesetzlicher Vorschriften bei VW 163
Risikobewertung 79, 146, 152, 160, 161, 167
    Allianz Deutschland AG 151, 167
    Value at Risk 183
Risikofrüherkennung 89, 121, 173, 230, 292, 295, 310
Risikokategorien 16, 167, 170, 181
Risikomanagement 7, 15, 21, 30, 42, 46, 53, 66, 69, 79, 87, 94, 101, 120, 121, 122, 126, 128, 129, 133, 137, 138, 141, 146, 148, 151, 153, 154, 155, 156, 157, 160, 166, 170,

172, 180, 185, 202, 230, 231, 232, 233, 234, 235, 237, 243, 270, 272, 288, 289, 304, 310, 337, 340, 341, 342

Risikomanagement, Aufgabenverteilung 156

Risikomanagementsystem 7, 15, 29, 37, 43, 68, 69, 78, 81, 82, 102, 132, 133, 141, 143, 145, 146, 147, 148, 151, 153, 154, 163, 164, 165, 166, 175, 176, 179, 180, 191, 230, 233, 235, 238, 242, 243, 247, 257, 286, 288, 291, 292, 293, 295, 296, 300

    Angaben zum 143, 186

    Begriff 15

    Merkmale 40

    prozessorientierte Komponente 143

    Rahmenkonzept 153, 176

    Struktur 143, 148

    Verantwortlichkeiten, Verantwortung 166

Risikomanagementziele 38, 103, 106, 182, 183, 185

Risikomatrix 170, 171, 172

Risiko- und Chancenbericht 45, 114, 123, 124, 125, 131, 133, 135, 149, 185, 237

RiskNet 121, 146, 245, 266

S

Sanierung 22, 87, 88, 89

Sanktionen 23, 24, 28, 57, 77, 97, 132, 245, 279, 282

SAP SE 153, 155, 159, 172

    Geschäftsbericht 155

    Kategorisierung der Risiken 159

    Risikomanagement 154, 159

Schadensausmaß 161, 167

Schätzbereich 167

Schwartz, Mark S. 194, 195

Self-Audit-Checklist 7, 29, 116

Shareholder 47, 53, 63, 132

Shareholder-Value-Denken 132

Sicherungsbeziehung 183, 184, 324

Sicherungsgeschäft 182, 183, 184, 187, 323, 324

Sicherungsgeschäfte 107, 183, 184, 187
Siemens 48, 132, 235, 261
Skandalunternehmen 56, 57, 214
Sonderprüfung 267, 271, 276
Sozialbelange 199
Sozialverantwortung 59, 192, 208, 340
Sozialverantwortung, Standard ISO 26000 208
Staat 20, 24, 26, 35, 132, 135, 276
Staatliche Institution 123, 125
Staatsunternehmen 34
Stakeholder 47, 50, 63, 123, 185, 216, 243
Stakeholder-Value-Denken 243
Standard 137, 154
Standard, COSO Enterprise Risk Management 137
Standard & Poors 17
Standards, internationale -ISO 31000 138
Steuerungsinstrument 69, 232

T

Thyssen 132, 150
Tochtergesellschaft 48, 164, 185
Tochterunternehmen 109, 176, 205
Transaktionsrisiko 186
Transparenzrichtlinie-Änderungsrichtlinie 83

U

Überwachungssystem 39, 43, 127, 230, 250, 252, 288, 289, 290
Umweltbelange 199
Unternehmensaufsicht 23, 24, 54, 57, 68, 72, 73, 97, 164, 236, 243, 261, 263, 268, 274, 277, 282
Unternehmensführung 24, 25, 43, 46, 47, 48, 49, 50, 52, 53, 54, 58, 59, 60, 62, 63, 65, 67, 68, 70, 71, 72, 73, 74, 75, 78, 82, 126, 145, 146, 147, 156, 192, 195, 213, 214, 216,

231, 232, 233, 237, 239, 242, 243, 244, 263, 264, 274, 275, 284, 338
Erklärung zur 195, 197, 205, 206, 214, 219, 221, 234
gute 45, 60, 132
Unternehmensführung, Pflichtenvernachlässigung 165
Unternehmen (siehe auch Aktiengesellschaften) 7, 15, 16, 17, 20, 21, 22, 23, 24, 25, 26, 27, 29, 31, 33, 34, 35, 37, 43, 45, 46, 47, 48, 49, 50, 51, 52, 53, 54, 55, 61, 63, 64, 65, 66, 67, 69, 73, 75, 76, 77, 78, 80, 82, 83, 85, 86, 89, 97, 98, 99, 101, 102, 106, 107, 109, 110, 113, 114, 115, 116, 117, 122, 124, 125, 127, 132, 133, 134, 135, 138, 139, 141, 142, 143, 145, 147, 148, 149, 150, 152, 156, 159, 160, 163, 165, 166, 170, 172, 175, 177, 178, 180, 184, 185, 191, 192, 196, 197, 200, 201, 202, 204, 205, 207, 208, 209, 210, 213, 214, 217, 220, 225, 227, 229, 230, 231, 232, 233, 236, 241, 242, 245, 248, 254, 257, 260, 261, 262, 263, 264, 266, 267, 269, 270, 271, 274, 275, 276, 280, 282, 283, 284, 286, 291, 294, 295, 301, 336, 340, 341
börsennotiert 101
privates 26
Unternehmenskontrolle 22, 25, 27, 31, 55, 60, 68, 71, 72, 83, 96, 235, 239, 261, 266, 272, 275, 276, 281, 282, 286
Unternehmenskriminalität 338
Unternehmenskrise 43, 132, 163, 239, 241, 242, 257, 286, 298
Unternehmensorganisation 148
Unternehmensskandale 23, 44, 53, 57, 60, 66, 69, 73, 214, 236, 244, 282
betrügerische 23, 44, 53, 57, 60, 66, 69, 73, 214, 236, 244, 282
börsennotierter Konzerne 23, 44, 53, 57, 60, 66, 69, 73, 214, 236, 244, 282
DAX-Konzerne 23, 44, 53, 57, 60, 66, 69, 73, 214, 236, 244, 282
Unternehmen von öffentlichem Interesse 202

V

Veröffentlichung 17, 33, 41, 51, 72, 203, 204, 225, 226, 227
Volksaktien 132
Volkswagen 25, 27, 28, 31, 48, 59, 62, 63, 64, 66, 68, 132, 164, 235, 236, 237, 238, 239, 240, 241, 242, 243, 244, 245, 246, 247, 261, 267, 271, 275, 281, 301, 302
Volkswagen AG 62, 63, 68, 236, 237, 239, 240, 242, 243
Volkswagen, Konzern 25, 27, 31, 48, 59, 62, 64, 66, 164, 235, 236, 237, 238, 240,

241, 242, 243, 244, 245, 246, 247, 267, 271, 281, 301, 302

Volkswagen, Prüfung der VW-Risikoberichterstattung, DRS 20 164

Volkswagen, Prüfung der VW-Risikoberichterstattung nach IDW/PS/340 164

Vorstand, Persönlichkeitstypen 156

Vorstandsbereiche, Abgrenzung 156

W

Währungsrisiken 186

Wertpapierbörse, Frankfurt 262, 271

Wertpapierhandelsgesetz 81, 83, 224

Wettbewerber 134

Wirecard 26, 27, 44, 49, 54, 55, 56, 57, 58, 60, 67, 69, 70, 71, 72, 73, 74, 96, 143, 146, 235, 244, 245, 265, 266, 269, 270, 271, 275, 276, 277, 281, 282, 283, 337, 338

   Insolvenz 269

   Skandal 27, 49, 54, 56, 57, 69, 72, 73, 74, 96, 265, 276, 281, 337, 338

   Untersuchungsausschuss 26, 44, 49, 57, 73, 244, 281

   Ursache für Skandal 27, 49, 54, 56, 57, 69, 72, 73, 74, 96, 265, 276, 281, 337, 338

   Wirecard AG 70, 71, 143, 269, 270, 271, 275

   Wirecard Bank AG 269, 271

Wirtschaftsforschung 209, 210, 336

Wirtschaftsprüfer 20, 26, 31, 54, 55, 57, 64, 68, 69, 71, 74, 83, 91, 117, 118, 120, 122, 123, 124, 130, 138, 145, 146, 156, 204, 229, 230, 231, 232, 233, 235, 236, 243, 245, 246, 248, 252, 261, 264, 272, 282, 291, 292

   Anforderungen 117

   Institut der Wirtschaftsprüfer (IDW) 59, 117, 231

   Prüfungsstandards 120, 138

   Prüfungsvorgaben 248

   Verlautbarungen 117, 118, 229, 337

Wirtschaftsprüferordnung 96

Wirtschaftsprüferwechsel 237

Z

Zinsrisiken 186, 188
Zwischenmitteilung 223